信息化进程中的基础教育变革研究丛书

丛书主编：涂艳国

中学校长决策的困境与突破

DECISION MAKING OF MIDDLE SCHOOL PRINCIPALS

Difficulties and Breakthroughs

曾建发　著

科学出版社

北 京

内 容 简 介

　　本书是一位中学校长的决策实践与理论对话的结晶，旨在为校长决策提供可借鉴和参考的经验。本书在梳理校长决策模式理论和组织系统的基础上，通过问卷调查和结构化访谈，提供典型的校长决策工作案例，反映了校长在决策时遭遇的困境，并归纳出一些影响决策的因素，形成了若干条决策原则，还就如何通过协同各方力量完成突破进行了探讨。

　　本书可以成为新任校长职业培训的借鉴，也可以为那些寻求进一步发展的老校长提供讨论的文本。

图书在版编目（CIP）数据

中学校长决策的困境与突破/曾建发著. —北京：科学出版社，2019.5
（信息化进程中的基础教育变革研究丛书/涂艳国主编）
ISBN 978-7-03-061129-1

Ⅰ.①中… Ⅱ.①曾… Ⅲ.①中学-校长-学校管理 Ⅳ.①G637.1

中国版本图书馆 CIP 数据核字（2019）第 083639 号

责任编辑：崔文燕/责任校对：何艳萍
责任印制：徐晓晨/封面设计：润一文化
编辑部电话：010-64033934
E-mail: edu_psy@mail.sciencep.com

科 学 出 版 社 出版
北京东黄城根北街 16 号
邮政编码：100717
http://www.sciencep.com
北京建宏印刷有限公司 印刷

科学出版社发行　各地新华书店经销
＊

2019 年 5 月第 一 版　开本：720×1000　B5
2019 年 5 月第一次印刷　印张：14 1/4
字数：288 000
定价：89.00 元
（如有印装质量问题，我社负责调换）

丛 书 序

我们已经生活在信息化时代。人类历史上从未有过这样一个时期，技术发明如此之多，出现的速率如此之快，对我们的生活影响如此之大。就教育领域而言，面对互联网、云计算、大数据、人工智能等信息技术日新月异的创新，不少人真的有些眼花缭乱、不知所措。

信息技术的发展和应用对教育究竟会产生什么样的影响？由美国新媒体联盟发布的地平线报告对此进行了比较系统的研究。《新技术驱动教学创新的趋势、挑战与策略——2017 地平线报告（基础教育中文版）》聚焦最有可能影响其后五年技术规划和决策制定的六个趋势、可能阻碍新技术采用的六个挑战和进入基础教育主流应用的六项技术。[①]

六个趋势是：

近期（未来 6 年乃至更长时间）：推进创新文化、深层学习策略；

中期（未来 3～5 年）：注重学习测量、重构学习空间；

近期（未来 1～2 年）：培养编程素养、STEAM 学习兴起。

六个挑战是：

可解决的挑战：怎样开展实景体验式学习、如何提升数字化素养；

---

① 美国新媒体联盟. 新技术驱动教学创新的趋势、挑战与策略——2017 地平线报告（基础教育中文版）. 北京开放大学地平线报告项目组译. 中国现代教育装备，2017（18）：1-20.

有难度的挑战：怎样重构教师角色、如何发展计算思维；

严峻的挑战：怎样弥合学业成绩差距、如何在领导的变更中保持持续创新。

六项技术是：

近期（1年以内）：创客空间、机器人；

中期（未来2~3年）：分析技术、虚拟现实；

远期（未来4~5年）：人工智能、物联网。

地平线报告对于基础教育的信息化发展尤其是推动技术在教育领域的应用具有重要的参考价值。但是，这样的研究主要基于技术的发展及其在教育领域应用的预测，与教育实践的发展往往存在较大的差距。正因为如此，才出现了所谓的"乔布斯之问"。[①]

现阶段，信息技术在教育领域的应用难以取得预期的效果的原因是多方面的，其中一个重要原因是有些热衷于信息技术及其教育应用的研究者自觉或不自觉地忽视了人类学习和教育活动的复杂性。MOOC（慕课）的遭遇就是这方面的明显例证。

2012年，MOOC平台优达学城（Udacity）的创建者塞巴斯蒂安·特隆在接受《连线》（*Wired*）杂志采访时预言：50年之内，全世界将只剩下10所大学，而Udacity将在其中占有一个席位。也正是在这一年，特隆荣获美国《史密斯索尼恩》（*Smithsonian*）杂志授予的美国匠心大奖（American Ingenuity Award）（教育类）。

到了2013年，对于只有不足10%的注册学员完成了他们在Udacity上的课程这一事实，特隆指出Udacity提供的产品确实令人不满意。但就在他抨击自己产品的同一篇文章里，他又为Udacity的缺陷找到了合理的解释：辍学的学员主要来自困难地区，没有足够好的网络接入条件，而他们自身的生活还面临着其他多种挑战，所以MOOC可能并不适合他们这个群体。

---

① 2011年5月，乔布斯与比尔·盖茨会面，讨论关于教育和未来学校问题时曾经说过一句话："为什么计算机改变了几乎所有领域，却唯独对教育的影响小得令人吃惊？"这便是"乔布斯之问"。

2015 年,《纽约时报》报道,经过几年的试验和试错,Udacity 已经找到一种职业训练模式,可对数百万规模的人员进行技能培训。这指的是 Udacity 可为来自企业的学习者授予纳米学位(Nano Degree)。然而不久以后,Udacity 却宣布打算撤离开放课程。公司一位副总裁称"MOOC 已死","我们的使命是引入合适的教育促进人们在职业与社会-经济环境中的活动,而 MOOC 显然没有做到这一点"①。

仅仅 5 年,从雄心勃勃地要重塑全部高等教育,转向只做公司职业培训,谁能预见 MOOC 这样大反转的命运?别说,还真有人预见到了。Audrey Watters 在特隆获奖后不久就曾指出,MOOC 被吹捧过度了;还有很多人在 2013 年就对那些不遗余力地鼓吹 MOOC 的人表示出理性的怀疑。

Udacity 失败的根源在于"产品"这个词,以及他们的信念——教育类产品可以重塑教育。Audrey Watters 曾经列过一个有关"教学机器"的大事年表,表明近两个世纪以来,这类产品几乎无例外地均未能引发教育的根本转型。也许严格来讲,Udacity 并不是一种教学"机器",但其设计者认为这个平台属于教学机器。他们深信这个平台自身能够提供教育,而没有意识到,教育不是产品,而是一个过程,这一过程在那些被教育的人群中可能发生也可能不会发生。而 Udacity 似乎把学习视为一种"病毒",一旦人们足够接近某种教育产品,就会学习。

真实的学习和教育过程要复杂得多。学校教育不仅要传授科学文化知识,还要培养学生的兴趣和能力、陶冶学生的品德和情操、提升学生的人格和价值。技术革命固然会带来人类文明的一些根本性改变,但这种改变在教育中应该是相对滞后的。比较成熟的新技术可以被逐步引进教育教学过程,作为辅助手段,但是对新技术的过分热衷,可能会使人忘记教育的本分。"教育界不必对技术的任何一点进展都过分敏感。从根本意义上讲,教育本身就是一种技术,一种社会技术,这种技术与狭义的技术即科学化的技术所担负的角色完全不同。科学化的物质技

---

① 转引自: Waner J. MOOCs Are "Dead". What's Next? Uh-oh. https://www.insidehighered.com/blogs/just-visiting/moocs-are-dead-whats-next-uh-oh[2017-10-11].

术起前瞻、引领和拉动作用，社会技术（教育）起积淀、传承和稳定作用。它们之间应该有一个张力，而不是完全顺应狭义的高新技术的路数。"[1]

人类进入信息化时代的时间不长。信息化时代的教育确实发生了很多变化。如果把古代的教育称为学徒制时代、近现代的教育称为普遍学校教育时代，那么我们现在正在进入教育的终身学习时代。

当我们从学徒制时代过渡到普遍学校教育时代时，很多不同的方面都发生了变化：谁为孩子的教育负责，教育他们的目的和内容是什么，如何教他们，如何评价，我们希望他们学会什么。学习发生的地点、学习发生的文化、教师和学生的关系也发生了变化。当我们进入终身教育时代时，教育的所有这些方面又一次发生了改变。[2]

责任：从"家长"到"国家"到"个人和家长"；

期望：从"社会复制"到"全员成功"到"个人选择"；

内容：从"实用技能到学科知识"到"学会如何学习"；

教法：从"学徒制"到"教学主义"到"互动"；

评价：从"观察"到"测试"到"嵌入式评价"；

地点：从"家庭"到"学校"到"任何地方"；

文化：从"成人文化"到"同伴文化"到"年龄混合文化"；

关系：从"个人亲情关联"到"权威人物"到"计算机中介的互动"。

根据柯林斯等的研究，从学徒制时代到普遍学校教育时代最引人注目的变化是国家接管了对儿童进行教育的责任。国家控制教育，带来了大众教育模式的诞生，即按年龄组别将学生集合起来，推进标准化的课程和评价，重组师生关系。在终身学习时代，乐于自己学习的人开始从国家手中收回教育责任。但同时，有些学习者不愿意利用或不会利用那些推动各种终身学习的技术，那么他们又会如

---

① 吴国盛. 技术革命与教育改革. 人民教育，2018（1）：20-24.
② 柯林斯，哈尔弗森. 技术时代重新思考教育——数字革命与美国的学校教育. 陈家刚，程佳铭译. 上海：华东师范大学出版社，2013：93-104.

何呢？因此，我们需要在技术世界中重新思考教育：重新思考学习、动机、重要的学习内容、职业、学习与工作之间的过渡、教育领导、政府在教育中的作用。

通过对不同时代教育的对比，我们可以更清晰地感受信息化时代教育的变化。当然，信息化时代的教育变化远不止柯林斯等人所列举的那些方面。就研究而言，信息化进程中的基础教育除了教育技术应用研究以外，还有学校教育变革、教育政策研究、教育理论创新等多方面的问题值得关注。近年来，我的一部分学生对信息化进程中的基础教育进行了比较深入的专题研究，取得了一批研究成果。这些成果涉及中学生的综合素质评价、中小学教师的生存方式、中学生的数字化成长、中学校长的决策过程、媒体素养教育、馆校合作、学习自由等基础教育的实践和理论问题，具有重要的现实意义。这些成果有的是在博士学位论文的基础上修改完善的，有的则是通过课题研究而取得的，达到了较高的水平。我为这些成果的正式出版而感到高兴，也希望各位作者继续深化有关问题的研究，为信息化时代的基础教育变革做出更大的贡献。

这套丛书的出版得到了科学出版社教育与心理分社付艳分社长的大力支持，教育与心理分社袁玲和崔文燕两位女士对出版工作尽心尽力。谨在此一并表示衷心的感谢！

2018 年 1 月

前　言

我一直想写一本关于校长的书。

首先是情结使然。回顾家族最近百年的发展历史，从近代新式教育在我国出现，教师作为一个新群体出现之际，我们家族几乎每代人里面都有人在教师这一岗位上坚守过，我的幺爷爷（爷爷最小的弟弟）和幺奶奶、堂叔、姑姑、哥哥都是教师。这种家族传统在我很小的时候便化为一种信念，甚至是一种情结：我也要成为一名教师。

其次是实践使然。我在学校从事教育教学与管理工作24年，尤其是刚任校长一职时，并没有意识到决策对于我可能取得的成功是多么重要。希望这本书可以给像我当年一样渴望改变和成功的教育管理者提供一些参考，为他们在困难抉择之际做出科学的决策提供借鉴。在写作本书之初，我翻阅了自己从教20多年来厚厚的16本工作笔记、8本学习笔记和近百万字的电子资料，我觉得这些笔记和资料，特别是平时积累的一些案例，很有必要与教育工作者共享。

最后是思想使然。从专科读到博士，从学习生物学到教授化学，从教授化学再到学习教育学，从教师做到校长，一路走来，我边教学、边学习、边体悟，也收集整理了一部分"校长的行动与智慧"的案例，原本打算集结成册。适逢博士就读期间，通过系统的教育学基本理论知识学习，我把自己的教育实践思考融入之中，形成了这样一本著作，这也算是这些年我对教育思考的一个阶段性总结。

决策是校长日常工作中的重要内容。校长必须解决大量的相互关联的问题，即使解决不了，也必须懂得如何控制局面。因为这些问题很可能悄无声息、毫无征兆地发展成一所学校的危机，所以拥有卓越的决策能力是校长面临的最大挑战。校长需要考虑许多相互抵触的诉求，在复杂的现实背景下，需要在有限的时间内做出最佳的决策。本书通过问卷调查和结构化访谈，收集到诸多工作案例，反映了校长在决策时遭遇的困境，并归纳出一些影响决策的因素，形成了若干条决策原则，还就如何通过协同各方力量进而完成突破进行了探讨。

做校长的时间长了，看到教师、学生和学校进步了，得到的赞扬多了，眼界也开阔了，就很容易自我感觉良好。让自己的实践经验与理论相结合进行再思考、再实践，在实践中不断提升理论水平，同时让理论更好地指导校长工作的实践，为校长决策提供可资借鉴和参考的经验，是本书得以付梓的动力所在。希望本书可以为新任校长进行决策提供借鉴，也希望本书能为那些寻求进一步发展的老校长提供讨论的文本。我相信，通过本书的阅读，校长们可以找到更好地解决问题的方法。

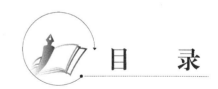

目 录

第一章
校长决策研究概述

　　美国学者马文曾向一些单位的领导者提出下列三个问题："你每天在哪些方面花的时间最多?""你认为每天最重要的事情是什么?""你感到在履行你的职责时最困难的是什么?" 90%以上的回答是"决策"。这表明,决策是领导最重要的工作之一,领导是管理工作的核心,决策是领导的主要职责和能力要求。一个不会决策的领导就不是一个好的领导;同样,一个不能正确地做决策的领导不可能成为一个优秀的领导。一直以来,作为校长,笔者经常需要面对和接受各种各样的矛盾与纠纷、考验与挑战,也在由此带来的困惑中思考:理论上,校长决策的影响因素、理论依据、发生机制、原则、方法到底何在?现实中,校长决策又存在哪些问题?原因是什么?怎么解决?带着这些思考,笔者走进了校长决策的探索之路。21世纪以来,教育的发展状况越来越影响到政府、市场和社会中的各类活动主体,教育水平的高低直接关系着他们的发展程度。而教育发展很大程度上依托于学校的办学水平和质量,人们对于教育的关注集中在学校组织及其良好的办学效能上。学校办学的事实证明,校长及其决策水平是学校办学质量高低的重要影响因素之一。然而,新时代的校长决策面临着更加复杂的内外环境,校长决策的理念、模式正在遭遇着前所未有的挑战。

第一节　校长决策的研究前史

一、校长决策研究的缘起与意义

（一）教育及其功能备受政府和民众的关注

当今世界正处在大发展、大变革、大调整的时期，世界文化的多元化逐步形成，经济的全球化不断深入，科技发展突飞猛进，人才竞争日趋激烈，这些都使得教育被列入了各国优先发展的战略地位，教育不断进行着体制改革，培育创新型、实践型人才是大势所趋。21 世纪以来，世界各国教育发展的顶层制度设计频频触发，美国制定了《不让一个孩子掉队法案》（2001）、《确保教育机会均等、促进全国教育卓越》（2002）、《为有意义地促进技术、教育和科学卓越创造机会法案》（2007）等教育政策，英国制定了《每个孩子都重要：全面关注英国处境不利儿童的健康发展》（2006）等教育政策。我们的邻国韩国、日本也非常重视教育发展问题，韩国在 21 世纪初启动了"义务教育平准化规划"和"21 世纪智力韩国计划"，日本推出了"面向 21 世纪学术优异中心计划"。由此可见，世界上许多国家十分重视教育，把教育提升到战略发展的地位，并致力于追求公平而又品质卓越的多元化教育。

改革开放以来，我国教育在跨越式发展中取得巨大的成效，一定程度上满足了教育大众化的需求，为经济社会发展提供了强大的动力，产生了许多积极的影响。20 世纪八九十年代的"科教兴国"战略、"教育优先发展"进一步推进了我国教育的发展步伐。特别是进入 21 世纪，我国正在由应试教育向素质教育转轨。《2003—2007 年教育振兴行动计划》《国家中长期教育改革和发展规划纲要（2010—2020 年）》等把教育摆在现代化建设优先发展的战略地位，《中共中央关于全面深化改革若干重大问题的决定》（2013）更是指出，大力促进教育公平，构建利用信息化手段扩大优质教育资源覆盖面的有效机制，逐步缩小区域、城乡、校际差距。这些都充分说明，我国的教育得到了进一步的强化和发展，也引发了社会各界的高度关注。然而，不容忽视的是，从我国的教育机制、教育方式、教育精神等深层次内涵发展看，当前教育的成效与国家和人民的期望还有相当大的差距。政府是公共利益的代表者，要应对教育公平的挑战，理应做好教育规则的制定者、教育管理的组织者和监督者，为广大民众提供优质的公共教育服务，办人民满意的教育，满足人们对优质教育资源的诉求。同时，教育不可能像"文艺作品那样可以有古典与流行之别，做到雅俗共赏，教育则很难在精英与大众之间取得平衡：无高质量的精英教育，国家的管理和科学技术发展便后继无人；无广泛的大众教育，民族的整体素质也无法提高"[①]。因此，政府面临着两难的抉择。

（二）正教育效能的水平与学校领导能力相匹配

教育效能主要体现在完成教育目标与实现一定绩效过程中的积极特性与有效作用，伴随着教育正向功能的发挥，形成推动教育发展的良性运行机制，促使教育达到社会期望的程度。[②]教育效能的高低取决于教育运行中的内外诸要素，而学校领导的决策成为学校效能的关键因素，校长是整个学校领导和管理的核心和决定性因素。在教育领域，我国实行政校分开制度，学校的社会法人地位得到了制度上的认同，学校从被动依附到自主办学，学校校长从被动执行者向主动发展者转变。校长可以独立领导学校事务，在学校发展中的作用日趋显著。校长可以在国家顶层制度指导下制定学校发展规划，建立共同的组织愿景，合理管理学校的人力资源，开展管理创新，创设宽松和谐的学校教育氛围，激发学校各类主体的积极性、主动性和创造性，改善办学条件，提升办学质量，提高教育效能。但是，由于诸多因素，学校领导的地位和作用被制约，学校领导与上级管理、下级管理、学生管理之间缺乏良性互动。学校校长在决策者和监督者、领导者和被领导者的多重角色互换中定位不清晰，严重制约了学校教育效能的提高与和谐校园文化的构建。因此，研究学校领导特别是校长决策力是提升学校效能的关键。

（三）校长决策的内外环境正面临全新的变化

改革开放以来，随着社会化大生产、大科学的发展，大教育格局逐级形成，我国的教育结构日益复杂，教育过程参变量增多，与经济社会发展的关系越发密切，教育始终在不断更新中求得发展，这就决定了教育问题具有相当大的随机性和变异性，使得学校教育决策面临着日新月异的变化。校长决策从传统的经验决策、规则决策向程序化、法制化和技术化决策的方向发展。我国的教育环境正面临新的变化，这种变化主要表现为以下几点：第一，教育民主化。我国学校管理体制围绕着党政关系和民主集中关系维度经历了七种领导体制的变革：校务委员

---

① 王晓辉. 教育决策与治理. 北京：教育科学出版社，2010：33.
② 赵勤，王红枫. 高等教育效能评价的内涵、价值与应用. 当代教育科学，2013（5）：36-38.

会制→校长责任制→党支部领导下的校长负责制→当地党委和主管教育部门领导下的校长负责制→革命委员会制→党支部领导下的校长分工负责制→校长负责制。[①] 校长决策是学校教育民主管理中的重要因素，是教育决策权下移的一个重要表现，是教育行政部门放权、教育民主化的一个重要标志。[②] 第二，教育法制化。从我国教育法制化进程看，其充分保障了人民平等接受教育的权利和机会，明确了学校自主办学的法律地位，规范了政府和学校的关系，保障了各相关利益主体的权限。因此，按照校长决策的发展方向与必然趋势，经验型、家长式的校长决策方式必遭淘汰。校长决策应有法可依，让学校教育沿着民主和法制的方向前行。第三，教育管理科学化。伴随着科学技术的迅猛发展，控制论、信息论、电子计算机等方法论和技术为定量决策创设了条件，心理学、社会学等研究成果为决策的创新提供了新思维和理论基础。以前的单纯凭借经验和惯性思维的决策方式已不能适应更新、更高层次的决策需要。教育决策从闭塞的经验决策向开放的科学化决策发展，使校长决策不能再依靠经验行事，而应该用开阔的眼界，以科学的管理理论为抓手，以科学的决策理论为基础进行决策。由此，与其说是教育的内外环境正面临新的变化，不如说是校长决策的背景和方向正面临着艰巨的挑战。事实上，在新环境、新压力面前，许多校长能够直面变化，领导学校各项事业整体发展，背后起决定作用的是校长的决策能力和水平。

二、校长决策研究的现状与进展

（一）决策理论研究现状与进展

1. 决策过程和内容分析

决策理论家萨凡奇用煎鸡蛋饼的无数据决策的例子来说明决策的过程和内容，认为决策分析包括如下几个基本要素：决策者——既可以是个体，也可以是群体；决策目标——决策者对于决策问题所期望达到的目标，可以是单个目标，也可以是多个目标；行动方案——实现决策目标所采取的具体措施和手段；自然状态——决策者无法控制但可以预见的决策环境客观存在的各种状态；决策结果——各种决策方案在不同的自然状态下所出现的结果；决策准则——评价方案是否达到决策目标的价值标准，也是选择方案的依据。

---

① 萧宗六. 学校管理学. 3 版. 北京：人民教育出版社，2001：62.
② 王生. 校长决策研究：从一所中学的发展透视校长决策. 南京师范大学博士学位论文，2002.

2. 决策过程的阶段分析

每个决策都必须经过若干步骤才能实现。决策过程包括提出问题、收集资料、确定目标、拟订方案、分析评价、确定和执行方案的全过程。西蒙认为，决策过程包括四个阶段：信息阶段、设计阶段、选择阶段和实现阶段（图 1-1）。一些学者依据西蒙的研究并结合我国企业决策的实际情况，提出一套决策过程的通用模式，即把决策分为五个阶段：①问题诊断；②确立适当的决策目标；③拟订各种可行的备选方案；④从中选出最适合的行动方案；⑤把选定的方案付诸实践（图 1-2）。

而斯蒂芬·P. 罗宾斯和玛丽·库尔特把决策的制定过程划分为八个阶段：①识

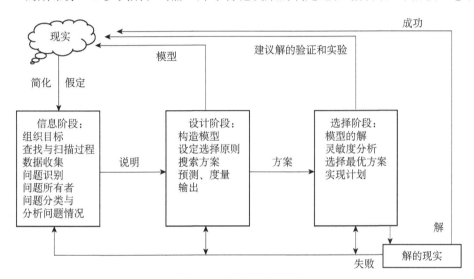

图 1-1　决策过程流程图

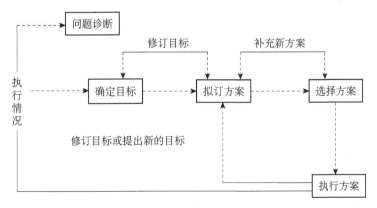

图 1-2　决策过程的通用模式

别决策问题阶段；②确认决策标准阶段；③为决策标准分配权重阶段；④开发备择方案阶段；⑤分析备择方案阶段；⑥选择备择方案阶段；⑦实施备择方案阶段；⑧评估决策结果阶段。他们还举例对每个阶段进行了详尽的说明，同时对决策者、制定决策的理论假设、决策类型、决策制定的条件、决策风格、决策偏见和错误都提出了自己的观点。①

3. 决策过程的心理分析

任何管理都是有一定指向的，即根据其需要进行决策，这种需要就形成了决策动机。恩格斯说："就个别人说，他的行动的一切动力，都一定要通过他的头脑，一定要转变为他的愿望动机，才能使他行动起来。"②而头脑中的"图式和脚本能帮助你预料会发生什么""能让你知道可能会发现一些怎样的特征""让你对缺失的信息进行推断"③。"有时候两人或者更多人并不优于单独决策，或者至少不会比两个人各自决策的结果好。"④决策动机是决策者发动和维系决策活动的一种心理状态，而决策活动是一种心理过程，学者普遍认为制定决策的程序可分为五个阶段：发现问题及确定问题、确定目标、拟订方案、选择方案和验证方案。第一，发现问题及确定问题是解决问题的前提和基础，也是决策开始的前提。决策者不仅要对那些能一目了然的问题进行决策，更重要的是要有对那些被假象所掩盖的深层次问题的发现能力，能及时发现问题，去粗取精，去伪存真，捕捉到问题的本质。同时，决策者要能不断分析问题的性质、特征、影响程度，进而分析发展的不正常状态和变化情况，把握引起变化的因素，从而敏锐、全面而准确地把握问题，及时决策。第二，在发现问题的基础上进一步确定目标，是决策过程可以顺利向前推进的精确定位环节。如果目标选择不明确，就可能导致决策失误。要把握确定目标的必要性与可行性、合理性与灵活性、层次与范围的原则，分析确定目标的能力约束、时间约束和价值约束等约束性条件。无论是个体决策还是群体决策，在确定目标的过程中，决策者一定要把握引起决策冲突的因素：功利主义的个人得失、对自己有重要意义的别人的功利主义得失、自我赞同或者不赞同、社会赞同或者不赞同。第三，拟订方案的过程是细化和深化决策操作的设计环节。

---

① 斯蒂芬·P. 罗宾斯，玛丽·库尔特. 管理学. 9 版. 孙健敏，黄卫伟，王凤彬，等译. 北京：中国人民大学出版社，2008：15.
② 马克思，恩格斯. 马克思恩格斯选集. 4 卷. 中共中央马克思恩格斯列宁斯大林编译局译. 北京：人民出版社，1979：247.
③ 菲利普·津巴多，罗伯特·约翰逊，安·韦伯. 津巴多普通心理学. 5 版. 王佳艺译. 北京：中国人民大学出版社，2008：282.
④ Aronson E，Wilson T D，Akert R. 社会心理学. 5 版. 侯玉波，等译. 北京：中国轻工业出版社，2005：251.

首先是从正面和反面寻找方案，然后是从细节上设计和分析方案，最后是对方案进行预测和评估、修改和完善。第四，方案的选择不是信手拈来的，决策者应该按照"顾全大局、技术合理、经济合算、见效显著"的"满意"标准来进行决策。一般说来，在群体决策中，决策者应按照集体决策、分层决策、开放性决策和程序性决策来进行。第五，在最佳方案或者满意方案确定以后，就要对方案进行验证，从而使决策方案变为现实方案，成为最终决策。因为"如果决策者发现，选择中不能达到最初确定的可以接受的最低水平的数目太多，那么，他或她可能需要调整满意原则的最低要求"①。

随着社会的进步，一方面，决策科学正在日益深入社会的各个领域以及不同工作领域的不同层次的人们的思想中，也就是说，决策科学会变得越来越普及；另一方面，随着现代社会发展节奏的加快，决策与管理的关系会变得越来越紧密，以减少中间环节的迟滞。具体说来，决策科学的发展方向和趋势表现出一定的规律性：①决策科学正变得越来越普及，越来越普遍地受到社会各阶层人们的重视与欢迎；②决策科学正在朝着准确性、精确性、快速性、高效性方向发展；③个体决策向团体决策发展；④非常规决策的理论与决策科学的范畴正在日益形成、发展与完善；⑤定性决策向定量决策发展；⑥单一目标决策向多目标综合决策发展；⑦战略决策向更远的未来发展。

4. 决策理论的研究进展

著名的管理学家、美国卡内基梅隆大学教授西蒙曾指出，组织中经理人员的重要职能就是决策②。世界著名的哈佛商学院始终把决策放在头等位置，其教学口号就是"决策决定一切"。管理学指出，现代管理的重点在于经营，而经营成败的关键在于决策，决策是现代管理的核心。当前，对决策概念的界定不下百种，决策作为管理学中极为重要的一个概念，最早出现在美国。20 世纪 30 年代，美国学者切斯特·巴纳德（Chester Barnard）最早把决策这个概念引进管理理论，他认为，决策对组织系统具有直接指导性，它是组织中的管理者、领导者制定的③。这种制定，只有在面临应予以解决的问题时，才着手进行。简言之，决策就是为了解决某种或者某类问题而根据预定的目标做出某种行动的对策。决策的复杂性决定了对其理解和看法的多样性，综合考虑各种界定和要素，基本上可以从以下几个方面进行概括。一是认为决策包括提出问题、确立目标、设计和选择方案的

---

① Sternberg R J. 认知心理学. 3 版. 杨炳钧，陈燕，邹枝玲译. 北京：中国轻工业出版社，2006：126.
② 郭咸纲. 西方管理思想史. 3 版. 北京：经济管理出版社，2004：237.
③ 郭咸纲. 西方管理思想史. 3 版. 北京：经济管理出版社，2004：229.

全部过程，亦即决策者制定、选择、实施行动方案的整个过程，这是广义的理解。二是把决策看作从几种备选的行动方案中做出最终抉择的行动，是决策者的拍板定案，多数学者是支持这个概念的。管理学家罗宾斯认为，每个人无论在何种组织内或组织的哪个领域中，也无论是在哪个领域的何种岗位中，都在制定决策。也就是说，他们要在两个或者更多的方案中做出选择。希腊雅典经济与商业大学管理科学院教授兼院长格雷戈里·P.普拉斯塔克斯认为，决策就是采用逐步淘汰的办法，每次选择一个最优策略，直到最后选出合适的答案①。德鲁克认为，决策就是一种判断，是对若干种备选方案进行选择②。所谓选择，不是"是"与"非"的简单判别，而是对方案总体可行的方向性判断，这是狭义的理解。三是提出决策是处理偶发事件时做出决定的过程。这时做出决定既无先例，又无可遵循的规律，只能凭对当时掌握的信息和条件冒着一定风险做出选择。也就是说，只有冒一定风险的选择才是决策。这是对决策概念最狭义的一种理解，实际上是决策能力的表达方式之一。根据决策所立足的出发点和目的的不同，我们可以把比较经典的决策理论归纳为传统的理性决策理论、有限理性决策理论、渐进决策理论、回溯决策理论、综合扫描决策理论等五种决策理论，本书第一章将对此进行具体阐述。

从决策理论模型的发展来看，学者把它们归纳为推理模型、组织模型、政治模型和过程模型。推理模型是建立在函数关系之上的一种规范性定量方法，在现代正式组织中往往很谨慎地被使用。组织模型是一种开放性的兼顾定量和定性的描述性方法，是在分解决策因子、避免不确定性、储备和搜寻选择对象，直到找到满意结果的建构模型，属于战术调整。但这二者都是在为短期行为做决策，这两种模型都受到获得的信息量、认知水平、时间和成本等因素的影响，属于低层次的决策模型。政治模型是以哲学、社会学和政治学为理论基础建立起来的，属于纯行为主义的方法。这种现代决策理论关注的侧重点与前两者有所不同，它强调的是整个团体和系统的利益，而不是个体的利益。它采用的决策战略是协商和妥协，它只考虑那些有价值的、有意的、明显的结果，其目的与方法并不是截然分开的，它没有"最终"或者"最正确"的决策，行为因素在决策中起主导作用。过程模型也是一种现代决策模型，它面向长期结果，具有战略性、长期性和规划性，属于战略调整。它与组织模型具有很多相似之处，其研究方法并不重点考虑定量研究的数据和计算公式，而是重点参考哲学、社会学和心理学等行为学科的理论，重视外部环境对决策的影响和重要意义。

---

① 普拉斯塔克斯. 管理决策：理论与实践. 李辉译. 北京：清华大学出版社，2011：2.
② 凡禹. 管理三杰——德鲁克、韦尔奇、巴菲特的思想精华. 北京：北京工业大学出版社，2005：27.

　　西蒙等从认知心理学的角度研究了人类决策的基本规律，并且结合信息技术科学和仿生学的智慧，把定性的一些问题转化成了定量的问题，发展了人工智能理论，为现代决策理论的发展创造了新的决策模型，使决策科学又向前发展，并迈上了一个新的台阶。

　　现在，学者把西蒙的有限理性决策理论提升到了一个更为重要的地位，但是西蒙在批评理性决策理论的同时，也有着自身的不足之处。比较二者不难发现，当决策者用最优准则决策时，他更多地倾向于决策过程中的意志或动机方面，是一种主观意愿在方案中的体现，这种主观意愿并不一定能带来客观上令人满意的结果。同时，当决策者选择满意准则决策时，他更多地考虑的是决策执行带来的客观结果的重要性而放低主观意愿上是否最优准则，以结果为导向而放弃或者部分放弃组织的主观愿望，或者说主观愿望变成了关注决策的结果，但是决策执行带来的结果毕竟是客观的。因此，最优准则和满意准则其实是从不同的侧面来反映同一个问题，二者之间不存在谁比谁更科学、更合理、更完善的问题。西蒙的决策理论强调决策是一个过程，但忽视了人的意志或精神的作用在人类行为过程中的客观存在性。所以，有学者认为西蒙的决策理论的不足之处在这一点上是非常明确的。把人当作一个完全被动的反应物或者受程序控制的计算机是违背现代科学管理的基本原则的。即使西蒙在使用计算机对国际象棋的走法数目进行估算之后，用计算机的计算速度和按照神经传导的规律计算速度，仍然无法跟人脑的直觉速度相比。此外，决策结果是否能达到满意的标准，要等到决策执行之后才能判断，因此满意准则不能确保满意，而最优准则从事实上讲也是不可能的，也就是说，只关注结果和只关注过程都是一种简单的判断，西蒙的决策理论并没有像人们所想象的那样对决策问题在理论上做出突破性的探索。有学者认为，新的决策准则应该是最优准则和满意准则的辩证结合，即决策者在主观上必须按照最优准则进行决策，同时，用满意准则对决策过程进行判断和调控[①]。这种决策思想既能关照决策过程中现实存在的动机最优化问题，也能关照决策结果的满意标准，克服了最优准则和满意准则各自存在的片面性，能对决策的执行进行不断的纠正，从而确保决策进入满意状态，是一种兼顾理性和感性、理想和现实的科学决策思想。直觉来自经验，是被证明了的经验，是直观决策的心理基础。直觉决策的结果往往与理性决策的结果综合在一起为决策提供参考意见，这样可以提高决策的可信度。

---

① 陈侃翔. 从"理性"出发认知影响科学决策的限制性因素. 消费导刊, 2009（3）: 193.

（二）校长决策研究现状与进展

1. 国内校长决策研究

（1）国内校长决策的实践

从实践工作者的角度看校长决策，它更多地体现出实用性、实践性、实战性、针对性和有效性。实践工作者更多地把注意力集中在校长决策的科学和民主要求上，而且对民主要求的呼声很高，这种声音似乎成了一把优选论文的筛子。有校长依据学校合并后发展的实际困难，提出建立与教职工代表大会并存的参议会制度，建立决策表决机构和决策前的咨询机构，在参议会中，成员分享校长的决策权力，校长就能在决策前做到问题求明，导向求准，纳谏求真，情绪求稳，进一步扩大校长决策的开放性、科学化和民主化。[①] 有校长从自身实际工作的经验出发，论述校长决策的民主、科学和创新。有人提出校长负责制下校长决策的程序化和制度化，归纳了校长决策的程序化和制度化模式、内容，以及建构决策程序化、制度化的运行机制，丰富了具有本土气息的实践着的校长决策理论。[②] 有实践工作者指出，校长负责制要处理好几种关系，即校长与上级教育行政的关系、校长与书记的关系、校长决策与教代会民主参与的关系。[③] 有研究者提出，校长良好的非智力因素（注意力、观察力、记忆力、思维力和想象力以外的一切心理因素）能有效地提高校长决策的科学性、智慧性、目的性、及时性和创造性，这些非智力因素主要包括兴趣、爱好、价值观、动机、情感、态度、意志和性格等。[④] 有人从校长决策的角度提出了对校长个人素质的要求，即要有较好的思想政治品德素质、知识素质、能力素质、心理素质和身体素质。[⑤] 有校长提出，校长决策要从发现问题开始，不能发现问题，没有问题意识，就没有分析问题和解决问题的诉求，也就谈不上决策了，准确把握信息是校长决策的重要前提，校长决策从发现问题开始。[⑥] 有校长从人际关系的角度出发，论述校长与教师的人际关系对校长决策的影响，校长不仅应该与教师建立起良好、和谐的关系（而不是庸俗的人际关系），还要善于与学校的非正式组织的核心成员建立起沟通的桥梁，让和谐、平等、亲和的校长人际关系在决策中起到润滑剂的作用。校长与教师良好人际关系的建立，对于校长和教师的个人发展和团结合作，对于校长决策的执行力和学校的和谐发

---

① 刘友霞. 成立学校参议会解构校长决策力. 上海教育，2007（13）：60-61.
② 陈保桂，王中立. 论校长负责制下校长决策程序化和制度化. 山东教育科研，1991（1）：50-54.
③ 董成章，陈连芳. 实行校长负责制必须处理好的几种关系. 普教研究，1995（2）：29-30.
④ 陈家颐. 校长的非智力因素在学校决策中的作用. 江西教育科研，1990（6）：63-64.
⑤ 吴恩银. 浅论校长决策的个体素质要求. 教育艺术，2005（11）：19-21.
⑥ 姚世敏. 校长决策从发现问题开始. 山西教育·管理，2010（8）：39-41.

展，都能起到积极的促进作用；校长和教师之间和谐人际关系的建立和双方信任度的提升，使得校长能够驾轻就熟地把握和调控决策过程，便于校长像交响乐团的指挥一样，与师生一道奏出和美的乐章。[①]王生对校长决策的意蕴、依据原则和影响因素进行了简明的分析，结合自己所见证的学校发展历史和实际工作，以校长在办学实践中关注的重点——学校办学理念、学校发展规划、教师队伍建设、校长管理实务中的校长决策等为切入点，结合学校的具体案例，谈了校长在学校发展和管理中的应然状态和理由[②]。

（2）国内校长决策理论

第一，校长学研究。

校长在学校管理中起着至关重要的作用，之所以说校长的作用非常重要，是因为在学校里，最具建设力和破坏力的就是校长，校长的决策失误甚至可以让一所学校迅速败落。目前国内关于校长决策的专著还是很少的。从中国知网中国学术期刊网络出版总库查询的资料情况来看，最早进行校长决策研究的是周承锴，其于1986年在《师范教育》上发表《谈师范学校校长的决策能力》。专门对校长进行研究的著作也不是很多，学者评价较好的是20世纪90年代张楚廷的《校长学概论》和王铁军的《校长学》。张楚廷的《校长学概论》主要论述大学校长，其论述风格具有鲜明的个性化的内容，完全是一种本土的校长学研究；王铁军的《校长学》则比较系统地论述了校长的个人价值和社会价值，但是他们对校长决策方面的深入、系统的论述较少。

吴遵民的《基础教育决策论》主要是从教育政策与决策的基本理论入手，在分析了我国基础教育政策制定与决策机制的理论基础、现状与特征、历史回顾、未来走向和整体分析之后，采用实证的方法对国家、省、市、区和学校层面的教育政策和决策出台的现状进行了研究，采用国际比较的方法，对英国、美国和日本的教育政策和决策机制进行了描述，并重点研究了我国基础教育领域政策制定及决策机制的现实状况，为我国的基础教育领域政策制定及决策机制的完善提供了可供借鉴的资料。杨颖秀的《教育决策的科学化民主化研究》主要从教育决策科学化民主化的价值和内涵入手，在综合分析了管理学的理论、对教育决策的借鉴和启示之后，建构了自己的教育决策的教育组织、个人和环境的三维结构，并展开了分析，在遵循决策理论研究有关决策过程的基本框架的前提下，对决策方法进行了梳理，提出了教育决策法制化，最后对教育决策的历史和问题进行了梳

---

① 龚彩福. 校长与教师人际关系的构建及其对校长决策的影响. 当代教育论坛, 2005（11x）: 84-85.
② 王生. 校长决策研究：从一所中学的发展透视校长决策. 南京师范大学博士学位论文, 2002.

理，有针对性地评述了目前教育决策的相关问题，但基本上还是遵循一种理论分析和应然的思路开展研究。周彬在《决策与执行：制度视野下的学校变革》一书中更多地从经济学的视角，将伦理态度、科学态度与利益态度三者结合，并且偏重于利益态度来论述学校变革过程中的决策与执行问题。

而其他的学者基本上是从宏观和中观层面对教育决策进行研究，缺乏微观层面的具体分析和实证研究，虽然对校长决策研究有一定的借鉴意义，但还没有进入学校层面，只是停留在理论分析和价值判断的层面，仍然是沿着自上而下的研究者与执行者视角的规范性研究，缺乏描述性研究所赋予校长决策研究的鲜活性，没有行动研究的具体性、生动性和可供研究的事实过程和事实判断，直接进行价值判断的内容过多。

第二，校长决策研究。

校长决策研究明显地带有实践者的印迹，如果单纯地从理论的角度出发来研究校长决策，难免陷入理论的泥团和臆想的虚无境地，校长决策研究必须面对现实。刘妍的《校长决策的伦理分析》从教育管理伦理和决策伦理的视角出发，对校长决策结构和决策过程中的伦理因素以及这些伦理因素与其他决策因素之间的关系展开分析，归纳了伦理分析、道德辨别、道德预期、伦理评选和伦理决策的执行、反馈和修正的校长伦理决策过程，以及底线水平、满意水平和理想水平的校长伦理决策层次。王成兵的《影响校长决策的内生性因素及其优化》从影响校长决策的一个因素的角度，细化到内生性因素及其对校长决策的影响，分析了优化内生性因素的策略，但是，由于过于宏观和缺乏校长工作的实际经验，一些理论思考不能深入校长的内心且缺乏行动的基础，进而对校长决策是从书本到书本、从理论到理论的研究，缺乏在具体实践中决策分娩的剧痛后所带来的行动潜质。田永霞的论文《中小学校长决策风格——以河南省部分中小学校长为例》采用质性和量化的手段，对教师进行了问卷调查，对校长进行了访谈，对校长决策的风格和特点进行了归纳，对问题和成因进行了分析，提出了改进意见。但是，在现实校长决策中，没有哪个校长的决策风格属于典型的某一类，而且在面对各种不同问题时，校长的不同决策风格是各有利弊的，关键是要分析这种风格背后的价值取向，以及形成这种价值取向的缘由。对校长决策仅仅停留在风格层面的分析是没有多大意义的，关键是要分析校长决策什么，如何决策，为什么如此决策。杨玉朋的论文《论道德权威对校长决策的支持作用》认为，道德权威是校长决策的重要影响因素，道德权威对校长决策的目标确立、方案制订和执行起支持作用，道德权威能促使校长决策目标的正确确立，有助于校长决策方案的合理制订，促进校长决策执行的顺利进行。但是，道德权威是校长决策的重要影响因素而不是决定因素，起支持作用而不是决定作用，能促进校长决策执行的顺利进行而不能保证其他决策是否正确。樊丹丹的论文《中小学校长决策过程研究》在对校长决策以问卷形式进行实证调查的基础上，对校长决策过程中的问题进行了总体分析，力图给予规范性的应然校长决策建议。但是，其问卷的对象仅限校长，而且，问题设置的层次过于浅显，内容比较单一，统计手段和方法也比较简单，以此做出深刻分析的依据不足，并且其校长决策过程与决策理论的一般决策过程是同一化和同质化的，没有彰显校长决策的特点。

从理论工作者的角度看，学者充分认可了校长工作的复杂性。有学者把关注点放在了校长决策思维的特点上，认为转型时期校长决策思维的特点有实践性、尝试性、开放性、互补性、协调性、应变性、风险性、超前性、辩证性、实用性和创新性等。[①] 有学者通过问卷调查，在实证研究的基础上得出以下结论：中小学校长在一般情况下自感有较大决策权；集权式管理方法对校长的决策行为影响较大；中小学校长所采用的决策技术基本上是传统型的；校长学历的高低对校长决策的影响较大；在不确定情况下，女校长比男校长更容易做出决策。[②] 有学者从校长的角色定位及其服务功能的角度认为校长角色的本质属性是服务性，校长角色的服务性可分为功能性服务和心理性服务、有偿服务和无偿服务。校长在服务的实践中，对教师要以心理性服务为主，对学生要以功能性服务为主，要努力做到有针对性地分别服务。[③]

有学者结合教育理论和教育实践，概括了校长决策的主要内容：关于办学思想、办学目标、发展规划和年度工作计划的决策；关于德育、教学、管理工作的决策；关于副校长及中层干部的选拔、培养与使用的决策；关于对上级拨款、学杂费和校办企业创收资金使用的决策；关于学校住房分配、奖金发放原则的决策；关于教师职称评定、先进集体与个人的评选、对教职工和学生奖惩的决策；关于规章制度的制定和修改的决策；关于改善办学条件、购置教学设备、图书资料和校舍建设的决策；关于校办企业发展规划的制定、重点项目的确立与投资安排的决策，归纳了决策具有权威性、可行性和紧迫性等特点；并就校长决策方式的选择、决策必须坚持的原则以及决策的基本程序进行了总结。

有学者将学校领导决策模型分为个体决策模型、团队决策模型以及参与式领

①　赵复查，郭丽芳. 转型时期校长决策思维的特点. 韩山师范学院学报，2003，24（2）：98-102.
②　汤林春. 基础教育均衡发展的现实困境与政府抉择. 上海教育科研，2009（10）：1.
③　苏令. 校长角色的定位及其服务功能. 教育理论与实践，2003（1）：38-41.

导决策模型，并指出无论是哪种决策模型，其决策在实质上都是受到组织内外各种信息、因素以及个人倾向所影响的，学校领导决策的有效性应该建立在行动研究的基础之上。[①] 有学者移植了决策理论的相关内容，对决策行为的一般过程——明确问题、确定目标、研制方案和实施方案展开了细致的研究。[②]

有学者提出，在当前信息化社会背景下，校长决策应该关注信息技术进课堂，并按照信息化的要求建立校长决策支持系统。作为学校最高领导者的校长不能不关注信息技术对师生的教学活动带来的正面与负面影响。校长还应该创设有利于信息技术与课堂教学整合方面的制度和舆论环境，以利于基于信息技术的智慧校园的形成和发展。按照待决问题性质的差异，我们可以把决策问题分为结构化决策问题和非结构化决策问题，对前者进行决策时可以按照常规性和规律性进行，而对后者进行决策时没有规律可循，只能根据决策问题发生时的特定条件、特定对象、特定事件、特定时间，以及以往的直觉和经验来做出决策。校长决策支持系统简单地说就是用来解决学校校长决策过程中半结构化问题（进行决策时有一定的规律可以遵循，但是又没有完全的确定性）的人机辅助系统。[③]

有学者担心校长负责制不能真正落实，认为实施校长负责制还需要改善很多内外部条件。也有学者对中小学校长决策行为进行了风险规避的分析，认为学校校长决策的过程、决策及其结果都存在着不确定性，也就是有一定风险，指出了影响校长决策过程的风险因素——环境因素、决策者的个人素质、信息不对称以及决策方法程序本身的缺陷，并归纳了避免校长决策风险的一些方法，即从校长个人决策到教师集体决策、形成多元决策主体、建立科学的决策支持系统、提高校长的决策能力、决策程序合理及以群体决策为主、在决策中引入决策风险分析系统、建立决策责任制和决策反馈机制。[④]

有学者指出，教育决策科学性的本质不在于利用了决策支持系统，有了数学模型，使用了计算机，科学决策的基础是了解待解决问题的性质、原因、作用因素和发展规律等。只有伴随着科学研究和科研成果应用的决策，才是本质上的科学决策。有研究者从意识、行为和认知三个维度对默会知识进行了分析，用以探讨校长决策的内部发生机制，认为校长决策是一个默会过程，其自身的逻辑和运行的方式都是默会的，并且校长决策过程是校长以个体自身的亲自参与为起点，依赖身体活动和思维活动，通过智力加工与情感支持，超越自身所依赖的线索而

---

① 张兆芹. 学校领导决策模型的实证研究. 教育发展研究, 2010（6）: 1-7.
② 宗健梅. 学校管理中校长决策行为的一般过程. 教育评论, 2000（6）: 23-25.
③ 蔡连玉, 傅书红. 信息化社会的学校管理呼唤校长决策支持系统. 中小学电教, 2004（8）: 4-6.
④ 田永霞. 中小学校长决策行为风险规避分析. 中小学校长, 2007（5）: 8-9.

动用直觉和经验所达到对现实世界的把握，并做出最后的判断和行动。按照现代学校管理的要求，校长决策还要做到公平公正，充分遵循科学化、民主化和法制化的要求，决策的科学化、民主化和法制化是互相联系的。决策的科学化是根本，它要求决策应遵循科学的原则，运用科学的方法，通过科学的程序，反映客观发展的规律，从而指导实践；而决策科学化要以民主化为前提，只有从群众中来，再到群众中去，吸收广大群众的意见和建议，集思广益而不偏颇，才能吸收群众智慧，做出科学决策；决策的法制化是科学化和民主化的基础，只有建立在立足于社会历史和文化背景的法制化前提下的科学化和民主化才有生命力，没有法制化作为基础，科学化和民主化就会跨界，是难以被社会和民众所接受的。[①]

（3）国内校长决策综述

学者从组织行为学的视角认为，地方教育机构已经制定了解决问题的相关方案，在一定程度上讲，我国的校长实际上不需要做更多的决策，只需要在执行地方教育机构的决策问题上作选择。但并不能因此就否认校长的决策能力和学校发展中需要校长进行决策的内容，实际上，学校管理和教育教学过程中必然存在着需要校长进行决策的一些内容。其内容包括以下方面。

1）分配决策：学校的人力资源、财力资源和和物力资源分配，信息和空间资源的共享。

2）安全决策：保护师生的生理和心理安全。

3）界限决策：资源和信息的流通及权限，校内、校际和社区间的权力边界与人员交流。

4）评价决策：决定对师生的工作和学习进行质量鉴定的时间和程序。

5）教学决策：校本课程的开发组织、主体、内容、实施、评价以及课堂教学的进度安排和教师教学研究活动的开展。

学校组织系统中一般存在两大决策集团：一是管理人员，二是教师。虽然原则上他们应该是同舟共济的，但他们各有各的决策领域，并且相互间存在着"争夺的领域"。学校组织系统的五类决策领域都不同程度地存在着管理人员和教师争夺的决策势力范围（表 1-1）。但是，最重要的决策倾向往往由经过校长协调以后的决策方案来组织实施。[②]

---

① 华炜. 中小学校长决策的民主化和科学化. 教学与管理，2001（13）：24-27.
② E. 马克·汉森. 教育管理与组织行为. 5 版. 冯大鸣译. 上海：上海教育出版社，2005：121.

表 1-1　学校组织系统的决策内容、类型和决策范围

类型		管理者的决策范围	争夺的决策范围	教师的决策范围
分配决策	预算	全校性预算	专门计划的资金使用	具体部门的开支
	安排	学校设备的使用	主要议事日程	安排学生进优等生班级
	人员	机要人员或管理人员	有证书的雇员	科主任的选择
安全决策	保卫	雇佣校警	校园监督	课内安全
	出勤	法定的出勤政策	校园出勤控制	班内出勤
	纪律	校园纪律	有关纪律问题的案例	班内纪律尺度
界限决策	公共关系	在社区活动中代表学校	在学校内应付家长	教师与集体活动的联系
评价决策	评价	试用教师的表现	聘任期内教师的表现	学生的表现
教学决策	教与学	某些有争议的学科中突然出现的危机	大规模的革新	课堂教学
	课程决策	指定的学科	专门的学科	课程内容

　　学校教育作为人类社会活动过程的一个重要组成部分，是随着社会的发展而发展，随着社会的变化而不断变化的。在这一发展和变化的过程中，校长决策作为一种领导活动，形成了自己鲜明的特征。①指向性。校长作为决策主体，其决策是以党的教育方针政策为依据并指向特定方向的，这一特定方向贯穿于教育教学的全过程。②创造性。校长在决策过程中，只有见他人所未见，想他人所未想，注重创新，才能立于不败之地。③目标性。校长的任何决策都必须立足于学校发展的历史和现实，校长决策的目标应该是在传承学校历史的基础上，为了实现学校发展而制定的长期或短期共同愿景。④预测性。校长利用已经掌握的知识、手段和既往经验，预测学校或者教育教学未来发展过程及其变化趋势和方向，根据过去和现在预测未来，根据已知推测未知，预测广泛存在于学校的领导与管理中，给校长做出科学决策提出了挑战。⑤优化性。校长决策总是在一定的条件下不断寻求优化和变化的过程，或是对备选方案进行优化与选择的过程，教育条件和环境的不断变化要求校长必然不断追求决策的优化，一成不变的校长决策只能是死水一潭。

　　2. 国外校长决策研究

　　在政策层面，从教育行政分别代表集权、分权与合作的法国、美国、日本的校长专业标准来看，我们可以窥见国外中小学校长决策的内容、范围和权限。

（1）法国对校长资质的要求

法国校长作为最基本的教育行政单位，最重要的使命便在于代替国家实际维持正常教学和管理秩序。法国特别强调中学校长运用法律、法规和指令来保障学校正常的教育教学管理秩序的意识和能力。法国中学校长被期望能够基于学校的问题制订相应的学校改进计划，实施学校变革。日本学者小野田正利将校长的使命归纳为三个方面的内容。

第一，正当学校管理，主要包括：①指导和理解国家、国民教育和学校的组织结构；②知道和认清行政官僚机构；③知道自身、其他教职工以及外部利益相关者的权限任务；④知道学校运营相关法律知识和行政知识以及学校财务执行的相关规则；⑤能够评价实现自我责任的各类条件。

第二，各方协商确立的学校教育方针，主要包括：①能够在具备以下知识的基础上制订学校教育计划。这些知识包括学生成长与学业，青少年行为模式，学生成长过程、能力、潜力、造成困难的原因和本质，学习指导要领及其目标。②通过与大学区总长、大学区视学官和其他专业人员间的对话，在国家、大学区和本校间建立起良好关系。

第三，能够促进学校教育方针的推进，主要包括：①实现校内人力资源管理和活用；②实现个体和团队行动；③有效控制应当采取的措施；④实现交流的畅通。

可见，虽然法国有着强调法律知识的传统，但是校长职能带来了国家对其战略规划、沟通协调、团队领导、教师评价等方面资质能力的关注。

（2）美国校长专业标准

美国是最早制定校长专业标准的国家，1996 年，美国州首席教育官员理事会（Council of Chief State School Officers，CCSSO）下属的州际学校领导认证协会（Interstate School Leaders Licensure Consortium，ISLLC）发布了一套面向 20 世纪的《学校领导标准》。2007 年，美国又修订和通过了《教育领导政策标准》，帮助各州制定与校长资格相关的政策和指导方针，以更加精确地测量和评价校长领导行为。

1）美国《学校领导标准》的制定。《学校领导标准》的制定遵循以下七条原则：标准应该反映学生学习的中心地位；标准应该反映学校领导者角色的变迁；标准应该认识到学校领导的合作性质；标准应该是高的，应提升学校领导者这一专业人员的质量；标准应该推出以绩效为本的业绩考评制度；标准应该是整合的，具有内在一致性；标准应该引导、囊括社区所有成员的参与机会和权利。这些充分保证了该标准的有效性和可行性。在涵盖创建学习愿景、领导课堂教学、学校组织管理、学校公共关系、校长个体行为规范、校长社会影响力等六项标准纲目的基础上，又从知识、态度及绩效要求三个角度用 182 项指标来对校长进行衡量。

2）美国《教育领导政策标准》对优秀学校领导的界定。它从六个方面来界定优秀的学校领导：①教育领导者通过制定、陈述、执行和维护相关人员共享和支持的学习愿景来促使每位学生成功；②教育领导者通过倡导、培育和维持有助于学生学习和教职工专业发展的学校文化和教学计划来促使每位学生成功；③教育领导者通过组织、运作、资源的有效管理，保证一种安全、有效的学习环境来促使每位学生成功；④教育领导者通过与员工和社区成员合作，对社区多样化的利益与需要做出有效反应，以及协调社区资源来促进每位学生成功；⑤教育领导者通过正直、公正的行为并以符合伦理的态度来促进每位学生成功；⑥教育领导者通过了解、回应和影响政治、社会、经济、法律和文化环境来促进每位学生的成功。

美国《学校领导标准》和《教育领导政策标准》都坚持以学生为中心的理念，确立校长处于教育领导者的专业地位，强调形成共同的愿景和价值观，更是通过为教育政策制定者提供专业指导来影响教育领导政策的制定与实施。

（3）日本校长专业标准

日本通过五年的酝酿，在 2009 年通过了日本校长专业发展框架及标准，其指导思想和终极目标是为了每位学生的发展而改善教学质量，并且在 4 个水平的 7 个基本项目上作了规定：①创设和展示学校共同愿景；②创设提高教育活动质量的合作机制和文化；③发展支持教职工专业发展的合作机制和文化；④活用各类校内外的人、财、物和信息资源；⑤与家庭和社会保持互动和联系；⑥示范职业道德和教学上的楷模；⑦把握学校所处的社会和文化环境。其结构关系如图 1-3 所示，其中，第 6、第 7 项是个人素养水平，为前 5 项提供支撑；第 4、第 5 项属于资源利用水平，为前 3 项创设条件；而第 1～第 3 项处于学校发展的核心位置，属于文化创设水平，尤其以第 1 项为引领。这些项目的实现是领导教育活动组织化的保障，并朝向改善教学质量、实现每位学生发展的最终目标。

（4）国外校长决策模式综述

无论是教育管理高度集权的法国、高度分权的美国还是基于合作的日本，宏观的需要校长决策的事情并不多，国家对校长进行决策的内容还是落实在校长的行动上，落实在执行层面上。从微观层面来说，采取行动和执行都需要方案制订，都要进行决策。校长决策就是结合学校和社会文化背景的不同，把各种标准的要求依法转化为可供行动的方案，实际上就是在解决问题，是一种基于问题解决的决策。校长要进行方案的制订和选择，开展作为问题解决的决策制定，就要遵循一种理性问题解决模式或者决策制定模式（图 1-4）。

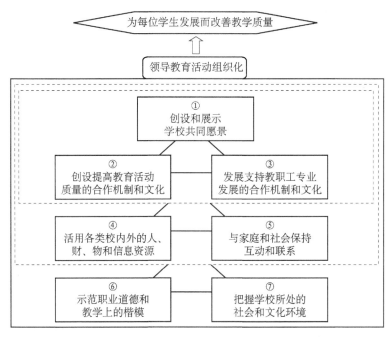

图 1-3 日本校长专业发展框架

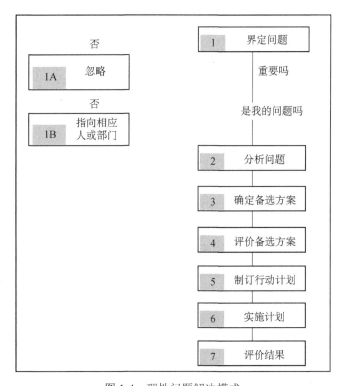

图 1-4 理性问题解决模式

学校正式领导是一种需要不断学习的复杂多样的工作，有效的学校领导者是将其工作的重心放在学习、教学和学校改进等中心工作上的坚定教育者，学校领导者是道德代言人，是他们为之服务的儿童和社区的维护者。因此，我们在分析校长决策时，往往会对决策的理性状况、决策情境和决策过程等因素进行详尽的分析，其中，对决策情境的分析往往决定决策过程和理性状况。

通常，问题呈现的方式、内容、处理程序、对组织及其成员的影响的类别都有所不同。什么时候做出直接的、单方面的决定？什么时候让小组参与到令人苦恼的达成一致意见的过程之中呢？在极端情况下，答案是显而易见的。但是情况往往并不是那么简单，在复杂情况下，考虑决策情境比考虑具体的决定更有益。

从结构性决策情境来看，学校组织中的很多事情都具有复杂性，对任何给定问题的反应幅度可能受法律、政策和习俗的明确限制，也可能受时间因素和与决策小组成熟度的限制。考虑到学校教育教学和管理的规律性与常规性，校长应该对一些会经常、重复发生的问题做出明确的规定。教职工会乐意看到这些问题的常规反应机制和制度的建立，以便他们工作时的损失达到最小化，利益达到最大化。为了最大限度地实现这种目的，对复发性的活动做出反应的决策及决策过程应该常规化：①需要建立书面规章。为整治学校环境以使那些复发性的问题以最小的损失得到解决，学校需要制定出有教职工和学生参与的学校政策和规章制度手册。其要阐明"谁要去做什么"，并且允许校长在管理时遵循例外原则而不是直接参与所有的决策。②常规决策过程的重要性。在一个管理良好的学校中，校长不需要事必躬亲，常规性的日常活动便得以开展。

从多种选择的、非结构性的和变革性的情境来看，即使学校的常规性规定再多，但有一些问题常常存在多种可选择的方案，校长可能会面临多种选择，其中许多方案看起来在价值上是相当的，特别是在面对突发性的、难以预料的、独特的情境和快速变化的环境时，校长需要从理性决策转向创造性决策，校长或者决策小组需要从以左脑思考为主转向以右脑思考为主。但是，即使是在那些特殊情境下，对非结构性问题做出的创造性反应也要求进行结构性的思考，并返回到理性过程中。可供选择的方案及创造性反应的产生要求一种结合，即先是理性的过程，接着突然转向创造性过程，然后又回到理性过程来。这就是说，校长通过规范的程序对学校发展的规律性和常规性工作做出明确规定后，其主要职责不是应对学校的日常性事务，而是积极创设有利于学校发展的办学条件和组织环境，使得学校的变化和发展能及时适应日新月异的社会变革和发展，最大限度地及时满足人民群众对优质教育的需求。用以解决非结构性问题的方法可以参考头脑风暴法、德尔菲法、名义群体法和魔鬼辩护术等。

从管理的角度看，相对来说，结构性决策问题对学校有序管理和常规管理起到了保障作用，有利于学校的正常运行。但是，通常情况下，学校师生的个体差异性决定了学校的非结构性决策问题普遍存在，如果这些都要校长事必躬亲地处理，校长不仅做不到，也不可能做到，因此，聪明的校长会实行部门职能管理或者扁平化管理，对于涉及师生切身利益的重大事项校长会按照问题性质的不同提交教职工代表大会决策，有些问题则让小组参与决策或者提出决策方案。一个有效的校长总是能运用一系列有效的方法、程序和资源去做出最有利于学生发展、教师发展和学校发展的决策。以下是几种重要的决策模式。

第一，梅尔模式。

梅尔和弗塞尔讨论了决策者需要考虑的两种不同因素，即质量和可接受性，此模式为梅尔模式（Maiier model）。校长考虑了学校所有的客观因素而不考虑对下属的激励所做出的决策是不是最好的决策呢？答案当然是否定的。决策的可接受性是指下属执行决策时的理解程度和负责任程度。这既要考虑由哪些人、以什么方式和性质参与到决策中来，又要考虑其参与的程度，而参与的方式和性质取决于问题的复杂程度。梅尔模式以质量（专门的知识技能）和可接受性（忠心服从或者行为改变要求）作为决策的主要因素，在图 1-5 所示的四分图中，A、a 分别代表可接受性的高、低，Q、q 分别代表决策质量要求的高、低。

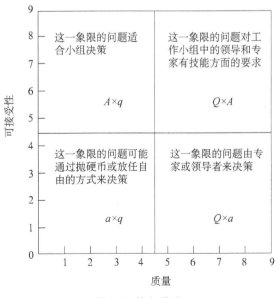

图 1-5　梅尔模式

第二，弗鲁姆-耶顿决策过程模式。

弗鲁姆和耶顿拟定了五种不同的决策方式，并且将它们排列到一个从单纯的个人决策到绝对的集体决策的总体规划中。这五种决策方式如下。

AI 方式。决策者应用自己掌握的信息独自进行决策。（现有信息被认为是充分的。）

AII 方式。决策者从员工中获取自己所需要的信息，员工事前不清楚待解决的问题，也不知道决策者用这些信息做什么。员工在这种方式中充当咨询员的角色，不参与备选方案的讨论或者评价。

CI 方式。决策者与员工以个别谈话的方式单独地征求他们对问题的意见、建议和解决方案，集思广益，但并不将他们集中起来进行讨论，防止互相之间的干扰。然后，决策者提出解决问题的方案，在这个方案中，决策者也许考虑员工中的一些人的意见，也许没有采纳，这只有决策者自己知道，员工并不能肯定采纳的意见是不是自己提供的意见或建议。

CII 方式。决策者将相关人员召集在一起开展讨论和商议，在讨论会上向员工集体说明问题和要求员工提供信息，向员工集体征求解决问题的意见、建议和备选方案。最后，决策者提出解决问题的方案，这个决策过程中，决策者是否考虑了员工的意见和建议，员工并不知情。

GI 方式。决策者把自己当作成员之一，参与到集体讨论之中。小组集体讨论、形成和评价备选方案，决策者只是小组成员之一，按照少数服从多数的原则进行决策。决策者最多只是作为会议的主持人或召集者，而且明确不会以官方的身份对某一方案的形成施加任何影响。[①]

与梅尔模式相比，弗鲁姆-耶顿决策过程模式为决策者选择恰当的决策方式提供了更多可能的参考和帮助。初看起来，AI 方式和 CII 方式似乎是这五种决策模式中风险最大的，事实上这两者在风险性上与其他方式是一样的，如果能够恰当运用，每一种方式都会为制定出最大可行性决策提供最佳途径。这五种决策方式的使用与效果跟决策问题所处的条件状况和不同境遇有着密切的关系。同样，其效用取决于决策者对问题所处的环境和条件的甄别：问题的明确界定、决策者和员工所拥有的信息量、员工是否有可能接受一个来自决策者自上而下的决策、员工与领导之间是否能配合默契与团结协作、决策者所感受到的员工对于所选方案意见不一致的数量和程度。

---

① 伦恩·伯格，奥斯坦. 教育管理学：理论与实践. 孙志军，金平，曹淑江，等译. 北京：中国轻工业出版社，2003：145.

第三，弗鲁姆和杰戈的"新"模式。

这实际上是从另一个视角对弗鲁姆-耶顿决策过程模式的改进、完善和提高。但是概念框架、基本假设和演变方式变化不大。一个重要的改进是这一模式已被扩展，它考虑到一个特定的问题解决方案是时间驱动的程度还是发展驱动（即这一问题解决方案为工作小组的发展提供了好的机会）的程度。①时间驱动的考虑。决策的重要性和可接受性对决策者来说都举足轻重，把时间花在哪个方面更有价值和意义？②发展驱动的考虑。学校教职工和学校社区广泛参与决策，可从中学到很多东西，帮助其提高技能。③决策树（图1-6、图1-7）。

值得一提的是，国外的校长决策研究对决策的"垃圾箱模式"似乎很感兴趣。大卫·科恩（David Cohen）和他的助手将决策的过程概念化为垃圾箱模式，也就是相当于将问题与答案放入一个垃圾箱，把它们看作一箱问题与答案相匹配的混

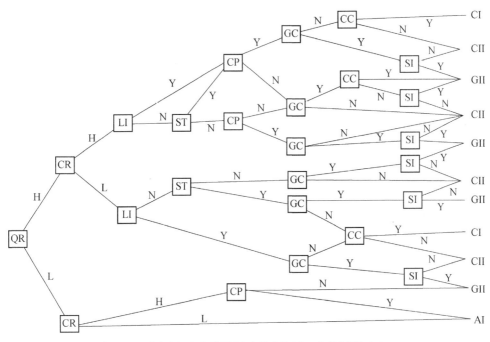

图1-6　弗鲁姆-杰戈发展驱动型决策树：小组问题（1）

QR 表示质量要求：决策的质量高吗？CR 表示投入要求：下属对决策的负责程度高吗？LI 表示领导者拥有的信息：领导者具备制定优质决定所需要的充分信息吗？ST 表示问题结构：问题的结构性程度高吗？CP 表示投入可能性：如果领导者单独进行决策，下属会接受决策吗？GC 表示目标一致性：下属对解决问题过程中要达成的组织目标表现得积极吗？CC 表示下属间的冲突：对于最优方案，下属间可能产生冲突吗？SI 表示下属拥有的信息：下属具备制定优质决策所需的充分信息吗？Y 代表 yes，表示"是"；N 代表 no，表示"否"；H 代表 high，表示"高"；L 代表 low，表示"低"

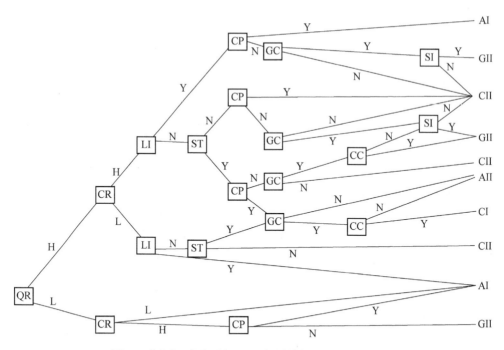

图 1-7 弗鲁姆-杰戈时间驱动型决策树：小组问题（2）

注：图中字母含义同图 1-6

合物。垃圾箱模式解释了人们为什么对那些根本不存在的问题提出了解决方案，为什么做出了不能解决问题的决策，虽然有了解决问题的方案为什么问题仍然存在，为什么很少的问题被解决。

从以上分析可以看出，具有典型代表性的法国、美国和日本的校长决策，都以问题解决为出发点，而且是一种精细化的管理方式。它们对问题的分析比较细致深入，按照不同的视角将抽象的问题具体化，离析出可以量化或者考核的指标体系，把问题分类细化，对各种不同问题都能分门别类地列出基于问题的考核与解决方案，把抽象的问题进行了转化、细化、分化和具体化，能从复杂的问题情境中剥离出问题的本质和实质，分解成不同的问题单元，并且就不同的问题单元给出不同的解决方案和建议，从而极大地提高了校长决策的针对性、有效性和实用性。

第二节　中学校长决策的研究路径

一、概念界定

（一）校长

校长的内涵在不同时期有着不同的表现。从古代至近代，校长作为协调者角色在不同时期的教育发展中发挥着独特作用。中华人民共和国成立后，在不同的经济体制改革和教育体制改革下，校长的内涵也有较大差别。在计划经济时代，校长主要扮演的是行政干部角色，在上级教育行政部门的集权领导下工作，自主性和独立性较低。随着市场经济体制的建立与完善，校长的内涵被赋予了更多的时代特征，除了部分行政角色之外，为了能实现自主独立办学，提高教学质量，校长更多地关注学校内部的规划与设计，着眼于微观的课程改革和人力资源管理等领域。"校长是学校的行政首长，具有领导地位；校长是学校的当家人，具有管理地位；校长是学校教师之师，具有教育地位；校长是学校的设计师，具有改革地位；校长是学校的科研带头人，具有学术地位；校长是学校师生的服务员，具有公仆地位；校长是学校的对外联络者，具有法人地位。"[①]根据不同的时代内涵并结合学者的研究成果，本书认为，校长对外是代表学校的行政负责人，对内是负责校务的管理者，是具备良好的思想道德素养和较强的行政管理能力的教学管理者、教学实践者和教学改革者。本书所说的"校长"主要指"中学校长"。

（二）决策

有关决策的论述最早可以追溯到《韩非子》，书中把决策解释为"策略""计谋"。决策作为现代管理学上的术语和范畴源于美国学者的研究，其英文为decision-making，意为做出决定，最早研究决策的学者为美国学者古立克，他认为决策是行政的主要功能，真正奠定了决策研究基础的集大成者为美国学者西蒙，他认为，管理就是决策，就是说明管理中的计划、组织、指挥、协调和控制等过程都是围绕决策展开和服务的[②]。目前，决策的含义大致有以下几种："决策的过

---

① 吴恒山. 学校领导成功之道. 北京：新华出版社，2005：3.
② 郭咸纲. 西方管理思想史. 北京：经济管理出版社，2004：234.

程主要是一个缩小选择范围的过程"[①];"决策是通过选择更好的方案来使问题获得解决,实现预期目标"[②];"泛指人们在行动之前对行动目标与手段的探索、判断与抉择的过程,也就是作出决定的过程"[③];"决策是指考虑策略(或办法)来解决目前或未来问题的智力活动"[④];"决策是从一集备选方案中选择所偏爱的方案或行动路线的过程,它渗透到生活的各个方面,包括买什么,选举时投谁的票,找什么工作,等等"[⑤]。

综合以上观点,本书认为,决策是指决策者为了达到某种组织目标,设定几种备选行动方案并做出抉择,最终努力付诸实施的全部过程。从其含义可以看出,决策具有目的的社会性、行动的选择性、抉择的慎重性、预见的科学性和实践的必然性等特征。决策形形色色,"它通常包括变革、冲突、错误的风险或错误的冒险、必须面对很多令人痛苦的事实和选择"[⑥],成功的决策通常具备以下一些特征:涉及必要的资源投入,决策后果的深远性,决策结果的难以逆转性。对于实践中成功的校长决策而言,首要的是满足如上的要素。这需要校长尽可能收集和处理决策信息,设计与学校发展相一致的目标、与教职工的愿景以及与社会发展相适应的方案,抉择方案的工作可以交由教职工代表大会完成,工会和学校党组织监督决策方案的有效实施。

(三)校长决策

目前,有关校长决策的内涵尚未形成统一、权威的共识,但我们仍可从一些探索性而富有成效的研究中找到校长决策内涵的共性。王生认为,校长决策是学校为了一定的目标,利用数理统计等现代数据处理方法,从两个或两个以上而又相互替换的方案中,优选出最优决策方案的动态的行为[⑦]。宗健梅认为,校长决策是"校长在对学校进行全面管理的实践活动中,所采取的与之相对应的形式、方法、程序等诸要素的组合"[⑧]。陈光军认为,校长决策是为了实现与学校发展相关的规划、目标、行政策略,校长进行的理性而有效的抉择行为,构成了学校领导的重要职能[⑨]。

① Barnard C L. The Functions of the Executive. Cambridge:Harvad University Press,1938.
② 于璨,宋凤宁,宋书文. 教育组织行为学. 北京:北京师范大学出版社,2009:262.
③ 梁郑丽,贾晓丰. 决策支持系统理论与实践. 北京:清华大学出版社,2014:3.
④ 岳超源. 决策理论与方法. 北京:科学出版社,2003:页码.
⑤ 黄志成,程晋宽. 教育管理理论. 上海:上海教育出版社,2001:246.
⑥ 伯蒂·埃弗拉德,吉弗里·莫里斯,伊思·威尔逊. 有效学校管理. 杨天平译. 重庆:重庆大学出版社,2007:37.
⑦ 王生. 校长决策研究——从一所中学的发展透视校长决策. 南京:南京师范大学博士论文,2002:9.
⑧ 宗健梅. 学校管理中校长决策行为的一般过程. 教育评论,2000(6):23-25.
⑨ 陈光军. 校长决策论. 山东教育学院学报,1997(3):20.

借鉴学者的研究成果，本书认为，校长决策是校长在国家和地方教育政策的指导下为了制定符合学校发展的规划，利用现代科学的决策方法和技术，制定出不同的行动规划和行动方案，从中优选最符合学校发展的规划并有效付诸实施的行为和过程。理解校长决策必须从以下方面进行。第一，校长决策不仅是校长个体的行为，更是校长融合其他群体的教育价值观、教育思想而进行的集体民主决策行为。第二，校长决策的目标既要解决"校舍和教学设备不够，怎样解决？学校经费不足，怎样筹集？师生的伙食，怎样办得好一点？师资培训，怎样组织？学校的思想政治工作，怎样改进？"①等问题，还应充分反映宏观的国家和社会发展目标，中观的区域、地方发展目标。因此，校长决策目标具有多元性、弹性和非营利性。第三，校长决策是利用现代科学决策程序和技术对不同方案进行有效比较、筛选、优化抉择并有效实施的过程，在整个体系中，优化抉择方案最为重要。第四，校长决策既是学校管理中的一个部分，又是学校管理中最核心的部分。因为校长决策是对学校发展中的困境进行有效调查，设定方案，优化抉择，再到方案付诸实施、组织、协调、修正等的动态过程，所以校长决策贯穿于学校整体管理之中，是学校整体管理运作的标杆。

二、分析视角

梳理有关的决策理论、教育决策、校长决策的相关理论研究成果，并结合自己在校长岗位上 15 年来的工作实践基础，笔者认为，校长决策是指校长在一定社会文化历史传统的背景下，依据学校发展的现实和需要，依法对学校管理行为进行调整和扬弃的过程。这就构成了笔者对校长决策研究的理解框架，那就是对校长决策的社会文化历史的考察，以及校长在决策时拥有的社会资本的考察，前者是基于社会文化历史学派的心理考察，着重于分析校长决策受社会规律的制约性、思维的复杂性、发展的社会性、历史的沿革性、文化的传承性等社会的、文化的、历史的影响；后者是基于影响校长决策的社会资本理论分析，校长决策实际上还是一种"社会人"模式。面对同样一个需要决策的问题，不同社会关系背景、不同管理文化背景、不同历史传统背景、不同学校背景下的校长，在进行决策的过程中，会选择不同的方式方法。在实行教育集权管理的大环境下，在人们之间的交往和问题解决以关系社会网络为依靠的环境里，在教育管理高度集权的管理文化背景下，在"处事以公，为人以德"的传统历史熏陶下，在社会发展对管理提

---

①　邓小平. 邓小平文选. 三卷. 北京：人民出版社，1993：121.

出"民主化、科学化、法制化"要求的趋势下，现实中学校长的决策势必要考虑社会交往网络的重要性、"下级服从上级"的管理伦理文化的影响力、现实和未来社会的传统历史要求、管理文化的发展趋势来进行决策，而绝对不是简单地以"经济人""社会人""自由人""情感人""综合人"的视角来说明问题。我们更愿意从决策过程的实践中来剖析作为校长和人的思考的复杂性，把决策的重点放在过程而不仅仅是结果上来。校长在进行决策的过程中，既有量化的、规范的、技术的要求，又有质性的、描述的、心理的要求；既有社会提出的道德伦理和行为规范的要求，又有"格物、致知、正心、诚意"自我修炼的自由期盼；既有人际交往和同伴关系中需要尊重的精神需求，又有作为学校领袖维护学校整体利益、教师利益、学生利益的利益诉求。决策既要考虑校内的因素，又要考虑校外的因素；既受校长自身内在素质因素的影响，又受校长和学校占有的社会资本的影响。校长面对的决策问题的复杂性可以通过决策过程中的具体案例进行分析，在"教育即生活、学校即社会"的教育思想指导下，笔者更愿意因校长面对的决策问题的复杂性而把校长理解为"复杂人"，把校长决策理解为"复杂人模式"。即使是"复杂人模式"，也应该给出一些可供参考的指标体系或者量化的指导意见，而不仅仅是宏观的、抽象的、倾向性的、不可操作的理念和思路。

（一）题库设计、量表的确立与验证

针对国内中小学校长决策的检测量表还不够系统，有的研究过于理论化而未能结合中小学校长管理实际，有的研究仅就中小学校长决策的某一个方面开展研究，未能针对学校管理整体进行考虑和设计。本书在充分分析了教育部出台的《义务教育管理标准（试行）》（以下简称《管理标准》）和《义务教育学校校长专业标准》（以下简称《校长标准》）之后，结合学校管理"法治化、人性化、校本化和信息化"的发展趋势[①]，以及相关校长研究领域的研究成果和自己长期从事学校管理的经验，开发了本书的题库、量表和测量方法。本书的量表分为三大部分：一是根据研究需要，特征因子的设计来自对理论研究的收集和整理；二是影响因子的设计是依据《管理标准》所列举的管理要素概括而来的，全部是自己所编制的原创性题目；三是开放式问题设计是校长和教师对校长决策的内容、价值、难点、影响因素和对决策执行的评价五个方面从主观的角度提出的看法。所设计的题目分为两类：一类是基于研究设计和《管理标准》所编制的原创性问卷题目；另一

---

① 王道俊，郭文安. 教育学. 北京：人民教育出版社，2009：485.

类是依据问卷所不能描述的问题而设计的开放性问答题目。为了便于进行校长决策的价值探讨，除了进行量化研究之外，本书还使用质性研究的方法，设计了个案研究和校长访谈的内容。

1. 调查问卷的来源与设计

（1）特征因子

本书根据现有校长决策理论研究中的一些问卷，如王静的硕士学位论文中的《中小学校长决策过程现状调查问卷》、寇杰的硕士学位论文《河南省中小学校长素质的现状分析和对策研究》中有关校长基本素质的现状分析、孙绵明的博士学位论文《中学校长领导力研究》的调查问卷综合分析，结合本书的研究框架和结构，拟定 13 项特征因子或者说背景信息要素。

（2）影响因子

为了编制目前中学校长决策的问卷，在 2014 年 8 月 2 日之前，笔者依据《义务教育学校校长专业标准（试行）》（以下简称《专业标准》）编制了校长问卷并且进行了调查，但是，当看到《管理标准》以后，笔者又认真地把二者进行了比对，前者从"规划学校发展""营造育人文化""领导课程教学""引领教师成长""优化内部管理""调适外部环境"六个部分设置了"专业职责"和"专业要求"两级指标要求，每个部分又分为"专业理解与认知""专业知识与方法""专业能力与行为"三个层面的要求和分项指标体系，总共有 60 项二级指标。而《管理标准》则是由"管理职责"的"平等对待每位学生""促进学生全面发展""引领教师专业发展""提升教育教学质量""营造和谐安全环境""建设现代学校制度"六个部分以及"管理任务"的 22 项二级指标和"管理要求"的 92 项三级指标构成的体系。

前者就像考驾照的指标，是准备做校长的人在做校长之前需要进行标准化考核的指标，考核其有没有资格做校长。而后者则像考核"驾驶员技术的好坏"，是考核已经"取得驾照的人的驾车技术"，也就是说，是考核已经在做校长的人的学校管理做得怎么样的问题。很明显，对后者的考核要求明显要高于对前者的考核要求。前者偏重于对岗前的考核，后者则侧重于对职后的考核。

校长决策问卷，全部是对在职校长的决策行为进行研究，因此，从"管理"就是"决策"的角度，把《管理标准》而不是把《专业标准》作为问卷编制的来源和依据是既充分又必要的。由此，笔者根据《管理标准》的六大部分、22 项二级指标、92 项三级指标，在立足于六大部分、22 项二级指标不变的情况下，选择性地综合和概括了涵盖每个二级指标的 50 个问题作为影响因子编制了问卷。

（3）开放式问题

这类问题的设置从校长决策的内容、价值、难点、影响因素和对决策执行的评价五个方面来了解校长（附录一）和教师（附录二）的不同看法。例如，校长卷中，第 64 题：您认为学校管理的哪些内容需要您（校长）进行决策？第 65 题：您在学校决策中，优先考虑的目标是什么？第 66 题：在学校决策中，您认为最难决策的问题是什么？第 67 题：您对学校部门的政策执行情况的总体评价如何？第 68 题：在学校决策中，您认为哪些因素对您的决策起决定性作用？哪些因素起非决定性作用？本书据此对照调查问卷中的选择题归类分析的结果，判断其一致性。笔者共对武汉市 6 所初中的教师发放了 530 份问卷，收回 452 份，有效问卷 441 份。只回收了 452 份，主要原因是部分行政管理人员因为问卷设置中的背景信息涉及的是教师而放弃答题。笔者对武汉市的 27 个初中校长发放了 27 份问卷，由于是以教育局名义发放并且要求回收，调查对象的总量不大，因此下发和回收都比较顺利，并且做到了全部回收。

2. 量表的确立与验证

笔者通过对《管理标准》二级指标和三级指标的梳理，在充分涵盖每个二级指标的基础上，考虑到三级指标考核的覆盖面和考核所要反映的二级指标的价值取向，以三级指标为依据，按照 SPSS 统计分析的要求编制了 50 个问卷题目，经过检测，反映问卷内部一致性的 α 系数为 0.965。于是本书所使用的正式问卷——《中学校长决策研究》（校长卷）（附录一）和《中学校长决策研究》（教师卷）（附录二）得以确立。

（二）访谈设计

由于有了不同学校教师和校长的开放式问题的回答作为本书的质性研究内容，结合工作实际，笔者选择了自己曾经工作过的 J 中学进行访谈，对在该校任职过的 18 位校长进行深度访谈，并试图从个案的角度找到中学校长决策的历史演变痕迹，从纵向的角度对中学校长决策进行分析和研究。

1. 访谈对象简介

"建立调查者与被调查者之间的信任关系对于他们取得真实可靠的访问资料是非常重要的，信任是感情交流的基础，有了信任和感情，才能相互合作，才能得到真心话，才能保证知识的真实性。"[①] 因此，在调查中，访谈员亦即调查工具，

① 费孝通. 费孝通全集. 11 卷. 呼和浩特：内蒙古人民出版社，2009：20.

笔者在教育教学岗位以及教育教学管理岗位工作过 26 年，从事正职校长岗位的工作有 13 年，与被调查的中学校长进行有效沟通、取得信任的概率和机会就不言而喻了。笔者选取了 18 名在 J 中学工作或者工作过的正副校长为访谈对象，包括在职在岗、已经调任其他岗位和离退休的校长，并对这些校长进行了编码，编号为 H1～H18（表 1-2）。

表 1-2　访谈对象的情况统计（$n=18$）

项目	类别	人数/人	百分比/%
性别	男	13	72.22
	女	5	27.78
年龄	30 岁以下	0	0.00
	30～40 岁	3	16.67
	41～50 岁	11	61.11
	50 岁以上	4	22.22
学历	专科及以下	2	11.11
	本科	13	72.22
	硕士及以上	3	16.67
任校长的年限	5 年以下	3	16.67
	5～10 年	6	33.33
	10 年以上	9	50.00

2. 访谈提纲的设计

本书在访谈提纲的设计中以 Kvale 有关访谈调查的理论为基础。访谈的问题分为介绍性问题、重复性问题、探析性问题；访谈的设计简洁，便于访谈对象自由敞开心扉；所设计问题必须有用。访谈提纲主要分为两部分。第一部分是访谈对象的基本信息，在上一部分已有介绍。第二部分是访谈问题的具体展开，包括四大方面：校长在决策中扮演的应然和实然的角色；影响校长有效决策的主体有哪些；校长在具体决策实践中面临的压力和困境；为了提高决策水平，校长在学习、培训等方面所进行的努力（附录三）。

（三）个案剖析设计

依据设计，个案剖析部分应当与问卷调查和深度访谈部分的出发点一致，主要是为了深入把握和剖析中学校长决策的全貌与基本情况。与问卷调查和深度访谈相比，个案剖析更能系统、完整、生动地呈现具有不同风格的校长决策情况。

在个案剖析中，本书主要搜集了 J 中学的档案、制度编汇、发展规划和日常文书，也搜集了与 J 中学有直接关联的教育政策、行政文件，此外，还分析了与校长决策相关的报道和评论，包括同事、网络和新闻媒体等的评价。个案剖析部分主要选取了 3 位曾经在 J 中学工作过的比较有代表性的校长，把他们的工作经历、学校管理过程、任期的学校发展作为校长决策分析的研究内容。

（四）校长决策的研究框架：借鉴与发展

宏观制度层面的决策一般依据国家制度来进行调整，中观制度层面的决策往往依据宏观制度的调整而进行，而微观制度层面的决策虽然依据国家宏观政策和中观政策的调整来进行，但是微观层面往往面临许多新的、宏观制度和中观制度层面还没有来得及反映出来的问题。同时，理论分析和研究的时效性往往不强，不能及时反映出当前校长决策中所面临的实际问题和困惑。因此，本书从学校管理机制——校长决策的微观层面入手，采取实证的方法进行研究，发现和分析问题，进而改进校长决策，为从宏观层面和中观层面的教育制度的制定和改革提供依据。

1. 被调查校长和教师与特征因子之间的相关性研究架构

本书主要通过实证的方法调查 H 区初中学校校长和教师对校长决策的基本看法，通过调查，主要明确中学校长决策在整体上的基本情况；中学校长决策的特征因子与校长调查、教师调查，以及校长调查和教师调查之间的相关性研究和深度研究。

本书涉及的中学校长决策的特征因子主要包括以下 13 个方面的背景因素：①性别因素，性别不同的校长和教师对当前校长决策的差异以及校长调查和教师调查之间的相关性；②年龄因素，四个不同年龄段的校长和教师在看待校长决策上的差异以及校长调查和教师调查之间的相关性；③学历因素，三个不同学历层次的校长和教师在看待校长决策上的差异以及校长调查和教师调查之间的相关性；④职称因素，三个不同职称水平的校长和教师在看待校长决策上的差异以及校长调查和教师调查之间的相关性；⑤教龄因素，四个不同教龄的校长和教师在看待校长决策上的差异以及校长调查和教师调查之间的相关性；⑥担任班主任的因素，四个担任班主任时间长短不同的校长和教师在看待校长决策上的差异以及校长调查和教师调查之间的相关性；⑦担任校长的因素，四个担任校长时间长短不同的校长和教师在看待校长决策上的差异以及校长调查和教师调查之间的相关性；⑧在本校担任校长的因素，四个在本校担任校长时间长短不同的校长和教师在看待校长决策上的差异以及校长调查和教师调查之间的相关性；⑨地域因素，这个问题的设置因为本书调查范围调整而看来意义不大；⑩办学性质因素，公办学校和民办学校的校长和教师在看待校长决策上的差异以及校长调查和教师调查之间的相关性；⑪学段因素，这个问题的设置也因为本书调查范围调整而看来意义不大；⑫办学规模因素，学校规模大小不同的校长和教师在看待校长决策上的差异以及校长调查和教师调查之间的相关性；⑬校史长短因素，学校校史长短不同的校长和教师在看待校长决策上的差异以及校长调查和教师调查之间的相关性。

2. 被调查校长和教师与影响因子之间的相关性研究架构

本书假设校长决策分为三个大的类别：校长对内决策、校长对外决策和校长决策价值。前两个问题通过问卷调查来进行分析和研究，后一个问题通过访谈和个案研究来进行分析。

校长对内决策的研究从校长对现代学校制度建设的决策、教育教学质量提升的决策、教师专业化发展的决策、促进学生全面发展的决策、校园文化建设的决策和营造和谐安全育人氛围的决策六个方面，用量化和实证的方法来分析和研究校长对校长决策的看法和教师对校长决策的看法之间的相关性，以及这种相关性和学校办学质量、学校管理水平之间的关系，从而检视校长决策存在的问题并提出改进建议。

校长对外决策的研究从校长对执行教育改革的决策、提升社会形象的决策、调配教育资源的决策和处理公共危机的决策四个方面，用量化和实证的方法来分析和研究校长对校长决策的看法和教师对校长决策的看法之间的相关性，以及这种相关性和学校办学质量、学校管理水平之间的关系，从而检视校长决策存在的问题并提出改进建议。

校长决策价值的研究是以问卷中校长和教师对主观问题回答的统计分析、个案研究以及对校长进行访谈三种方式展开研究和分析的，从而用量化和质性两种研究方法，分别量化地梳理了校长决策开放性问题的总体结论，质性地从访谈和个案研究两个方面，对校长决策在道德决策、组织决策、文化决策、课程决策和人性决策五个方面的价值倾向性进行了研究和分析。

在上述相关分析的基础上，笔者设计了中学校长决策研究框架（图 1-8）。

三、研究方法

从本书研究的层次看，本书的研究对象是校长，符合应用的工具特性。但

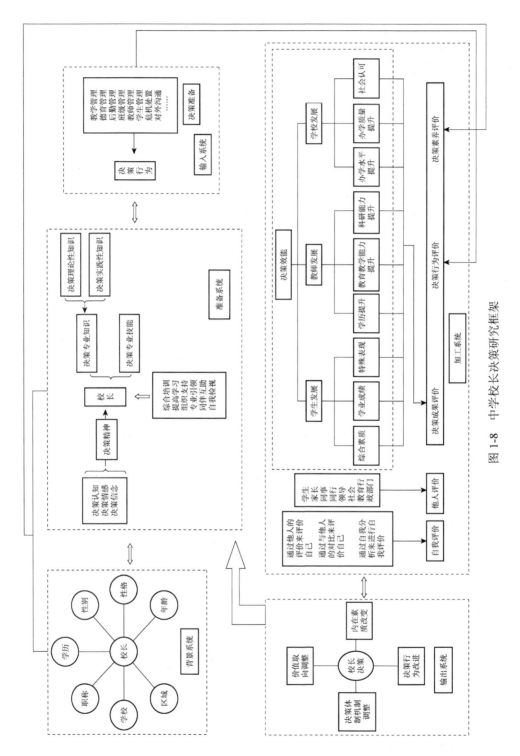

图 1-8 中学校长决策研究框架

本书又对决策理论进行了大量研究，归属于理论研究范畴。同时，本书在对决策理论研究中又试图构建校长决策学的研究，其归属于理论研究之中的元研究。

从本书研究的内容看，本书既研究我国中学校长决策的各类情况，又对各种决策理论进行探索性研究，还将提出对构建理想校长决策模式更新的设想。本书对于校长决策研究现状的研究，是自然状态的表现，即采取描述方式对校长决策事实与现状进行研究，是描述性的研究，对于许多决策理论的研究是解释性的研究，对于构建理想校长决策模式的研究是基于校长决策的客观事实和决策理论的理论探索性研究。

因此，本书采用多种方法进行研究。在校长决策现状的研究中，本书主要采用了实证主义的研究方法，采取了定量研究方法；在校长决策价值研究部分，本书主要采用了解释主义的研究方法和教育行动研究的方法，采取了具有逻辑推理的教育个案和教育访谈等定性研究方法；在构建理想校长决策模式部分，本书采用思辨研究的批判主义研究方法。下面将分别介绍具体研究方法。

（一）文献研究

对原有的文献进行检索与分析是科学研究的前提，回答了"做了什么"及"还需做什么"的问题。本书通过文献分析厘清系统的决策理论，为本书研究奠定基础。本书还注重收集武汉市部分城区、部分中学的统计资料和数据，在对校长决策进行调查的基础上，收集了相关统计资料，包括各类教育政策、教育法规、教育制度，同时利用华中师范大学图书馆系统检索决策科学理论，查阅校长决策方面的数据。

（二）统计分析

首先，本书以《管理标准》为参照系进行梳理，确定适合对校长决策实际情况进行调查的量表，形成问卷初步题项以后，通过对问卷的信度、效度进行测量（鉴于题项的来源和提炼是基于《管理标准》，就没有再进行此项工作），修改问卷，确定正式问卷。其次，本书主要采用统计分析与计量经济学分析方法进行数据分析。本书所采用的各种统计分析与计量经济学分析方法和工具如下：①描述统计分析使用 SPSS 15.0 作为分析工具；②探索性因子分析使用 SPSS 15.0 作为分析工具；③验证性因子分析使用 AMOS 7.0 作为分析工具；④结构方程模型分析使用 AMOS7.0 作为分析工具。

（三）结构化访谈

结构化访谈主要是指通过描述、深度观察和推理校长的各类活动而形成的基本价值判断。校长决策从本质上是校长与上下级、与社会等众多目标群体共同作用而形成的决议，校长决策涉及了众多活动主体的动机和行为。因此，对校长进行访谈，收集相关资料，采用个案分析的方法，才能合理解释各类主体之间的内在逻辑和利益选择。

校长决策是一个复杂系统过程，涉及了系统层级和社会等不同主体，又与一定的制度、文化乃至技术有着密切关联。校长决策的多样性和复杂性决定了对其研究必须采取系统分析方法，因此本书将按照系统分析方法整体性考量的原则来展开结构层次与相关因素的分析。

四、路径设计

（一）调查取样

本书采取类型抽样的方法，样本的单位是学校。本书抽取了武汉市 27 所初中学校作为样本，共有 27 名校长参与了问卷调查，为了加深校长问卷调查的深度，本书的这一部分问卷专门针对中学正职校长进行问卷调查，而没有把学校的书记、副校长纳入调查问卷的对象。教师的抽样结合区域内办学水平、规模大小和办学体制三个因素进行了抽样，一共抽取了 6 所学校。A 校为一所办学水平相对较高、规模相对较大的学校；B 校为一所办学水平一般、规模较小的学校；C 校为一所办学水平中等、规模中等的学校；D 校为一所办学水平较高、规模很大的学校；E 校为一所办学水平较高、规模较大的改制学校；F 校为一所办学水平中等、规模相对较大的学校（表 1-3）。因为办学水平高、规模较小的学校以及办学水平低、规模较大的学校在现实中存在的可能性较小，所以没有这类学校可供抽取。这样可以确保区域内的各种类型的学校都能被涵盖。

表 1-3　教师问卷发放及回收统计情况　　　　　　　　　（单位：份）

项目	A 校	B 校	C 校	D 校	E 校	F 校	合计
发放数	100	20	50	130	130	100	530
回收数	90	15	42	117	106	82	452
有效数	88	14	40	115	104	80	441

（二）调查过程

2012 年 5—7 月，个别访谈。笔者利用工作机会结合学校历史，通过对学校干部、教师以及三位校长本人进行访谈，了解三位校长的办学思想、办学过程和办学实绩。

2012 年 8—9 月，制定调查问卷的量表，开展调查，该问卷后被笔者否决。

2014 年 8—9 月，结合教育部出台的《管理标准》和前期制定的问卷，重新制定新的调查问卷，请教专家，反复修改，形成初稿。

2014 年 10—11 月，利用制定的问卷开展校长问卷调查和教师问卷调查。

2014 年 12 月，回收问卷并进行统计分析。

（三）数据处理

被调查对象全部是整体区域内的初中学校校长和教师（所有校长可以视为同一个区），来源单一，对深度研究初中校长决策是很有利的选择对象。被调查对象的基本情况描述如下。

1. 校长和学校的特征因子信息

1）从性别情况看，男、女校长的比例分别是 77.8% 和 22.2%，男性校长数量约是女性校长数量的 3.5 倍。

2）从校长的年龄结构看，中学没有 30 岁以下的校长，因为中学校长一般要经过普通教师、班主任、主任和副校长等岗位的锻炼和培养，这个过程一般比较漫长，从现实的情况来看，20 年左右的时间是比较合适的。从调查可以看出，中学校长在 31～40 岁的有 2 人、在 41～50 岁的有 17 人、在 51 岁以上的有 8 人，说明校长的年龄结构比较合理，呈现年轻化的特点，形成以中青年领导为主的校长队伍。

3）从被调查校长的学历结构看，中学校长的学历层次有很大的提高，具有硕士研究生学历的校长（9 人，占 33.3%）与本科学历的校长（18 人，占 66.67%）比例为 1∶2，说明学历整体水平较高。从整体上看，2001 年河南省全省初中校长学历按照本科、专科、中专、高中以下的比例分别为 7.7%、43.4%、45.3%、3.5%[①]，2013 年成都市中小学校长学历按照硕士研究生及以上、本科、专科、中专的比例依次为 4.1%、80.8%、15.1%、0[②]。被调查区的校长学历明显高于其他地区。

① 寇杰. 河南省中小学校长素质的现状分析和对策研究. 华中师范大学硕士学位论文，2001.
② 赵泽高. 成都推进教育"三化"背景下青白江区中小学校长专业化发展策略研究. 四川师范大学硕士学位论文，2013.

4）从职称结构看，被调查校长基本上是中学高级职称，只有一位校长是初级职称，造成这种情况的原因可能是校长误填，也可能是校长在任职时就在行政管理岗位，或者在任职后就放弃了专业岗位评审，转而任职行政管理岗位。

5）从教龄情况看，被调查的校长教龄都在 10 年以上，教龄在 10～19 年的校长（3 人，占 11.1%）、20 年及以上的校长（24 人，占 88.9%），比例约为 1∶8，近九成的校长教龄在 20 年以上。

6）从担任班主任的年限看，被调查的校长都有担任班主任的经历，年限不一。5 年以下的 7 人、5～9 年的 8 人、10～19 年的 10 人、20 年及以上的 2 人，比例分别为 25.9%、29.6%、37.1%、7.4%。从中可以看出，校长都具有基层学校基础工作经历，且长时间从事班主任工作。没有丰富的学校基础工作经历特别是班主任工作经历的人来从事基层学校管理工作，往往是不恰当或者不合适的。

7）从担任校长的年限看，13 位被调查对象担任校长在 5 年及以下，说明最近 5 年新提任的校长比较多，担任校长 6～15 年、16～30 年的各有 7 位，约各占 1/4，担任校长 30 年以上的没有。从校长在本校担任校长的年限看，近年来校长异校交流的比例比较高，在本校担任校长 5 年及以下的为 22 人，占 81.5%，在本校担任校长 6 年以上的为 5 人，占 18.5%。

所调查学校的地域范围、办学性质以及学校类别比较明确：都在省会城市，只有两所改制学校，全是初级中学。因此，本书对此不做过多比较，只是明确了研究范畴。

从学校的办学规模看，学生数在 1000 人以下、1000～1999 人、2000 人及以上的学校分别有 12 所、12 所、3 所，比例约为 44.45%、44.45%、11.10%。

学校校史在 20 年以下、20～39 年、40～59 年、60 年以上的学校分别为 5 所、2 所、15 所、5 所。校史在 40 年之内的学校约占 1/4，校史超过 40 年的学校约占 3/4。

2. 教师的特征因子信息

1）教师的性别比例。男、女教师约为 4∶6，分别为 168 人和 273 人，比例分别为 38.1%、61.9%。由于本书所调查的学校都是城区学校，因此，在笔者看来，这个比例符合目前学界研究的基本情况，"从小学到初中、高中阶段女教师占教师比例依次下降，分别为 57.9%、49.5% 和 47.7%"，"从城乡分布来看，城市教师性别比例失衡最严重，县镇次之，农村又次之"[①]。

2）教师的年龄结构。30 岁及以下的 51 人、31～40 岁的 200 人、41～50 岁的

---

① 胡振京. 中小学教师性别比例失衡的现状、影响与对策. 人民教育，2013（21）：32-34.

161 人、51 岁及以上的 29 人，比例分别为 11.6%、45.3%、36.5%、6.6%。"科学研究表明，体力劳动者的能力转折点是 35 岁，脑力劳动者的转折点是 45 岁。因此，多数学者认为教师队伍合理的年龄结构应以中年教师为主，老中青教师要保持一定比例，通过以老带新，老中青搭配，发挥教师群体的最佳功能。"[①] 为了研究不同教师对校长决策的不同看法，本书结合比利时和荷兰学者对关注阶段理论的研究成果，把教师对校长决策的关注定位为四个水平（七个阶段）：无关关注水平（低度关注）；自我关注水平（对个人的关注、对学生的后果关注）；任务关注水平（管理的关注、协作的关注）；影响关注水平（基于学生经验的再关注）。[②] 本书有关教师的四个年龄层次分类可以类似与对等关注的四个水平来考虑教师对校长决策的判断（排除无关关注水平）。

3）教师的学历结构呈现中间高两头低的状况。硕士研究生及以上学历的 30 人、本科学历的 391 人、大专及以下学历的 20 人，比例分别为 6.8%、88.7%、4.5%。95% 以上的教师达到了国家对中学教师学历的规定，这与《中华人民共和国教师法》和《中华人民共和国教师资格条例》对教师学历要求的硬性规定密不可分。《中华人民共和国教师法》第三章明确规定，"取得初级中学教师、初级职业学校文化、专业课教师资格，应当具备高等师范专科学校或者其他大学专科毕业及其以上学历"，而现在城市在招聘中学教师的过程中，往往对学历提出明确规定，即要求在本科及以上。

4）教师的职称结构呈现中间高两头低的状况。初级职称的 63 人、中级职称的 305 人、高级职称的 73 人，比例分别为 14.3%、69.2%、16.5%。这与人事部门对教师职称结构比例的严格规定密切相关，从较多的研究可以看出，当前很多教师对职称设置、晋升、评审、评聘等制度严重不满且反应强烈，这与近年来对教师职称评聘制度的不断调整有一定的关系。

5）教师的教龄结构及在本校的教龄结构。通过数据比对分析可以看出，教龄与年龄的比例结构有相似之处。从教师在本校的教龄情况看，比例变化不大，说明教师在入职以后，流动性不大（表 1-4、表 1-5）。

6）教师担任班主任年限。5 年以下的 138 人、5～9 年的 153 人、10～19 年的 118 人、20 年及以上的 32 人，比例分别为 31.3%、34.7%、26.8%、7.2%。在现实的学校中，几乎所有的教师都会被要求担任班主任，但是确实有少数教师因为性格、管理水平、能力等原因，不适合担任班主任工作。学校是传播文明的场所，

①　王安全. 一个西部县农村教师结构五十年的变迁. 陕西师范大学博士学位论文，2012.
②　尹弘飚. 课程改革中教师关注阶段理论的研究述评. 比较教育研究，2004（8）：38-43.

表 1-4　被调查教师的教龄结构表

教龄	人数/人	比例/%
5 年及以下	60	13.6
6～15 年	175	39.7
16～30 年	180	40.8
31 年及以上	26	5.9

表 1-5　被调查教师在本校的教龄结构表

教龄	人数/人	比例/%
5 年以下	71	16.1
5～9 年	161	36.5
10～19 年	157	35.6
20 年及以上	52	11.8

有能力且能胜任班主任工作的教师，从内心想拒绝从事班主任工作的并不多，因为被委任担任班主任工作是学校对教师工作能力的一种认可，甚至有一种说法，"在中小学，不能胜任班主任工作的教师不是好教师"，虽然这种说法有些偏颇，但能说明一定的问题。近年来，越来越多的教师不愿意从事班主任工作，甚至"宁愿待岗也不愿意做班主任"[①]。班主任工作非常重要，但是教师又不愿意承担，主要是岗位制度、待遇、培训等方面存在问题。[②] 因此，校长在做决策时往往非常看重班主任群体的意见与建议。从统计数据看，担任班主任 5 年及以上的教师约占70%，特别能胜任班主任工作的教师往往会长期担任班主任。

从学校的办学规模看，学生数在 1000 人以下、1000～1999 人、2000 人以上的学校，参加调查的教师数分别为 74 人、139 人、227 人（另有 1 人估计是错填），比例约为 16.8%、31.5%、51.5%，说明参与调查的教师主要集中在办学规模较大的学校。

---

① 杜时忠. 学校德育实效调查. 教育研究与实验, 2007（2）: 12-19.
② 胡洋. 改革开放以来我国中小学班主任制度研究. 东北师范大学硕士学位论文, 2013.

第二章
中学校长决策的依据

第一节 中学校长决策模式理论

一、传统的理性决策理论："经济人模式"

理性决策模式主要盛行于 20 世纪 50 年代以前，基于"经济人"假设提出并受到古典经济学的影响，被称为"古典决策理论或者规范决策理论"。其基本内容是，①决策者需要决策的是一个重要的问题，这种重要性表现在其问题与其他问题相区别的独特性上。②决策者非常明确做出决策的目的或者价值，并且会把这些目的或者价值按照决策者心中自认为的重要程度进行排序。③决策者会想尽各种办法将解决问题的所有可能备选方案逐一进行呈现，便于做出选择。④决策者对所有备选方案及其优势和劣势，以及由此可能带来的机遇与挑战进行科学的分析和评估，并预判出由该方案的执行带来的各种相关效应。⑤决策者按照趋利避害的原则对备选方案逐一进行筛查和比较，并按比对结果进行综合排序。⑥决策者依据比对结论做出抉择，这种抉择是按照能达成其预定目的或者价值利益最大化的原则来进行取舍的。古典决策理论的假设是决策者按照完全理性的模式提出的，但完全理性的决策状态基本不存在，决策应依据时间、地点、对象和内容等条件和环境的变化而有所不同，决策者完全掌握全部的信息并做出完成组织目标的最佳决策在现实中难以实现。这种理论过分强调了以经济利益为主的原则在决策中的比重，忽视了由决策带来的社会效益效应，进而被有限理性决策理论逐渐替代。

二、西蒙的有限理性决策理论："行政人模式"

有限理性决策理论的代表人物西蒙指出，管理的决策过程是不可能用理性的和经济的标准来进行准确描述的，他提出用"有限理性"和"满意度"这两条既不需要完全量化又符合决策实际的衡量标准来评判决策。1978 年，瑞典皇家科学院授予西蒙诺贝尔经济学奖，以表彰他对管理学的贡献，他是获得诺贝尔经济学奖的管理学家。他的有限理性决策理论影响着管理学的发展与方向。

西蒙试图用对人类行为的理性在认识上的两个极端的分析，来提示和说明人类行为的理性是有限的。一方面，他批评了弗洛伊德对人类认知活动的情感归因论，反对将认知活动完全归因于情感因素的理论，但是他并没有将此绝对化，而是认可情感因素在人类认知活动中能起到一定的支配作用，他说，穷人家的孩子看到的硬币比富人家的孩子看到的硬币更大，但是，无论穷人家的孩子对硬币渴望的情感有多强烈，他们都不会把硬币看作钻石[①]。他试图用这样的例子来证明，情感因素并不是支配人的认知活动的全部，即使组织成员的行为不是完全理智的，至少也有一定的理性成分，不可能是完全感性的。另一方面，他又批评"经济人"假设理论的完全理性说，他认为，传统的理性决策模式只是一种理想化的模式，不符合决策的实际情况。原因如下：①人所掌握的信息是有限的，人不可能完全掌握与所要解决和面临的问题相关的所有信息，也不可能考虑到解决问题的所有措施，在一定程度上必须根据主观判断进行决策。②人的能力是有限的，人的技术能力、分析能力、设计能力、注意力、洞察力、想象力、创造力的有限性，决定了人识别问题的准确性、设计方案的完善性和穷尽性、评价方案的精确性和实施方案的正确性都要受到能力有限的制约。③人在影响其决策的价值观和目标观念上是有限的，人的价值观和目标观念并非始终如一。"如果一个人对组织很忠诚，他的决策就会显示出对组织目标的真诚接受；如果他缺乏这种忠诚心，他的个人动机就可能干扰管理效率。要是他仅仅忠于自己所在的小单位，他的决策有时就会不利于该单位所属的上级机构或更大的单位。"[②]④决策环境的高度不确定性和极度复杂性，决定了人们在不明确的环境下进行决策时难以做出理性的抉择。⑤事

[①] 赫伯特·西蒙. 管理行为. 杨砾，等译. 北京：北京经济学院出版社，1988：18.
[②] 赫伯特·西蒙. 管理行为. 杨砾，等译. 北京：北京经济学院出版社，1988：39.

实上并不存在绝对最佳的决策,因为每一项决策的制定既要受到客观条件的影响,又要受到决策者的主观条件的影响,还要受到决策执行过程中不被决策者在决策前所发现和不断变化的因素所影响。因此,西蒙认为,人类的行为是理性的,但又不是完全理性的,归结起来说,人类的行为是有限理性的。

当然,西蒙并没有完全否认理性,而是否认了完全理性,并且在否定完全理性之后,他又回归到了崇尚理性的原点。西蒙对此前经济学理论中的完全理性假设与现实中的不完全理性进行了调适。他的努力使决策工作从逻辑上打通了人类理想与现实的隧道。

按照完全理性决策理论的观点,无论是从理论上还是逻辑上看,最优化决策是成立的。但鉴于人类行为的有限理性决定了人们在解决问题的过程中不可能寻求最优化决策,西蒙提出了决策的满意原则,即以满意决策代替最佳决策。"最好"是"好"的敌人,人们"如果企图找最好的那个决策,不但最好的找不到,也许连好的也找不到,反之,如果能满足于找一个好的,也许在找好的过程中会碰到一个最好的"[①]。寻求"最优解"的前提条件是具有能对所有措施进行比较的一套标准;寻求"满意解"的前提条件是具有一套说明符合最低限度要求的措施的标准,用以选择符合或超过这个标准的措施。就如在针线盒里找一枚绞裤边的针,按照最优化决策的原则,就是要在针线盒中找出最适合绞裤边的那枚针,而按照满意化决策原则,只要在针线盒中找出一根可以将裤边绞好的针就行了,即使针线盒中还有更适合绞裤边的针,对决策者来说再去挑选也是毫无必要的。

三、林德布罗姆的渐进决策理论:"自由人模式"

渐进决策就是指决策者依据现有的合法政策,采取循序渐进的方式对现行政策加以修改,通过一系列小小的改变,在社会稳定的前提下,逐渐实现决策目标的达成。

林德布罗姆的渐进决策理论是建立在三条基本原则之上的。①按部就班原则。按部就班,就是修修补补的渐进主义者或安于现状者,他或许看起来像个因循守旧的人,但其实是一个理智的、智慧的、韬光养晦的实践者,这种实践是一种浸润式的、连续性的、潜移默化的和和平崛起的决策过程。②缓慢氧化原则。使铁燃烧起来发生氧化是比较困难的,而在有水分和氧气的条件下,铁就会不断发生缓慢氧化,最后长出铁锈,其实际的变化要比一次铁的燃烧所带来的变化还要大。

---

① 郭咸纲. 西方管理思想史. 3 版. 北京: 经济管理出版社, 2004: 235.

渐进决策是通过粒米成箩、滴水成河、水滴石穿的不易察觉的由量变到质变的方式完成对现实变革的和平演变，从而逐步达到根本变革的目的。③稳中求变原则。渐进决策的步子很小，不会导致政策的大起大落而危害到社会的稳定。欲速则不达，为了保证决策过程中的社会稳定，就应该通过一系列稳中求变的方法来实现决策的目的。

林德布罗姆不仅提出了渐进决策的基本原则，还进一步分析了推行渐进决策的主要影响因素，以便克服在决策过程中所遇到的障碍。他认为，新的政策的制定一定会受到政治、经济、文化、技术和既有政策制定者的制约，所以不能对现行政策进行有严格逻辑层次的缜密理性化分析，而是应该采用渐进分析的方法，只有这种渐进过程才能模糊那些制约因素的干扰，为最终实现变革的目的铺平道路[①]。

林德布罗姆对传统理性决策理论进行了批评[②]，认为其理论的不足之处在于：①将问题结构化。传统理性决策理论要求有一个既定的问题，然后才能进入制定、选择和实施方案等阶段，然而在实际生活中，决策者往往需要对错综复杂的事件进行事实判断，并且从中透析出自己的价值判断，最后才能明确问题，实施决策，但是，即使是明确的事件，不同的人因为看问题的角度和所站的立场不一样，不仅在事实判断阶段争论不休，而且在价值判断中分崩离析，在实际工作中，这种结构化了的问题很少，大量的问题往往是非结构化的问题。②传统的理性分析并不是万能的。在现实待解决问题中，有些是突发的，有些是非常复杂的且非常规的，这些问题往往需要尽快做出决策，不可能让我们无穷无尽地慢慢分析下去，即使是漫无止境地分析下去，最后做出的决策也可能是错误的。其原因是，一方面对待解决问题的解决要抓住时机。通常，在来不及对问题做深入分析的情况下，我们需要按照常规方法或者凭直觉做出决策，否则就有可能贻误时机。另一方面，待解决问题的解决要有充分的保障条件作支撑。有些决策需要采用量化和全面分析的方法和手段，以实现对各要素和环节的充分把握，所需经费较高，但往往不值得花那么大的代价，因为用定性分析的方法和手段就可以完成对决策要素的把握。③决策受到个人价值观的影响。决策组织中的成员持有不同的价值观和个人倾向，因此，在对待解决问题进行分析和表决时，每个人的意见和建议可能会出现分歧，但即使各方在分析中发生激烈的博弈，也无法解决决策者价值观的个人倾向问题。

林德布罗姆在认真分析理性决策过程面临的客观障碍后，提出了渐进决策理

---

① 彭国甫. 现代行政管理新探. 北京：北京燕山出版社，1998：103.
② 王德辉. 领导法则. 中卷. 北京：企业管理出版社，1996：248

论。该理论的问题分析原则和方法能有效地解决这些实际困难，因此可以说是一种智慧的和行之有效的决策理论。但是这种决策理论的保守性明显地表达了其变革的软弱性。通常情况下，渐进决策理论在稳定的、良好的政策环境下比较实用。而对于政策和环境的革命性变革，渐进决策理论所提倡的按部就班和稳中求变思路就显得没有出路，有时甚至会阻碍政策或者社会的根本性变革。

四、埃特奥尼的综合扫描决策理论："综合人模式"

社会学家埃特奥尼提出的综合扫描决策理论，帮助人们寻找到了一种既能同时克服传统理性决策理论和渐进决策理论这两种理论的缺点，又能综合这两种理论优点的新决策模式。

综合扫描决策理论既解决了传统理性决策理论在实践活动中的难题，又对渐进决策理论的不足给予了整改，使它们互相结合、互相补充，从而提高了做出最佳决策的可能性。综合扫描决策理论就是首先运用渐进决策理论来分析一般性的决策要素，在此基础上再运用传统的理性决策理论进行问题定位、制订方案、选择方案，这样既可以避免忽视基本的决策目标和要素，又可以确保对最重要的问题做深入的科学分析。它是在整合这两种理论优点的基础上，优化组合而创立的一种新决策理论，既考虑了决策者的综合能力覆盖面要素，也尊重了现实中环境的不断更迭变迁要素。

埃特奥尼的综合扫描决策理论是建立在对传统理性决策理论和渐进决策理论的同时批判之上的，他认为，理想化的传统的理性决策理论超出了决策者认识问题和解决问题的能力范畴，在现实中难以执行，于逻辑上站不住脚；而渐进决策理论只表达了社会阶层中有能力规避、修改或对抗政策的组织或个人的诉求，而没有将政治上无依靠、组织上无归属的大多数民众的诉求表达出来[①]。同时，因为渐进决策理论关注的是以渐进的、微小的、缓慢的、稳定的、逐步的方式去修正政策，这种敲敲打打、游击战式地对政策的某一个侧面的改进，往往不能起到根本性的变革作用，而在那种带着狂风暴雨而来的革命式的重大变革面前，渐进决策理论就相形见绌了。

五、索尔伯格的回溯决策理论："情感人模式"

回溯决策理论是索尔伯格于 1967 年提出的，又被称为隐含最爱理论。该理论

---

① 王德辉. 领导法则. 中卷. 北京：企业管理出版社，1996：250.

是指决策者在决策之前，心中早就已经有了决策方案和价值取向，决策者只是将重点放在了该决策出台之前、之中和之后，如何努力解释或者引导同僚们接受或者同意自己的决策结论并使之合理化。决策者在决策之前，早就确定了自己的隐含最爱方案，即他们想要的选择，然后在决策的过程中，就会试图找出一组能够清楚地证明自己的隐含最爱方案是优于其他备选方案的决策标准，在确定了这些标准之后，隐含最爱方案就成了最终的必然选择。回溯理论表明，决策事实上只是为已经做出的直觉决策找到证明其合理性的一个过程和程序，也真实地彰显了直觉在决策中的重要地位。决策者只是想通过这种程序化的流程，让人们相信他是在理性地行动，让人们确信他是在为某个重要问题制定合乎逻辑和理性的决策。"虽然一些企业通常把他们的决策行为建立在理性的分析的基础之上，但是一些研究发现直觉决策在很多组织里不但更快，而且决策结果与系统的理性决策方法一样好，甚至更好。"[①] 但是，这种凭直觉来进行决策的理论有着明显的弊端，这种决策是一种预设而不是生成的决策，有固执己见的成分，不是想方设法吸纳有利于决策的积极因素，而是寻找各种理由来排斥除自己最爱的因素之外的其他因素和意见。

直觉模式适用于如下一些情况：①不确定性水平很高时；②几乎没有先例存在时；③难以科学地预测变量时；④事实有限时；⑤事实不足以指明前进道路时；⑥分析性资料用途不大时；⑦需要从几个评价都很好的方案中选择一个时；⑧时间有限，但又必须做出决策时。这些时候往往需要决策者根据自己的知识、经验做出判断、确定方案。在进行直觉决策的过程中，决策者一般会经历以下的内心变化：对目标状态建构了某种期望的景象；从已经习得的经验中有意或无意地提取出与决策有关的信息，与期望景象相对照，如果与期望景象相符合，就迅速地做出决策选择。

虽然直觉决策确实存在于管理实践中，但在强调理性思考的社会里，决策者很少会承认决策只是根据自己的直觉做出的，因为这样的决策缺乏根据，也不会被别人信服。因此，决策者在做出直觉性决策后，往往会收集一些相关的信息以论证自己的观点，让人确信他确实经过了思考分析后才做的决策。事实上，直觉决策与理性决策并不是互不相干和完全割裂开的，而是相辅相成的关系。作为决策的一种形式，直觉决策是因人而异的，它对一些人而言是决策的主要方式，而对另一些人而言则是作为补充。

---

① 周三多，陈传明，鲁明泓. 管理学——原理与方法. 5 版. 上海：复旦大学出版社，2009：211.

综合分析以上五种决策理论可以发现，前两者属于规范性决策理论，后三种决策理论属于描述性决策理论。从决策研究的发展范式来看，von Neumann 和 Morgenstern 的名著《博弈论与经济行为》一般被认为是现代决策理论建立的标志。决策理论大师 Binmore 曾评价：（该书出版）在当时引起了强烈的反响，使得人们对通过博弈理论把经济学变成像物理学一样可预测的科学寄予了很大的希望。现在看来，这种希望显然是天真的。[①] 由于其理性行为假设具有规范性，被称为规范性决策理论，这种狭义决策理论于 20 世纪五六十年代初得到了快速发展，并形成了第一种决策研究范式：规范性范式。同时其缺陷也不断暴露出来。Simon 对理性重新做了评价，批评了效用决策前提的不真实性，提出"有限理性认识"，并由此在 20 世纪 50 年代开创了行为决策模式，这就是描述性决策理论，形成了另一科学范式：描述性范式。[②] 如果说规范性决策理论注重决策后果，则描述性决策理论更注重决策过程中人的行为和心理（表 2-1）[③]。然而，没有任何现实的决策是只重视决策后果而不讲究决策过程的，也没有绝对地只考虑决策过程中的行为和心理而不关注决策结果的。并且决策者在决策过程中往往要面临很多复杂的因素，因此需要考虑的因素特别多，不是靠简单的数学模型就可以解决问题的，尤其是政治学、社会学和哲学类的问题，不是简单地依据规范性范式的确定的规范性理论能够解决的，但是对这类问题进行决策时，如果没有一定的规范性理论作指导而仅仅依靠描述性理论进行诠释，有时又显得缺乏实证的基础。因此，没有简单的事物，只有被简化了的事物，我们在对复杂问题进行决策时，是不是该回到综合扫描决策理论的轨道上来呢？这就要考察综合扫描决策理论的关注点了——既考虑了决策者的能力问题，也能适应不断变化发展的环境。然而，仅仅考虑这两个价值取向方面的内容，并不能解决复杂问题和保证对复杂问题进行决策的有效性。我们在进行决策时，既要考虑决策者、实施决策者及决策涵括的对象等的因素，又要考虑不断变化发展的环境因素，还要考虑一定社会历史文化背景在决策中的作用。

表 2-1　两种决策研究范式的比较

要素	规范性范式	描述性范式
理论	理性的原则	以认识过程为基础的实验
理论的目的	建立一个最优化决策的一般模型	理解真实的人在确定范围内的决策

① Binmore K. Introduction. In Nash J F Jr. Essays on Game Theibby. Edward Elgar. 1996：3.
② 叶雅阁，刘涌康. 决策科学手册. 天津：天津科技翻译出版社，1989：2-4.
③ Russo J E，安宝生，徐联仓. 决策行为分析. 北京：北京师范大学出版社，1998.

续表

要素	规范性范式	描述性范式
应用的目标	与完美行为作对照，通过现实决策缺陷，帮助人们达到最优化的境界	通过对决策者培训，或者通过帮助决策者改善决策环境使之更有利，达到帮助决策者提高决策水平的目的
主导的方法	数学模型和计算，测量主观效用	过程跟踪；知识提取和表达
学科的根源	经济学、统计学	心理学、社会学、政治学
研究者的角色	机器人工程师	教练

第二节　中学校长决策系统的组织

系统是指将零散的东西进行有序的整理、编排而形成的具有整体性的整体。校长决策作为学校发展指令的原发地，对学校改革与发展具有决定性影响。科学而系统的决策需要整体性的组织管理，从系统学的视野来分析校长决策系统的组织，是校长决策的实践依据。

一、校长决策素养的背景系统

校长决策系统的组织建立的前提是校长具有科学决策的核心素养，而核心素养是校长自身在长期的行政工作实践中积淀而来的具有显著独特性的特质，被视为校长决策的背景系统。背景系统是校长决策素养的基础与先行条件，也是校长决策系统中最为重要的构成部分。

（一）决策角色刻板

社会分工的不同决定了男性和女性需要扮演不同的角色。社会学上把以事业为中心的角色称为工具性角色，把以柔顺和情感的付出为中心的角色称为情感性角色。很显然，男性的工作角色便是工具性角色，它的规范是非人格化，不讲情面，按章办事，权利和义务相分离，重效率，重业绩；而女性的家庭角色则是一种情感性角色，它的规范是人格化、感情色彩浓厚，人际互动频繁，无具体行为规则，权利和义务并行相随，重感情投入和感情交流。男女角色规范的不同使两性领导表现出不同的管理理念。

性别刻板印象是指人们对男性和女性在行为、个性特征等方面予以的归纳、概括和总结，它直接影响到男性和女性的知觉、归因、动机、行为以及职业选择。性别刻板印象具有固定性和僵化性，一旦形成则很难改变，与性别刻板印象不符的行为通常会被称为"另类"行为。而性别刻板印象能够形成与社会期望有着密切的联系。比如，社会期望男性应该是坚韧的、理性的，女性应该是温柔的、善解人意的，男性和女性在认知信念系统中就会出现相应不同的观念，如"我是男人，我不能感情用事"或"我是女人，我不能太强势"。性别刻板印象虽然有一定的积极作用，但其消极作用则更为突出。社会对男性特质的普遍期望比女性特质更加正面，因此社会所形成的刻板印象中男性特质比女性特质更加正面，与成功、现代化联系得更加紧密。然而，男性虽占据一定的性别印象优势，却要为此背负更为沉重的压力。比如，男性领导多以果断、坚毅、压倒一切的权威者姿态呈现在下属面前，男性领导如果表现出温和亲切或优柔寡断则可能会被认为缺乏男子汉气概。而女性从属地位的刻板印象可能使她们缺乏足够的自信，凡事讲求中庸、和谐。比如，男性校长的行事锋芒毕露一些，喜欢竞争，会被称赞有魄力，而女性校长如果行事锋芒毕露，则可能招致指责和非议。在男性领导的学校，原则和任务是校长行事的准则，校长与下属的接触往往只限于和工作、公事有关的话题；女性领导相比之下喜欢采用情感沟通的方式，她们不只希望了解下属在工作上的表现，还喜欢与下属进行较深度的交谈，下属的抱负、理想、家庭与情操等均是她们关切的对象。

美国心理学家 Bem 于 1974 年发表了《贝姆性别角色量表》（Bem Sex Role Inventory，BSRI），这是第一个用来测量相互独立的性别角色的测验工具。BSRI 根据被试自陈是否具有社会赞许的男性化或女性化性格特征来评价其男性化和女性化程度。这是一个 7 点量表，包括 60 个描述性格特征的形容词，其中，男性化形容词 20 个，女性化形容词 20 个，中性形容词 20 个。目前最常用的是用中位数分类法将人归于不同的性别角色组，男性化和女性化得分都很高的人被划分为双性化型，得分都很低的人被划分为未分化型，在一个量表上得分高但在另一个量表上得分低的人分别属于男性化或女性化两种类型。目前研究最多的是双性化和心理健康的关系，大部分研究认为，双性化的个体具有较高的自尊、较少的心理疾病、较强的社会适应能力，而且双性化的人比其他类型的人更受欢迎。如果一个人的男性化和女性化得分都高于 4.9，则此人在 BSRI 中便被列入男女兼备型的人，此类人更容易成为领袖，因为其心理更为健康、更快乐、抗压能力更强、内心幸福感更强、适应环境能力更强、自我价值感更高。

（二）决策价值取向

决策是决策主体以某种价值观念为取向而做出的判断和行动，决策的价值取向是决策的出发点和归宿。学校是以育人为目的的组织机构，校长决策对学校的育人实践产生直接的、具体的、现实的影响，是学校改革发展的彰显和表征。与其他组织机构不同的是，学校尤其是以教授基础知识与培养基本技能为目的的普通初级中学，其发展决策具有较强的稳定性，校长决策的价值取向必须始终围绕促进学生的全面而个性发展的目标，而这一核心理念的确立与校长是否接受过系统的教育学基本理论训练有关。尤其是在唯分数至上的教育实际中，学校容易把考分、升学率作为办学的发展方向，而异化以学生个性发展为本位的办学方向。校长肩负学校教学运转、学生个性发展、教师生命成长的重要使命，为引领各主体的发展，制定并实施好学校发展战略决策，应有两种重要价值，即未来取向、整体取向。

1. 未来取向

首先，教育必须重视未来，教育是为未来社会培养人的事业。校长战略决策是为了推动学校、学生、教师三方协调联动发展，而发展的本质是基于过去面向未来。任何一所学校的发展都没有先例可循，没有经验可借，因为每一所学校都有不一样的学生，每一个学生都是独立的、有个性的个体，他们需要的是属于他们自己的发展方法，而不是复制品。教育在其自身运转的过程中，有相当高的保守性，因为教育的内容之一在于传承，正是教育需要把传统的知识、技能传授给学生，导致某些教师在教育的过程中因循守旧、不知更新。殊不知，世界发展日新月异，尤其是在信息时代，知识更新与传播速度之快令人难以想象。校长领导决策的重要内容是确立面向未来的前瞻取向，为学生未来完满生活打下坚实的基础。其次，教育必须重视如何开发学生潜能。处在基础教育阶段的中小学生，正值生理、心理、价值观、思维方式等人的全面发展核心素养的形成阶段，该阶段的学生由于未成年，心智还在发展之中，可塑性强，而学生对自身的认识不够充分，亟待教育者以科学的知识、思想、技能来提升他们的身心发展水平。校长治校的未来价值取向应把学生视为一个未完成的人，在日常教学管理中，应使教师在教学过程中以充分发掘与调动学生的潜能为目标，在知识传授之外，能让学生在教育的过程中发现自己，进而培养学生自我认知、自我学习、自我发展的核心竞争力，使学生从被动接受学习向主动发现学习转变。

2. 整体取向

整体取向是指校长在决策时既要认识到学校发展的全局性，也要看到学校发展的系统性。学校作为一种组织单位，不是纯政治性的、纯经济性的、纯文化性的，而是各种社会属性交织组合在一起的能对学生身心发展、对社会持续发展产生重要影响的单位。作为校长，其岗位职责不是单一的，其不仅需要懂教学，还要懂管理、懂科学，善于与社会各职能部门打交道，更重要的是要有教育的理想与信念、富有教育家的情怀，并要把这种教育的价值取向传递给每一位从事具体教学工作的教师。伟大的教育家苏霍姆林斯基认为，教师应忠实于自己学校所秉持的理念，它指导教师特别是青年教师提高专业思想和专业水平，包括理论水平和操作水平。促使学生个性和谐、全面发展，关键在于一批能胜任素质教育的新型教师[①]。能胜任素质教育的高素质的教师应具备如下几个条件：一是有强烈的求知欲望；二是具有创造力；三是能创设良好的学习环境；四是创造宽容、理解的班集体。[①] 而在实际管理工作中，有些校长出于升学率和教学成绩的考虑，往往以眼前的业绩为价值本位，以短期利益为管理决策，大力推进应试教育，而无视学生的全面、个性、和谐发展，这是不利于学校的长远发展的。

（三）决策内容关注

从教育领导力的角度来看，校长决策的内容包括塑造愿景、指出希望、激励动机、掌控变革。具体包括为学校发展制定清晰的愿景；将这一愿景作为学校共同体的共同发展目标；为这一发展目标提供期望、路径、激励；以此愿景为目标创设学校的独特文化。[②]校长作为学校的最高决策者，其决策内容的关注点在哪里、是否执行到位，决定着一所学校发展的水平。

1. 塑造愿景

愿景是校长对学校的前景和发展方向高度概括的描述，这种描述在情感上能激发全校教职工的工作热情。愿景是校长用以统一学校教职工、学生思想和行动的有力武器。学校愿景由核心理念和未来展望两部分组成。核心理念是学校生存与发展的根基所在，是一所学校激励师生积极进取的灵魂、精神、凝聚力的集中反映。未来展望代表学校努力追求与争取的方向所在，它始终为促进学校教学运转、学生个性发展、教师生命成长服务。核心理念与未来展望二者对立统一，构

---

① 李慕楠，高永立. 国外教育名家成长故事. 合肥：安徽人民出版社，2012：216.
② 顾小清，黄景碧，朱元锟，等. 让数据说话：决策支持系统在教育中的应用. 开放教育研究，2010，16（5）：79-80.

成学校发展的内在驱动力。核心理念由核心价值观和核心目标构成，核心价值观是学校最根本的价值观和原则，核心目的是学校改革发展的根本原因。未来展望是校长任期内的远大目标和对实现目标的生动描述，通常由生动、精练、形象的语言加以描述，能够激发师生的教学热情。总之，校长引领一所学校的发展，前提在于能塑造一个全体师生认可的共同愿景。

2. 指出希望

希望是一种感召力。国际商用机器公司（IBM）总裁托马斯·沃森说："一个伟大的组织能够长久地生存下来，最主要的条件并非结构形式和管理技能，而是我们称为信念的那种精神力量，以及这种信念对于组织全体成员所具有的感召力……这是一切经营政策和行为的前提。"[①]对于校长而言，选择了一所学校，就是选择了一种生活，必须让教职工和学生看到希望。一位优秀的校长不在于把学校办成名校，而在于让学生与教师都得到成长，让他们在生命成长的过程中获得一些重要的节点，使之成为人生中的宝贵财富。在教育实践中，我们有幸看到校长们正致力于点燃教育的希望。"一些重要的生命成长节点之于师生，不但当下重要，而且有些还可以成为永远的生命回响。这些生命节点被点燃之后，还可以形成巨大的助推力，以至很美好很绚丽。顾泳校长，就让全校师生看到了那点燃了的美丽火花，并让他们永远地留存在了自己的记忆中。"[②]正是希望的存在，使得教师在紧张的教学工作中迸发出了持续的动力，当全体教师都有一种成长感的时候，学校的精神才是饱满的。

3. 激励动机

激励能营造一个安全、有序的环境，在高效率的学校里，校长会关心教师的福利，给予他们独立做判断的自由，并鼓励他们做出决策，而这些决策会影响他们的工作质量。为提高教师的动机水平，校长必须找到满足教师个人与职业需要的方法，最大限度地挖掘教师的潜能，并满足他们的职业期望。在很多学校里，校长为改善教师的士气采用的是提升薪水和改善工作环境的方式，但事实证明，这种激励方式属于外部激励，在短期内是有效的，但不能持久地保持教师的士气。而更有效的激励乃是内部激励，即教师对成就感、能力感、效能感以及自我实现的满足，这种激励对教师而言更有吸引力。研究证明，对教师的动机进行激励应该是外部激励与内部激励的适当组合，外部激励与内部激励对于保持与提升教师

① 转引自：李建华，刘霞. 现代企业文化理论与实务. 北京：机械工业出版社，2011：48.
② 陶继新. 校长的谋略与品质：20所名校的发展之道. 福州：福建教育出版社，2011：6.

的动机水平都是必需的。①动机激励之后便是切实付诸实践，有效的方式在于授权教师参与学校的管理之后，充分听取教师自身的诉求，并使其得到合理的满足。

4. 掌控变革

学校寻求变革是校长管理学校的内在使命之一，掌控变革的水平是衡量校长决策水平的重要依据之一。校长在实施变革之前，需要完成对变革团队的组建工作，只有一个执行力强、理念一致的团队才能决胜千里。因为无论是优化变革流程还是转变受到变革影响的教职工的观念，专门负责掌控学校变革的工作团队都起着重要作用。这些锐意变革的教职工是学校中的领袖，不受年龄和资历的限制，他们有进取心、执行力强、训练有素，能够团结一切可以团结的力量使学校变革流程稳步推行。校长掌控变革可能存在这样三个基本要素：一是针对变革设置可计量的奖励制度并计算维持现状的机会成本。在一所学校或其他单位中，没有人会主动走上变革之路，大多数人将维持现状作为基本的生存状态。那么，建立可计量的奖励制度将为愿意寻求变革的那部分力量提供有效支持。二是认真组建并开发变革执行团队。校长要实施变革，一定要在阐述学校愿景的过程中清楚表明变革所带来的利益和机会，要让教职工意识到校长变革的决心，以争取资历高的教师带头支持变革，再吸引年轻的、富有活力的、执行力强的、训练有素的教师进入团队。三是大力开发和维持变革执行团队中有影响力、决心变革的教师之间的关系。校长只有和教职工建立紧密的联系，当变革推进的时候，教职工才会给予支持，从而提高变革成功的概率。当学校变革获得 80%的支持时，改革便可能较为顺利地进行。

（四）决策风格差异

决策风格是指在不同情境下对不同问题提出个人独特的策略方法，是一种具有持续性的行动模式。校长如何看待决策情境，是否愿意改变情境的不确定因素，与他做决策的风格有很密切的关系。校长决策受到外界信息传递的影响，对于输入的信息进行解读与处理的方式具有很大的差异性。校长脑中所存放的信息量与信息在脑中的处理方式会影响做决策的方式，形成决策风格。Owe 和 Boulgarides 认为，决策风格是决策者根据自己的思考方式与对情境的认知和了解，所形成的个人做决策的方式，因决策者的"左右脑"和"认知复杂度"之差异而形成四种

---

① Weller L D Jr.，Weller S. 学校人力资源领导——中小学校长手册. 杨英，杜睿，等译. 北京：中国轻工业出版社，2005：116.

决策风格：①指导型，左脑-低认知复杂度；②分析型，左脑-高认知复杂度；③观念型，右脑-高认知复杂度；④行动型，右脑-低认知复杂度。[①]

左右脑表示决策者使用知觉感官来接收信息的偏好差别。有的人喜欢语言性信息（左脑），有的人喜欢视觉性信息（右脑）；有的人习惯用感官直接接收外在信息（左脑），有的人习惯用记忆、想象、反射等内在感受方式产生信息（右脑）；有的人习惯用连续片段来吸收信息、理解事物（左脑），有的人习惯整合断续、零散的信息而感受整体全貌（右脑）。一般而言，偏好左脑的决策者较为务实，善于逻辑思考，喜欢事务与观察；偏好右脑的决策者重视想象，凭直觉感受，喜欢观念与解说。认知复杂度代表决策者对信息的接收与负载的能力高低。高认知复杂度代表决策者能吸收很多信息，能认知到这些信息的复杂意义，能同时处理这些复杂事务；低认知复杂度代表决策者的心智无法负载复杂的信息，只能吸收有限的信息，无法认知到信息的复杂意义，对信息只能做简单、有限的处理。[②]

1. 指导型

指导型决策者擅长处理技术决策，控制性强，做决策使用的信息较少，往往以效率为决策追求，重视短期成果，专精于严格控制，不寻求完美的解决对策，喜欢语言性的信息；同时，在问题的认知上无法忍受混淆、无法处理复杂信息，是实用主义者。指导型决策风格的校长在日常工作中喜欢指挥别人，对权力的需求很高。

2. 分析型

分析型决策者能忍受混淆及处理复杂信息，愿意考虑多种不同方案，希望了解细节，决策速度不快，但有能力应付外界情境，喜欢解决问题，能在确定情境下找到最佳解决方案。分析型决策风格的校长在日常工作中喜欢挑战，偏好文字报告，并不断变换以做出最佳决策。

3. 观念型

观念型决策者能忍受混淆及处理复杂信息，做决策时会从各方收集信息。此类型决策者多属于理想主义者，重视伦理与价值，富于创意，在问题的认知上不满足于表面，更倾向于去思考深层次的原因。观念型决策风格的校长在日常工作中信任员工，关心长期目标，喜欢独立行动，是富有想象力和追求完美的人。

---

① 洪明洲. 管理：个案、理论、辩证. 北京：经济管理出版社，2016：45.
② 洪明洲. 管理：个案、理论、辩证. 北京：经济管理出版社，2016：46-47.

4. 行动型

行动型决策者无法处理复杂信息，不能忍受混淆，做决策时参考较少的信息，重视短期，喜欢开会，但高度关怀组织与人的发展，关心下属福利，愿意支持下属，喜欢提供咨询、建议。行动型决策风格的校长在日常工作中很容易沟通、热忱、富有同情心，很容易妥协，采取宽松控制。

一个校长身上可能不止有一种决策风格，了解自己主要的决策风格是非常有必要的，它能帮助校长理解自己的决策方式，避免这种决策在工作中产生负面效果，进而提升决策质量。

二、校长决策培训的准备系统

校长面临的决策问题总是千变万化，校长需要不断根据教育实际发展来提升自己的决策素养，以更科学合理地解决学校发展中的系列问题，校长应定期通过接受培训来丰富自己的决策素养，这被视为校长决策的准备系统。准备系统是校长决策素养的中枢与内核，是校长决策系统中发出指令之地，是决定校长决策水平的最重要指标。

（一）校长决策的职业知识

职业是参与社会分工，利用专门的知识和技能，为社会创造物质财富和精神财富，获取合理报酬，作为物质生活来源并满足精神需求的工作。职业知识是从事职业所必不可少的。中学校长作为一种职业，从事着学校的专门管理工作，可以说系统而明确的职业理论知识是校长职业发展的一个重要维度。学校管理决策的教育性、综合性与复杂性，要求校长必须具有符合自己工作角色要求的知识结构作为职业发展与管理决策的基础与前提。1991 年，国家教育委员会颁发的《全国中小学校长任职条件和岗位要求（试行）》指出，中小学校长的岗位知识要求包括如下几个方面。

1. 政治理论、国情知识

具有马克思主义基本理论和建设有中国特色的社会主义基本理论知识。具有中国近现代史和国情基本知识。

2. 教育政策法规知识

在实践中领会、掌握党和国家的教育方针、政策的基本精神与中小学教育法

规的基本内容。初步掌握与教育有关法规的基本知识。

3. 学校管理知识

联系实际掌握学校管理的基本规律和方法，以及与学校管理相关的基本知识、技术和手段。

4. 教育学科知识

学习马克思主义关于教育的论述，了解社会主义教育的基本特点和规律，具有教育学科基本知识。熟悉主要课程教学大纲及有关学科的教材教法。具有中国教育史常识，了解中小学教育发展与改革的动态。

5. 其他相关知识

掌握与中小学教育有关的自然科学、社会科学基础知识，了解本地的历史、自然环境、经济与社会发展的基本情况以及民族与宗教政策等。

根据《全国中小学校长任职条件和岗位要求（试行）》可以知道，校长至少应该具备政治理论和国情知识、教育政策法规知识、学校管理知识、教育学科知识以及其他相关知识。这些岗位知识的要求是对中小学校长职业化的保证，也是培养中小学校长所必需的最基本的职业知识。随着教育信息化战略的实施与教育信息化进程的推进，我国对中小学校长的职业知识的要求更高。除了需要具备以上的岗位知识，中小学校长还应该具备一些与全球化、信息化、新技术与新产业相关的知识。只有这样才能满足不断变化的时代进步、教育改革与学生发展的需要，只有这样才能培养出新时代具有中国特色的合格的乃至出色的校长。

（二）校长决策的职业态度

职业态度是指个人职业选择的态度，包括选择方法、工作取向、独立决策能力与选择过程的观念，简而言之，职业态度就是指个人对职业选择所持的观念和态度。校长决策的职业态度直接决定着校长决策的结果。对于一位校长来说，树立积极向上的职业态度是做好校长决策工作的第一步，能不能做出科学的、有效的决策就看其是否具备良好的职业态度。加强培养校长职业态度可以从以下几个方面做起。

一要着眼于严，积极进取，增强责任意识。众所周知，责任心和进取心是做好一切工作的首要条件。责任心的强弱，决定执行力度的大小；进取心的强弱，决定执行效果的好坏。校长必须树立起强烈的责任意识和进取精神，坚决克服不思进取、得过且过的心态。具体到平日的工作中，校长要把自我要求调整到最严，把工作标准调整到最高，把精神状态调整到最佳，认认真真、尽心尽力、不折不扣地履行自己的职责，绝不消极应付，绝不敷衍塞责，绝不推卸责任。

二要着眼于实处，脚踏实地，树立实干作风。天下大事必作于细，古今事业必成于实。著名教育家陶行知先生说："做一个学校校长，谈何容易！说得小些，他关系千百人的学业前途；说得大些，他关系国家与艺术之兴衰。"[1] 由此可见，校长的地位是重要的，责任是艰巨的，使命是光荣的。校长必须发扬严谨务实、勤勉刻苦、脚踏实地的精神，坚决克服夸夸其谈、评头论足、好高骛远的缺点，能够真正静下心来做事，一件一件抓落实，一项一项抓成效，干一件成一件，积小胜为大胜，养成脚踏实地、埋头苦干的良好习惯。

三要着眼于快，只争朝夕，提高办事效率。"明日复明日，明日何其多。我生待明日，万事成蹉跎。"校长对学校的发展肩负着巨大的责任，必须强化时间观念和效率意识，弘扬立即行动、马上就办的工作理念，坚决克服工作懒散、办事拖拉的恶习。每项工作都要立足一个"早"字，落实一个"快"字，把握时机，加快节奏，提高效率。做任何事都要有效地进行时间管理，时刻把握工作进度，做到争分夺秒，赶前不赶后，养成雷厉风行、干净利落的良好习惯。

四要着眼于新，开拓创新，改进工作方法。只有改革，才有活力；只有创新，才有发展。在竞争日益激烈、变化日趋迅猛的今天，创新和应变能力已成为推进发展的核心要素。校长必须具备较强的改革精神和创新能力，坚决克服无所用心、生搬硬套的毛病，充分发挥主观能动性，创造性地开展工作、执行指令。

态度决定一切。对于校长来说，按照严、实、快、新四字要求用心去做，培育和树立积极健康的职业态度，增强责任意识，树立实干作风，提高办事效率，改进工作方法，才能使工作和决策的力度更大，速度更快，效果更好。

（三）校长决策的职业技能

苏霍姆林斯基曾说："有什么样的校长，就有什么样的学校。"[2] 校长对于学校的重要性不言而喻。而与此同时，校长的能力又对校长、对学校起到至关重要的作用。人们常说：一个好校长，就是一所好学校。由此可见，校长是一校之魂，校长自身的素质和水平的高低在很大程度上决定了学校管理水平的高低，决定了学校的发展速度与潜力。一名校长在职业技能上至少要具备以下几个方面的能力素质。

---

[1]　陶行知. 中国教育改造. 北京：生活·读书·新知三联书店，2014：49.
[2]　黄兆龙. 现代学校管理学新论. 北京：中国经济出版社，1994：395.

一是教育科研理论素质。教育科研理论素质主要包括教育学、心理学、学校管理学、人事管理学、组织行为学、教育统计学、教育经济学、教育实践学、教育方法论及相关理论（如政治学、伦理学、逻辑学、社会学、文化学、美学、法学等）素质。教育科研理论素质是校长科学治校、科学决策的基础，是校长开展教育管理工作的前提，更是校长职业化所不可或缺的职业能力。

二是教育科研能力素质。教育科研能力素质主要包括创设和发现问题的能力素质、组织学科研究的业务素质、归纳总结写作提炼的文学素质、处理科研相关信息的能力素质、执着追求开拓的创新素质以及学术交流和表达的能力素质等。校长的主要责任是进行学校的管理，但是校长在教育和组织师生进行教学、科研等工作时，自己必须也是这方面的专家，不仅要能管得了，还要能管得好。

三是教育科研管理素质。教育科研管理素质包括科研决策、综合分析、知人善任、科研制度建立、科研项目落实、科研成果奖励等。学校发展得好不好，要看所培养的学生质量高不高，要看教师的教学水平行不行，也要看学校的科研能力强不强。学校好不好，主要看领导。校长可以说是一所学校的灵魂，其表率和引导作用非同一般，其对学校教育科研的管理能力直接影响着学校的发展。

四是教育科研道德素质。教育科研道德素质包括坚持真理、实事求是、勇于探索、严谨治学、发扬民主、尊重教师、不拘一格、大胆创新等。治校如治国，当以德为先。校长虽在教育科研管理方面具有说一不二的权力，但好的校长特别是出色的校长，在学校所有的决策上都应该是以德服人的而非以权压人的。一个好校长，首先应该是一个道德高尚的人。唯有如此，学校才能培养出德才兼备、全面发展的优秀学生。

（四）校长决策的职业精神

校长，无论作为一个学校管理者、经营者还是教育者，都必须认同、建立和提升职业精神。当下，有的校长职业苦旅为生存、求维系，有的校长职业生涯显浮躁、盲追风，有的校长职业行为扬个性、攒政绩，凡此种种，都亟待提升其职业精神。校长职业精神是其在科学理解教育意义的基础上，不仅是把校长作为职业在做，而是有更高的精神追求。校长的职业精神包括以下三个维度。

一是其外在的精神状态。办好一所学校，是一个复杂的工程。校长在其中扮演着最重要的角色，不仅是学校的管理者、决策者和研究者，还是学校的服务者、协调者。这就要求校长必须有良好的精神状态，始终洋溢着工作的激情与活力，对事业有毫不懈怠的追求与探索。校长好的外在的精神状态，一方面能够在无形中形成强大的正能量，感染师生，使得校园充满朝气、充盈锐气；另一方面可以让自己的思维更加敏捷，智如泉涌，好办法、新点子层出不穷，从而以此种状态引领师生，发展学校，开创未来。

二是其内在的精神品质。校长内在的精神品质是其彰显有作为的保证。校长是一个学校的核心，应该拥有自己坚定的理想和信念，始终信仰教育的正义与高尚、人性的崇高与美好，不断致力于师生自由而全面的发展。校长是执行力之魂，校长教育眼界的开阔与否、自身素质涵养的高低都决定着一位校长是否会有作为，是否有品位。校长应有和而不同的用人之道，追求多样性的统一；遇到问题的时候应有择善而从、反求诸己的博大胸怀；在工作中遇到问题、困惑与挫折时，要始终保有不放弃、不抛弃、不懈怠的自觉立场。最重要的是，校长应该保有求真与创新的品质。校长要敢于说真话，做到"不唯书、不唯上，只唯实"，要敢于求真理，用锲而不舍的精神去追寻教育的意义，认识其中的规律，要敢于做真人，在为人处世上，做到表里如一、言行一致。校长应该勇于创新，让创新成为校长的一种价值取向、行为方式与人格特征，让创新成为学校的新风尚、新常态与新氛围。

三是其常在的精神世界。周国平曾说："人生最好的境界是丰富的安静。安静，是因为摆脱了外界虚名浮利和诱惑。丰富，是因为拥有了内在精神的宝藏。"①校长首先应有的精神世界一定也是"丰富安静的"，能够守得住心境，耐得住寂寞，同时还能够沉潜下去，沉潜到自我生命的最深处，沉潜到历史的最深处，沉潜到学术、课堂、教学、管理的最深处，在沉潜中独立思考，于沉淀里提升自我，让思想得以润泽、裂变与升华，孕育出独具匠心的管理思想与教育哲学。"行之苟有恒，久久自芬芳。"校长唯有对教育理想水滴石穿、百折不挠的坚守，才能最终做好教育工作、实现教育理想。

三、校长决策管理的输入系统

校长决策内容覆盖学校运行的方方面面，几乎每一项学校改革发展的重要决定都需要校长亲自做决断，面对随时随地接收到的信息，科学判断、分析信息并做出科学决策，被视为校长决策的输入系统。输入系统是校长决策的内容与执行所在，也是校长决策系统中切实影响办学实际之地。

---

① 转引自：张觅. 人生自是有情痴：古诗词中的缱绻情怀. 北京：北京工业大学出版社，2015：172.

（一）学校战略管理

美国著名管理学家乔尔·罗斯和迈克尔·卡米提出，"没有战略的企业，就像一艘没有舵盘的船，只会在原地转圈，也像流浪汉一样无家可归"[①]。战略管理是校长必须具备的基本素养之一。学校的未来如何发展，如何根据学校的历史、现状制定和实施学校的发展规划，如何将规划的制定和实施与学校文化建设相结合，如何打造学校特色并成功创建特色学校等，都是校长必须面对的战略问题。学校战略管理是对一所学校未来的发展方向制定决策和实施决策的动态管理过程。一个规范的、科学的、系统的战略管理系统可以分为战略分析、战略选择和战略实施三个阶段。

1. 战略分析

学校战略分析是对学校的战略环境进行分析、评价并预测未来发生趋势以及这些趋势对学校带来怎样的影响和影响的方向，具体来说主要包括三个方面。一是确立学校发展愿景或使命目标。学校发展愿景或使命的确定是战略管理过程的起点，是学校存在的理由，也是战略制定和实施的基础。二是分析外部环境。对学校宏观社会环境与微观社区环境的分析，有利于看清学校发展的客观现实情况，寻找到可能会影响学校愿景和目标实现的潜在机遇与挑战。三是评估学校内部资源情况。评估分析学校内部资源的数量与质量，帮助明确学校在系统中的发展位置，分析自身的优势与不足，从而做到扬长避短。

2. 战略选择

通常来说，学校战略选择主要是为了解决两个问题：一是学校的办学范围、办学领域和办学模式，即明确学校的行业性质、从事的事业和办学的方式，确定学校以何种产品与服务来满足何种教育顾客的需求。二是学校在这一特定领域的优势，即明确学校提供的产品和服务在同类型行业中的独特性、优势性。学校战略选择的主要工作包括以下几个方面：首先是根据外部环境和内部资源等，发挥决策者的创造性，制订尽可能多的备选战略方案；其次是对各项战略方案进行评价，分析各自的优越性与局限性，综合进行排序；最后是选择战略方案，在对战略进行客观而充分的评估之后，根据所达成的战略目标进行优选决策，最终选择一个最优方案。

3. 战略实施

战略实施阶段是将战略方案转化为实际行动并取得实际效果的过程。在战略

---

① 转引自：赵顺龙. 企业战略管理. 北京：经济管理出版社，2008：3.

实施过程中，学校对战略目标进行分解实施，调整组织结构，配置战略资源，对完成情况进行反馈反思以及处理实施过程中所出现的问题等。

众所周知，由于环境的不可预测性，现实生活中很难存在完美的战略，好的战略基本上是在边实施边调整的基础上得来的。因此，学校战略管理的三个阶段实际上是一个循环往复、动态完善的过程。

（二）课程教学管理

苏霍姆林斯基说："一个有经验的校长，他所注意和关心的中心问题就是课堂教学……老是忙于开会及其他事务，走不进教室，不接触教师和学生，那么校长的其他工作都失掉了意义。"[①] 由此可见，课程教学对于校长工作是十分重要的。课程是教育活动的心脏，是各级各类学生学习的基本内容及其安排。教学则是学校工作的中心，是教师帮助学生掌握学习内容。课程管理包括课程目标、课程结构、课程开发、课程实施、课程评价、课程资源、课程改革等要素或活动。教学管理则涵盖教学计划、教学运行、教学研究、教学质量、教材保障等一系列管理活动过程。

1. 课程管理

课程管理是指以课程为对象所施加的决策、规划、开发、组织、协调、实施等一系列管理活动和管理行为的总称。根据课程管理范围的大小，管理性质、目的和任务的不同，课程管理可划分为课程宏观管理、课程中观管理与课程微观管理。课程宏观管理是关于一个国家或地区的课程管理活动和管理行为，即国家课程和地方课程的管理；课程中观管理是指学校对校本课程的管理；课程微观管理则是一个教师以课程实施为重点的管理活动与管理行为。根据课程发展的流程，课程管理可以分为课程价值管理、课程规划管理、课程开发管理、课程资源管理、课程实施管理、课程评价管理与课程绩效管理。

2. 教学管理

教学管理是指运用管理科学和教学论的原理与方法，充分发挥计划、组织、协调、控制等管理职能，对教学过程各要素加以科学配置，使之有序运行，提高效能的过程。教育行政部门和学校共同承担着教学管理工作。

传统的教学管理往往更多地强调教师的教，体现的是传统教学以教师、教材

[①] 转引自：蔡汀. 走进教育家苏霍姆林斯基. 北京：教育科学出版社，2007：182.

和课堂为中心的价值观，关注的是教师教学环节各种规范的制定与落实。这种以教务、考务等为主的事务性教学管理，越来越不能适应当今社会发展对教育教学的新要求。

现代教学管理是对教师的教和学生的学所进行的全面全程管理，本质上是以学生发展为根本、以学生学习为主线、以资源建设为手段、以质量控制为核心、以整体素质提升为归宿的教育管理活动。学习是学生以自己原有知识经验为基础主动建构知识的过程；教学不是传授知识的过程，而是创建一个良好的、有利于知识建构的学习环境，以支持和帮助学生建构知识的过程。"以学定教，以教助学，教学互动，相得益彰"的教学生态，逐渐成为现代教学管理的根本追求。

现代教学管理包括教学思想管理、教学计划管理、教学组织管理、教学运行管理、教学质量管理、教学研究管理等多个模块。

教学思想管理是指教育管理者对师生的教学价值观、质量观等教学意识形态的管理，是教学价值或教学文化的凝练，是存异前提下的共识或求同。其目的是形成学校主流的教学价值观，引导师生全面科学认识教学工作，处理好教与学的关系，更好地达成育人目标。教学计划管理是根据国家课程计划与课程标准等有关政策的总体要求，结合学校办学资源的具体实际，对学校未来一段时间内的教学工作和活动进行设计，以此控制和指导整个教学过程，从而使学校各项教学活动处于最佳状态，取得最好的教学效果。教学组织管理是指对教学机构与师资队伍的有效动员与配置，核心是基层教学组织，如备课组、教研室的建设，以促进教师的专业发展，从而为教学提供组织与人力保障。教学运行管理是指教学事务管理，包括课程安排、班级编排、课表编排、教学检查、考务安排等。教学质量管理是围绕教学质量形成的各个环节所进行的控制。教学研究管理是以项目为纽带而进行的教学改进探索，是现代教学管理中地位日趋凸显的管理范畴。

（三）学校安全管理

非止排难于变切，亦将防患于未然。随着我国教育规模迅速扩大、学生层次日益多样化、新的不安全因素不断增多，中小学生安全事故时有发生。严峻的现实一方面凸显了加强中小学公共安全教育的紧迫性，另一方面使得很多校长感到校园安全管理工作的压力越来越大。校园安全教育体系的构建是加强校园安全教育、保证学生生命安全的关键。[①] 因此，学校安全管理的意义不言而喻，校长在进

---

① 赵彤璐. 公共治理视角下校园生命安全教育体系的构建. 教学与管理（理论版），2017（27）：40-42.

行决策管理时要知道哪些是进行安全管理最应该重视的，哪些是最容易出现安全问题的薄弱环节，并且应该知道如何开展扎实有效的校园安全管理工作。

学生安全管理是确保学生安全不可或缺的重要措施。[①] 其主要是通过管理的手段，以保护学生财产与师生安全为目的，进行相关决策、计划、组织和控制等方面的工作。校长在进行校园安全管理工作和决策时要遵循一定的学校安全管理策略。

1. 构建学校安全工作保障体系

针对学校安全管理工作的特点，学校要做到以下几点。首先，学校应该成立由校长、书记、教导主任和骨干教师等组成的学校安全工作小组，负责贯彻、监督、实施安全管理的各项制度与措施。其次，学校应该建立与学校安全相关的工作机构。比如，学校可以在校内建立消防、保卫安全的紧急事件处理办公室，在后勤处设立专门的办公人员负责，为安全机构建立提供物质保障，在学生处设立保障学生安全活动的事务所。再次，学校应当从每个工作人员的日常工作抓起，明确各个人员的责任，协调好各个部门的职责和权限，按照"谁主管、谁负责"的原则，签订学生安全管理责任书，使每一项涉及学校安全的管理工作都能做到有人管、有人抓。最后，学校应建立重大事故和安全隐患报告制度，在校园内打造全覆盖的网络环境，保证各个部门之间沟通流畅，及时发现学校存在的安全隐患，争取做到防患于未然。面对紧急情况，相应部门要通过网络或其他途径以最快的速度向学校报告，保证安全问题以最快的速度得到解决。学校的领导要时刻关注学校的安全问题，不定时地对学校各个部门的安全工作进行检查，定期开会做总结报告，及时地解决发现的问题。

2. 建立校园周边环境整治与信息有效沟通机制

安全的校园环境是实践安全教育的保障，打造平安校园、保障中小学生的安全和健康是安全教育的基础，也是安全教育的目的所在。[②] 校园内的环境相对简单，而校园外的周边环境相对复杂，需要更多的注意与警惕，当然这涉及学校外围，需要学校与公安、文化、工商等多个有关部门相互联系沟通，共同构建一个安全的学校环境，给学生塑造一片无污染的天空。校长应做好引导工作，协调好校内校外，与城管、公安部门积极配合，严肃处理学校周围的无良商家，甚至是危害教学秩序和学生安全的不法团伙。只有这样，才能换来学校一片净土，促使和谐

---

① 刘云生. 学生安全管理中的教育放逐与应对之策. 中国教育学刊, 2016（6）：47-53.
② 田茂，宋春来. 美国中小学安全教育的特点及启示. 现代中小学教育, 2013（12）：68-71.

校园文化的形成。与此同时，可以在学校、家庭以及社会之间建立一种有效的反馈机制，三方共同努力，严厉对待那些不法之徒，绝不听之任之，把校园安全落到实处。在社会方面，政府作为管理者，最重要的是要及时处理学校报告来的安全问题，面对危机，能够及时做出处理方案，成为学校处理安全问题的"靠山"。在家庭方面，学校应定期发放安全责任书以及召开家长会，及时与每一位家长取得联系，了解每一位在校生的学习、生活状况，共同实施教育计划，避免安全问题的侵袭。

3. 建立有效的危机恢复体制

校园安全的问题一旦发生，学校绝不能就此退缩，面对问题，要及时应对处理。在危机结束后，对于一个学校最重要的就是危机过后的恢复。比如，面对地震等不可避免的灾难，学校应积极做出处理行动，阻止危机的蔓延，降低负面情绪对学生的影响。对此，我们有如下建议：一方面应果断处理已经发生的校园安全事件，对学生的身心都做出合理干预；另一方面应做好学校事故后的恢复重建工作，谋求更长远的发展。同时，学校应注意平时对学生的安全教育与管理，利用多种渠道宣传安全保护知识，不定时地根据实际情况安排安全教育课程，这既有利于减少危机，又有利于降低危机对学生的伤害。

（四）公共关系管理

当前，公共关系作为一种独特的管理方式，已深嵌于社会组织的全部运作之中。[1] 世界公共关系协会指出，公共关系实践既是一门艺术，又是一门社会科学。它分析发展趋势，预测发展结果，对组织管理者进行咨询建议，同时负责制订和实施符合组织与公众双方利益的行动方案。由此可见，公共关系对于一个学校的发展至关重要，学校的公共关系管理就是对学校内部公众关系、外部公众关系及其相关传播沟通事务的管理。[2] 校长只有对现代公共关系的内涵以及操作方式有深入的了解，才能有效地处理学校存在的各种公共关系问题，做好公共关系工作，提高学校的办学质量，打造优质学校品牌。

校长作为学校的领头人，他对公共关系的管理素质，直接决定了一所学校与社会的联系质量与服务水平，因此，校长增强处理公共关系的能力，了解进行公共关系管理的基本路径就显得十分重要。

---

① 韩景超. 公共关系管理的理论思考. 理论探讨，1994（3）：84-86.
② 张东娇. 论学校公共关系管理模式与策略. 上海教育研究，2005（9）：23-25.

1. 学习现代公共管理的基本知识

要想充分发挥公共关系管理的作用，提升学校品位，校长对公共管理的关系的认识就不能一知半解，必须对公共管理关系的本质、要素有一个深入的了解。校长要善于借助公共关系的传播和沟通手段，打造一个和谐的内部管理团队，共同维系好与学校有联系的外部组织的关系，建造一个良好的社会生存环境，处理好与外界媒体、服务对象、社区以及政府等组织之间的关系，最终形成正确的关系理念，合理定位所在学校的公共关系。只有这样，学校才能在一系列的有组织、有计划、有步骤的学校内外的公共关系管理活动中，实现谋求社会、家庭对学校的理解、信任和支持的目标。

2. 管理好与学校外部的公共关系

首先，校长要树立良好的公共关系管理意识，秉持健康的理念，从大局出发，树立公众意识、沟通意识、服务意识、合作意识以及创新意识，制定符合本校发展的公共关系策略，实现本校的办学理念，促进全校师生的健康成长。其次，校长要加强公共关系管理的组织建设，设立相应的管理人员，并制定相关制度予以保证。这样才能引领好学校的公共关系活动，维护学校的形象与名誉。

3. 借助专业力量进行公共关系的管理

比如，通过请专业的公共关系机构、咨询专业的相关法律人员、聘请专业的公共关系管理人员等方式使得学校的公共关系管理更上一层楼，更加合理有效。同时，家长是与学校联系最为紧密的外部群体，学校应将其作为公共管理的重中之重，加强与家长的沟通联系，促使家长成为学校形象最直接、最有力的传播者。

四、校长决策过程的加工系统

不同的校长决策方式会收到不一样的决策效果，决策者要时常听取教职工乃至学生的意见，建立与师生的沟通渠道以听取决策的评价意见，这被视为决策的加工系统。这一决策加工系统可以有效提升决策过程的科学水准，有利于避免仓促决策所带来的负面影响。加工系统是校长决策素养的后台，是校长决策的效果反馈之地，是提升决策水平的收集器。

（一）决策成果评价

任何决策都会产生或好或坏、或理想或不理想的成果。决策的成果引导决策的方向，在一定意义上决定决策的方法，同时又反映决策者的决策水平，检验决策方法的科学性、可行性、实效性和决策目的的合理性、现实性、社会性。对于校长决策来说，让学校充满朝气、富有活力、奋发向上、繁荣昌盛、硕果累累是决策的出发点和评判标准，只有通过决策成果的检验才能判断决策目标的实现情况。

决策成果评价是以校长决策方案实施为载体对校长决策的成果进行定性或定量的评价，目的是测量、解释和判断校长决策的成果。决策成果通常有两种表现形式：一种是存在于人体内的主观精神能力——人的意志，这种意志直接支配着人的未来的实践活动；另一种是人类所特有的指导未来实践的理论思维做出的判断，这种判断不仅存在于人的头脑中，而且可以游离出人的头脑之外，并用语言、文字、图表、计算机软件等表示。[①] 鉴于此，通过对决策成果的评价，搜集与决策成果有关的信息和描述，并将它们与学校管理的资源配置、学校管理的指挥、学校管理的计划、学校管理的控制等信息联系起来，从而对它们的价值做出解释和判断。决策成果评价不仅能在决策制定实施之后进行，还可在决策制定过程中进行，在保证决策方向正确的前提下，不断做出调整，确保校长决策能够克服盲目性，提高准确率和正确性，力求能因时、因地、恰到好处地推动学校的稳步发展。

决策成果评价与决策目标制定二者紧密联系、相辅相成、相互影响，共同对学校的蓬勃发展形成巨大合力。在整个校长决策系统中，二者既有各自的独立功能，又有相互联系的蝴蝶效应，而校长决策的质量与每个因素的发展状况密切相关。一方面，决策目标制定是校长决策的方向指南，关系到解决各项学校中心问题和决策内容的制定，因而决策目标完成情况要通过定性、定量的决策成果评价确定；另一方面，决策成果评价不仅是对决策目标的最后鉴定，还是一种对决策质量调控的手段，决策成果评价的过程应考察决策过程中达成的决策目标的程度。要建立一个健全的决策成果评价系统，除了指向性决策目标加持之外，还要设置合理的决策评价系统支撑体系，应坚持精简、统一、有效的原则，对校长决策的成果进行多角度分析并完善各类决策信息系统。要不断完善校内的政策研究组织，强化其政策参谋咨询功能，并赋予其工作的灵活性、主动性，不断提高校长决策研究过程的透明性，校长与校内政策研究组织二者珠联璧合、取长补短，成为校长决策的中流砥柱，从而带动一种交互式的校长决策研究模式和开放式的校长决策成果评价体系的形成。

总而言之，校长决策成果评价既要追求精简统一，又要具有开放性，不仅有

---

① 于惠玲，齐仁昌. 新编银行财务管理基础. 天津：天津科学技术出版社，1993：6.

利于更直观地测量、解释和判断校长决策的正确与否，更能总结整个决策活动的成功经验与不足之处，为将来的新决策提供借鉴和依据。

（二）决策行为评价

管理学家西蒙认为，科学的决策过程至少包括以下四个步骤：找出存在的问题、确定决策目标、拟订各种可行的备选方案和执行决策。校长决策对学校的发展始终具有战略意义，所涉及的学校问题不仅局限于微观局部，还涉及宏观整体的问题。因此，科学的校长决策行为会对其他决策产生示范作用，或多或少地影响学校各项管理工作和最终效益。科学的校长决策行为具有以下特点。

1. 决策信息要完整

决策是依靠信息来制定的，校长决策也不例外。校长决策以信息为基础，信息与决策的质量相互影响，相互制约，掌握充足而及时的决策信息是科学的校长决策的先决条件。

2. 决策目标定位要精准

校长决策目标具有多样性、可预见性、时限性、可评价性四大特点。动态多样的决策目标给校长的目标定位增加了一定的难度。此外，以学校的长远发展利益为出发点来看，校长有可能会做出与学校发展总体目标偏离的决策。因此，落实校长决策目标并使之成为能够解决学校各项管理问题的准确方向就显得尤为重要。

3. 校长决策理论和方法要趋于完善科学

从校长决策方法上来看，校长决策的方法是多种多样的，不同类型的决策、不同的决策思维、不同的时代导致了决策方法的不同。[①] 最常见的决策方法是校长根据个人的生活经验、思想水平和工作能力等个人素养提出更多、更好、更具体全面的方案和意见，通过召开由一定学校主心骨人员参加的解决决策问题会议，共同讨论实现决策的办法。校长在选用决策方法时，要坚持在决策实践过程中不断创新发展、灵活运用的原则，选择最优方案去实现校长决策的硕果累累。

4. 结合学校实际，从校情出发

校长决策是一项极为重要的活动，在学校各项管理工作中具有战略作用，是

---

① 吴恩银. 校长决策论. 北京：国家行政学院出版社，2013：12.

一切学校工作的行为指南。校长要以一定的校长决策理论为基础，从校情出发，开展具有学校特色的决策实践。

校长决策行为优化的最大阻力来源于对问题、目标的本质把握不足。因此，要实现科学的校长决策，使校长决策行为最优化，校长需要以理智思维为指导，同时还需应用一定的决策技巧及手段技术，这样才能合理治校，少走弯路，发挥校长决策作用的最大化。

（三）决策素养评价

校长在学校的地位极为重要，他受国家的委托，对外代表学校，对内负责领导全校的教育、教学和行政管理工作。[①] 作为校长的基本职能之一，决策在整个引导学校发展的过程中举足轻重。校长决策的任务就是针对学校出现的各类问题进行分析解读，在权衡利弊后，找到解决问题的最佳方案。校长决策素养评价是指对校长制定决策时能否符合促进学校发展的标准进行解释、判断和思考。对校长决策素养高低的评价，与校长的自身素质紧密联系在一起。为了更好地履行科学决策主要职责，校长除了必备的思想政治素质外，还必须具备四大决策素养。校长要不断提高决策素养，以适应科学决策的需要。

首先，校长要具有科学素养和态度。列宁说过，要管理内行，就要精通生产的一切条件，就要懂得现代高度的生产技术，就要有一定的科学素养[②]。校长自身要具备多方面的科学知识、科学的思维方法和一定的专业知识，不仅要了解价值，还必须努力增强自己的分析、综合、决断复杂事物的能力。在任何时候，校长都要培养自己严谨的科学态度，运用科学的方法寻求解决问题的最佳方法，要看重质量和实际效果而不是只看速度和表面现象。唯有如此，校长才能积极为学校的蓬勃发展发展提出良策，学校才能在校长决策的引领下有条不紊地进步。

其次，校长要坚持创新精神。校长作为学校的领导者，为了学校的长远发展，不仅要用整体的眼光看问题，还要不断追随时代的变化脚步，敢于冲破旧观念，按照新时代的要求对学校进行创造革新。校长在制定决策时要善于应对新情况，解决新问题，概括新经验，制订新方案。具备良好的开拓创新意识，是提高校长决策的正确性的重要影响因素。

再次，校长要具有民主作风。校长一人的知识是有限的，要获得成功光靠个

---

① 萧宗六. 学校管理学. 北京：人民教育出版社，1988：3.
② 列宁. 列宁全集.30卷. 中共中央马克思恩格斯列宁斯大林著作编译局译. 北京：人民出版社,1957：394.

人的力量是远远不够的。校长要集思广益，顾全大局，在决策过程中真正做到发扬民主，允许各种意见自由争鸣，特别是要对那些敢于提意见的人给予鼓励。校长要善于创造一个轻松、民主的环境和气氛，这对科学决策是有利的。

最后，校长要遵循合理的决策程序。科学正确的决策都是在一步步的决策程序中不断实施的。很多决策走向失败在很大程度上是因为忽略了程序里的某一环节甚至更多环节。因此，在解决问题的过程中，切记不可一蹴而就，要认清问题的本质，集思广益，在决策制定的过程中不断对决策方案的实施效果进行考察分析，为了取得更好的效果随时进行修整。

校长决策是一门艺术，评价校长决策素养的高低，实际上是评价校长自身素养高低的必要延伸，也是整个评价过程的重要组成部分。

五、校长决策成果的输出系统

校长决策的目的是解决学校发展中遇到的问题，领导学校获得更好的发展。校长任职一段时间后会进入决策瓶颈期，使学校改革发展进入停滞期甚至出现退化。为避免此类现象的出现，校长需要在素养、价值取向、决策行为、决策机制等方面做出调整，以保证科学决策输出，这被视为校长决策的输出系统。输出系统是校长决策的显现形式，是校长决策超越自身局限的表现，是校长决策发生质变的动力之地。

（一）内在素质的改变

校长素质是动态的，但是有一点在任何情况下都不可缺少，即校长应该明确学校的办学宗旨，它具体反映在校长的决策行为中。这是校长必备的素质，在建立社会主义市场经济体制的今天，这一点更为重要，否则无法领导一所学校。如果校长提出的办学宗旨既能遵循教育的内在逻辑，又能较好地把握时代精神，经过较长一段时间的实践，校长就会获得独到的教育思想和卓越的办学业绩，成为教育家，这是校长素质的理想境界。[1] 苏霍姆林斯基精辟地阐释道："校长不仅是教师的教师，不仅是学校的主要教育者，而且形象地说，也是一个特殊乐队的指挥。"[2] 校长自身素质的高低对学校的发展具有深远的影响。校长要先提升与改进自己的内在素质，才能制定足够成熟的决策。一个校长是否具有较高的工作效率，

---

[1]　许晓东. 大学校长素质研究. 高等教育研究，1993（4）：21.
[2]　苏霍姆林斯基. 苏霍姆林斯基教育箴言. 朱永新编. 北京：教育科学出版社，2016：171.

能否调动学校工作人员的积极性，能否引领学校实现更好的发展，取决于其是否具备优秀的政治素质、思想素质、业务素质和身体素质。

1. 政治素质

校长首先要热爱教育事业，热爱学校和学生，以积极的态度为社会主义教育事业做出自己的贡献，树立科学的人生观和世界观，立志献身于人民的教育事业。唯有如此，校长才能在工作中满怀责任感，树立为师生服务的理念，成为一名称职的校长。

2. 思想素质

校长在处理各项事务的同时，要具有严于律己、宽以待人、实事求是、勇于创新的思想。一名称职的校长要以身作则，具有较强的自我控制能力，做到严于律己；在面对别人的时候，要有宽阔的胸怀，宽以待人；在遇到问题的时候，要用实事求是的眼光去看待问题，一切从实际出发，坚持真理精神，不弄虚作假，只干实事；在制定决策的时候，要敢于冲破旧观念的桎梏，勇于创新，不断给自己提出新要求、新任务，要有新追求，既要别具慧眼，又要有胆有识。

3. 业务素质

校长的业务素质是指校长从事学校工作中所具有的业务能力，反映了校长的行政管理水平，是校长开展工作的关键。首先，校长要具有相应的文化水平和专业知识，知识素质是校长素质的基础。学校是传播文化的场所，校长的管理对象不仅包括学生，还包括教师，这就要求校长自身要具备全面的文化知识修养，具有多元化的知识结构。其次，校长要具有一定的教育理论水平。一名合格的校长要熟练地运用教育规律，了解教育学、心理学、教育史等多种学科的知识并且能运用到实际管理工作当中。最后，校长要具有一定的管理才能。具有管理才能的校长，能较好地组织学校各项工作的开展，讲究工作方法，善于思考，以理服人。

4. 身体素质

校长的责任重大，任务繁重，需要充沛的精力才能胜任工作。然而，现阶段许多校长的身体素质是不容乐观的，主要集中在患病率高、生活习惯不良两个方面。校长要保持健康的体魄和规律的生活习惯，更重要的是要锻炼身体。只有身体强健，投入学校管理的精力才能得到保证。

综上所述，这些校长应具备的内在素质是校长自我修养、自我改变的主要内容。一名称职的校长要具有更强的自律精神，善于发现不足，以热情的态度、科学的精神、良好的作风来对待教育事业，具有专业的知识和管理才能，具有强健的体魄和坚强的意志。校长只有最大化地提升自身的内在素质，才能保证校长决策的有效性和高效性。

（二）价值取向的调整

在校长决策生成实施的过程中，对于校长对学校发展的价值取向的分析与研究可以促进校长决策的科学化，直接推进学校决策的规范性和合理性，提高决策的针对性和有效性。学校办学理念的价值取向就是学校在办学理念价值选择时所表现出来的倾向性，是校长在对学校进行管理时所坚持的一种观念。[①] 不同的校长在应对学校各项事务和制定决策的过程中往往有着不同的价值取向，这体现出价值的个体差异性。我国著名的教育家陶行知曾说："校长是一个学校的灵魂。要想评论一个学校，先要评论他的校长。"[②] 校长作为学校的灵魂人物，他的一举一动都会影响一校师生的学校生活，对学校发展的重要性不言而喻。因而，校长必须在多重价值取向中做出选择并有责任把社会的核心价值、主流价值通过学校教育传递给师生，把它渗透在学校的办学之中，促进学校和师生共同蓬勃发展。

1. 热爱学生，重视学生成长

学生在成长过程中，有一半的时间都待在学校，他们的成长不仅是自己的事情，更多地关乎学校和教师的教育。学生需要习得管理自我的能力和生活技巧，这些都是在学校生活中潜移默化地学习并运用的。一所优秀的学校应该为了适合所有学生而做出努力，适合所有学生的智力发展程度和各自不同的学习能力。而校长作为学校的核心人物，更应该朝着这个方向而努力，将学生的实际状态作为各项教育教学工作的出发点，作为制定教学目标和各项决策的依据。此外，校长还要密切关注学生的成长、发展需要，重视学生的成长。

2. 坚持人事并重的原则

许多校长具有很强的管理事情的意识和认真对待事情的态度，但往往很少考虑事成了，而人成了没有，忽略了一些干部、教师、学生是否在本质上有了转变。例如，在决策制定、实施后，有些教师和学生的思维方式、价值观却没有发生根本的变化，因而决策没有发挥出真正的效益。要想真正地实现学校最好的发展，不仅要把事情做好，把人做好更是毋庸置疑的。校长要具有人事并重的意识，在

---

① 孙绵涛. 校长办学理念的价值取向研究. 北京：高等教育出版社，2012：5.
② 转引自：朱志仁，徐志辉. 陶行知生活教育理论简明教程. 长春：东北师范大学出版社，2006：139.

决策过程中不仅要考虑事的因素，更要把人列为重要考量因素，争取打开人事并茂的局面。

3. 注重信息的交流

把握信息的交流就等于在办好学校上掌握了主动权。传统的学校信息流动多半是自上而下的单向流动，从上级部门传达到学校，再从学校传达至师生，这种单向的信息交流势必会削弱学校工作的活力。加强信息交流的沟通，使信息从单向流动变为双向流动，使教师和学生可以向上级反馈意见与建议，这样就可以达成领导与下属之间的相互认同，促进其相互理解和支持，对学校工作的开展提供便利。信息的双向流动使得校长决策的制定能够集思广益，善于吸收校长决策群体的意见，使决策建立在充分的民主讨论研究的基础上，确保决策的正确性和高效性。

4. 注重社会效益

学校作为一个社会行为的主体，受自己利益的驱动，但它作为一个有独特之处的社会机构，又是社会大系统中的一个子系统，必须以整个社会利益为本，使教育为社会的发展服务。[①] 盲目追求学校的局部利益，不仅会使教育失去初心，偏离正确的轨道，还会对社会产生不利影响。因此，一所优质的学校就要用长远的眼光处理好学校与社会之间的关系，这不只是校长和学校领导的责任，而且需要全体师生的共同努力，一同维持学校的良好形象，为学校在社会上赢得信任和尊重。校长在组织各项工作和制定发展决策时，要做到扎扎实实、稳扎稳打，摒弃狭隘的利益，从战略的角度处理好学校与社会的关系，为学校的长远利益谋发展。

校长的办学理念价值取向的调整不仅有利于办学理念的多样化发展和科学校长决策的制定，而且能够对学校办学实践过程中的价值取向偏差进行修整，促进学校教学质量的提高。

（三）决策行为的改进

1. 转变决策观念

校长在决策中要树立共同整治、共同进步、共同创新的观念。第一，树立共同整治的观念有利于调动教师、学生的积极性，能够吸取广大群众的集体智慧，从而做出有效科学的决策。共同整治有利于发挥校长在决策中的优势作用，制止

---

① 孙绵涛. 校长办学理念的价值取向研究. 北京：高等教育出版社，2012：5.

独裁的行政风气的形成，让学校在群众的力量中不断发展壮大。第二，学校的根本任务是培养学生，校长决策要以有利于学生的发展为目的，共同进步的观念能够体现学校和学生互为命运共同体：只有学生好，学校才会好；只有学校好，学生才会好。第三，树立共同创新的观念，能发掘学生个体的优势潜能，鼓励学生不断创新，给他们提供多重选择的未来。而学校的创新空间非常广阔，校长的每一项决策不可能直接照搬前人的经验，需要不断地根据本校文化特点进行创造革新。而这一过程却十分复杂，需要丰富的信息和开放的思想。虽然学校是知识的海洋，但一个人、少数人的知识总是有限的，如果每个成员都参与创新，就能共同推动科学决策的形成。

2. 提高决策能力

决策能力是决策者把握决策的能力，一般认为，决策能力包括洞察力、统筹力、决策力、执行力和应变力。[1] 此外，校长还应有冷静平和、胸怀宽广、充满自信、敢于决策的良好心态。在决策过程中，校长应增强以下能力。

第一，抓住问题的能力。校长决策的主要目的是解决学校发展中所面临的一系列问题，因而校长要具有问题意识。在长期的决策实践中，校长除了要善于发现问题，也要敢于面对问题。

第二，具有大局意识和确立目标的能力。目标是校长决策的引导者，校长要具有掌控大局、确立目标的能力。校长要在研究问题的基础上，根据环境的状况、教育的本质和规律、学校的文化特点和发展脉络来确立决策目标。

第三，策划与协作能力。校长不仅要关注决策结果如何，还要关注决策执行的过程，执行力是决策能力的重要指标。在管理学校的过程中，校长处于核心地位，因而要能根据目标划分任务，明确各师生的职责。此外，校长在处理各项事务时要能化解矛盾，协调关系，这样才能形成促进学校发展的巨大合力。

3. 完善决策制度

校长决策制度可以从以下几个方面进行完善。

第一，加大学校师生参与力度。首先，要建立学校师生参与机制，细化决策启动、决策进程及决策实施后评估等阶段的师生参与规定，建立对师生意见的反馈机制；其次，要在师生参与环节主动了解情况，如定期召开班会、讨论组；最后，要进一步完善学校决策信息，及时同师生分享。

---

① 刘献君. 高等学校决策的特点、问题与改进. 高等教育研究，2014（6）：17-24.

第二，构建可持续的决策程序模式。健全的决策程序模式可使决策有规可依。在校长决策实践中，学校应当根据决策的不同类型和程度构建相应的决策程序，确保决策科学合理、师生广泛参与、决策执行有效到位。同时，学校应进一步完善决策执行反馈制度，定期收集决策执行过程中的偏差和问题，防止出现更大的失误。

第三，加强对校长决策的监督。从校长权力运行的流程看，对校长决策的监督应该贯穿于校长决策的全过程，从而形成一个多元化、多方位的校长决策监督体系。这个体系不仅应当包括校长决策内部监督，即学校领导的监督，还应当包括校长决策外部监督，如学校师生、教职工甚至家长的监督。在完善各项监督机制的同时，还要加强各项监督制度之间的相互衔接，有效推进校长决策的公开性。

（四）决策机制的重建

我们现在所处的时代是现代化的时代，所进行的事业是现代化的事业。现代化的时代、现代化的事业客观要求决策要科学化、现代化，决策作为一项工作或一项事业的先导性程序，理所当然地应该领先一步科学化、现代化。[①]

首先，校长决策应该立足于决策思想的科学化、现代化。从思想内容上看，校长决策思想要摒弃传统的观念，要树立现代化决策观和开放观。从思维形式上看，校长要从直线思维、平面思维过渡到多向思维、多元思维。

其次，校长决策要建立在科学的调查研究基础之上。一个合理有效的校长决策，要对学校内部的人、财、物等各方面的情况进行调查研究，要对国内外学校的现状和发展趋势进行调查研究，要对教育的政策进行调查研究。

再次，校长决策的过程要建立在程序基础上，这是校长决策的制约机制问题。学校依据发展目标和教育指标建立一系列的科学决策标准和规则，旨在规范校长决策程序和决策行为，确立决策、收集信息、制订决策方案、确定决策目标、实施及控制决策目标，反馈和评价决策目标等过程都要有明确规定，这样才能做到有迹可循。校长在这个决策程序中活动，就能够最大限度地避免决策的随机性和盲目性。

最后，校长决策的组织要现代化。面对进步飞速的新时代和科技信息化的世界，从整体趋势上看，任何在小范围、小环境，通过少数精英来进行决策的方式所取得的决策成果都相对落伍。因此，为了能使学校追随新时代的步伐，制定革

---

① 刘启贤. 重建国有企业的决策机制是当务之急. 冶金管理，1993（9）：33-34.

新的决策和建立起信息广博、足智多谋、精明强干的决策组织体系至关重要。这个组织体系不仅要有校长决策的主心骨成员，还要有决策的辅助人员。确立自主的、有不同决策权限功能和范围的多级决策组织，是决策组织现代化的要求，能提高校长决策的速度和准确性，促进学校多元化的发展。

第三章
中学校长决策的原则

　　校长决策方式不一，风格各异。在日常的领导管理活动中，不同的校长遇到的问题也不可能完全一样，尤其是在处理管理问题时并不具有有章可循的规范和秩序。校长需时常根据具体情况，依据自身的管理经验和职业素养，实施决策行为。尽管校长决策是门艺术，但在具体的实施过程中仍有一些可资借鉴的原则，本章依托笔者多年的校长管理经验并结合教育管理的科学方法，阐述几条具体的原则。

第一节　道德决策原则

　　被公认为教育改革领域的国际权威、加拿大多伦多大学安大略教育学院院长迈克尔·富兰在《学校领导的道德使命》一书中鲜明地指出，"惟一值得一谈的目标是：改造目前的学校系统，以利于可持续发展的大规模改革巩固下去。最高层面的道德目标是要建立一种系统，使所有学生都能努力学习，使好成绩与差成绩之间的差距大大缩短，并保证学习的内容能使学习者成为立足于道德之上的知识社会中的合格公民和劳动者"，"从长远意义来看，能够最大限度地实现这一目标的角色是校长"，他还强调指出，"目前校长领导中的很多方面与道德目标根本不匹配。当一名胜任的管理者，公共关系处理得好或考试获高分，这都不足以说明已具有了道德目标。我所说的是，动力应该是道德目标，而且他能力应该服务与此"。[①]

---

① 迈克尔·富兰. 学校领导的道德使命. 中央教育科学研究所，加拿大多伦多国际学院组织译. 北京：教育科学出版社，2005：31.

一、访谈统计

在受访的校长中，几乎没有人提及这个命题，只是在谈到"校长在决策中的角色"时，H4、H6、H9、H15这四位校长谈到了在培养学生"养成教育"中，注重了学生道德观念的培养。其他校长在潜意识里面有这种思想的渗透，但是他们并没有把这个问题作为一个特别需要强调或者重视的问题表述出来。在对校长的访谈中，他们往往强调自己在做校长期间的变化和学生的学业成绩情况，而且主要谈及学生学业成绩的闪光之处。对于那些需要帮助的各类困难学生，他们也在关注，但是关注的焦点往往放在提高他们的学业成绩方面，而没有注重他们的精神世界，更没有关注到他们在道德层面的教化。在谈到学校校长决策时，他们过多地谈及决策的方法、过程、程序、结果等方面，而没有谈及校长决策的道德价值，也许他们将道德价值蕴藏其中而没有特别提出来。但总体上看，几乎没有人把学校校长决策在个人层面和学校层面的道德意义、道德目标、道德价值作为目标之一加以重视。

二、访谈实录

案例1：由优秀教师评选引发的师德之"辩"

"学校有位老师，大家都说他有婚外情，你还把他评为优秀教师，你当校长的，是以什么标准在用人啊？师德明显有问题的人，还可以被评为优秀教师？老师们不服，你知不知道？"

这是在我跟一位教师的一次交流中，这位教师突然提出来的问题。

学校为了鼓励优秀教师尽快脱颖而出，评选了一批学校的优秀教师，给予了一些物质和精神奖励，调动了一批教师的工作积极性，也让很多教师看到了希望。但是人无完人，玉有瑕疵，本着优中选优、宁缺毋滥的原则，我们评选了这批优秀教师。

这些教师在学校工作的各个方面都起到了模范带头作用，在教育教学和管理上，都能比以前做得更好，进一步地得到了其他教师的认可。

平时谈师德问题，都是泛泛而谈，毕竟现在教师的师德意识和师德水平得到了进一步提高，因为师德出问题受处理的人很少。但是由学校内部的教师提出某人有师德问题，还是很少见的，我不得不高度重视，要么是这个教师确实有违反师德的行为，要么就是有私人恩怨……

其实我们对一些情况很清楚，之前也做了一些了解，反映问题的那位教师所说的师德问题是，这位教师离异后，与另外一位异性教师的关系一直不错，大家都认为他们的关系超出了普通同事关系，但是两位教师的教师境界、敬业精神、教学水平、教育效果都是全校师生一致认可的，他们在学校的行为也符合教师规范。

怎么跟那位教师解释呢？

我们探讨了道德问题，气氛不是很好，但是要以理服人，做好教师的工作，充分交流，互相理解，才能达成共识。

从道德的社会属性来看，我们通常把道德分为公德与私德，很明显地，社会公德、职业道德都属于公德的范围，家庭美德和个人品德属于私德的范围。同时我们也知道，任何私德的行为都带有社会性，如果其潜在影响力由隐性变为显性，由小范围泛化到大范围，发展到社会舆论反响强烈的时候，私德就会变为公德。在整个社会日益把以人为本作为管理规范的时候，按照我个人的看法，把家庭美德划分到私德的范围也有很多合理的成分。

从公德的范围看，在社会公德方面，这位教师能够按照《公民道德建设实施纲要》的"文明礼貌、助人为乐、爱护公物、保护环境、遵纪守法"二十个字精神来规范自己的行为，在这些方面做得非常好，为人处世得到了全体教师的高度认可。在职业道德方面，这个教师热爱学生，为人师表，对学生关爱的例子不胜枚举，深受学生和家长喜爱，班级学习气氛活跃，被评为市先进班集体，所任学科的教学成绩高出同类班平均分 20 分，班级日常管理各项检查的得分也在全校名列前茅，到他班上上课的教师都感觉非常愉悦。同时大家认为，这位教师非常爱岗敬业，工作认真负责，教学富有激情和智慧，有奉献精神，所以我们认为他的师德是高尚的。

从私德的范围看，家庭美德是中华民族的传统美德，这位教师的家庭生活是不幸的。据我们了解，其配偶导致了这位教师婚姻破裂，离异后，这位教师独自生活，和同事之间可能产生了感情，但别人只是在捕风捉影，在保护个人隐私的当代社会、单位哪怕是学校，只要他个人的生活没有负面地影响到学生和工作，作为学校领导，我们只能更多地去承担关心教师的责任，而没有去谴责他们的理由和权力。"清官难断家务事"，关心人、帮助人、理解人、尊重人应该成为我们的主流，我们认为，他的家庭生活的困境与他的师德行为扯不上关系，如果说一位教师的个人家庭生活、婚姻生活出现了困难，必然导致其师德行为低下，那么所有行业的道德评价标准都要依此被推翻。就个人品德而言，其内容很多，很难一一列举，和善亲切、谦虚随和、理解宽容、热情诚恳、诚实守约、自尊自强、遵纪守法、正直无私、严于律己、忠诚老实、坚定勇敢、艰苦朴素、勤奋刻苦都可以列入其范围。就这位教师的个人品德而言，那更不是我们去议论的焦点，更是属于"说小话"的范围，虽说"谁人背后无人说，谁人背后不说人"，但是，作为一个现代人，我们不应该过多地对一个同事的个人生活评头论足。

谈到道德问题，我们还可以进一步做一些研究。

从道德的层次结构来看，它有道德、超道德、次道德和不道德之分。

道德与超道德：道德是指人们共同生活及其行为的准则和规范。道德是不损人利己，是利己亦利他，是对等的、中性的、普遍的、平凡的。舍己为人、见义勇为不是道德，而是超道德。超道德是无私奉献、无偿付出，是不对等的、特殊的、高尚的。把超道德等同于道德是对道德和超道德的曲解和误解。道德是平原，超道德是高山。道德是易于做到的，能够被广泛遵守，可以随时进入法律规范。超道德则是难以做到、难以普遍效仿，是少数内心高尚的人才能做到的，不能作为法律规范来限定人们的行为。道德应尽可能纳入法律规范之中，以保证平等互利，不损及他人亦不损及自身，道德应深入人心，广泛宣扬，并以法律为保障，使每个人都主动而且必须遵守。超道德则应予以赞扬，让人们去敬仰，却不能要求平凡大众去效仿和遵循。超道德有时需要巨大的付出和牺牲，从公正的角度而言，社会应当对超道德予以更高的保护。将道德拔高为超道德使之难以为大众遵守，或以未达到超道德标准来责难他人，则是对超道德和道德的歪曲，是对道德和超道德的直接破坏。把超道德作为道德来宣扬，以此树立宣扬者的思想境界更是极其虚伪的，古今中外这种内心虚伪的宣扬者太多。没有道德就意味着或多或少地损害了他人，应受到谴责和制裁；没有超道德只表明未曾舍己利他，却完全可以理解，可以心境平和，不必羞愧。每个人都应当且必须做个有道德的人，却不必也不可能都成为具有超道德的人。

次道德与不道德：次道德是一个现象，按字面来理解就是介于道德和不道德之间。例如，小偷偷了钱包，失主却在自己的邮箱里面发现了自己的各种证件、银行卡等对自己有用而对小偷没用的东西。小偷的这种行为属于次道德行为，有人反对提出次道德行为的概念，所谓"盗亦有道"，其实次道德现象的出现也是一种社会的进步，承认次道德在"规范"特定人群行为中的价值，并以适当的途径和方式在特定人群中倡导，可以把违法犯罪者对社会的危害降低到最低限度，有利于社会稳定、民众安居乐业。不道德是指违反人们共同生活及其行为准则的行为，此种行为通常会受到舆论的谴责。广义上所说的不道德行为是指直接或间接损害公众利益（包括公众设施财务等）的，其后果对民众造成极大危害或影响的所有作为或不作为行为。不论是否利己或有无主观故意，只要是涉及损害公众利益的所有作为或不作为行为都应当视为不道德行为。

通过沟通，这位教师认为，学校的决策是理性的，也没有进一步提出质疑。

案例2：学校的道德与校长的血性

案例：我刚调到一所学校，就碰上一位年轻教师被债主追到家里殴打了好几次，家里的防盗门也被敲坏了，万般无奈之下，这位教师来到我的办公室，说明原委。原来，这位教师的哥哥因为赌博欠下了赌债，就带上放高利贷的人（谎称同学）一起，让这位教师担保，并让他在担保的借款人上签上了名字，这位教师变成了借款人之一。他的哥哥因为欠上了利滚利的巨额赌债而外逃他乡，放贷公司就只有找他要钱了，并要他把房屋抵押给放贷公司，并进行公证。

看着这些行走在法律边缘的人，我突然有一种作为教师的悲哀，真是"秀才遇到兵，有理说不清"，借条上有字据，有手印，杀人偿命欠债还钱，这是天经地义的事情。我们学校虽说经历了"五五"普法教育，但是在面对这群社会败类的时候，仅凭我们已有的法律知识，是斗不过他们的。他们的目的很明确，不仅要这位教师偿还那十万元钱，而且想把他的房子用公证抵押的办法钓走，用来偿还这位教师的哥哥所欠下的赌债。否则，他们就威胁使用武力或者到法院要求强制执行。

这是私事，不是校长职责范围内的事情，但是作为校长，教师既然主动找到学校，将相关困难告知校长，就是希望学校能给予帮助。我问这位教师："你的意思是不是希望学校能出面帮你解决问题？"他做了肯定回答之后，我立即召集几位分管校长商议，并做出对策。一是学校出面，但学校财务不能参与，动员几个校长自愿借钱给该教师来平息此事；二是借召集这个年级的教师开会的机会，我通报相关情况，动员教师借款给该老师；三是请求司法部门介入，请辖区派出所和司法所的领导参与协调（后来知道，他们不能参与协调借贷纠纷，只能提供法律咨询的援助）。在下午开会动员以后，当晚就有很多教师伸出了援助之手，第二天早上就筹集了十万元，经过学校与放贷公司的斗智斗勇，由学校、司法所、派出所参与见证，这位教师还清了借款，并办理了符合法律程序的相关手续。

看着被打、被威胁了近两个月的教师放下了沉重的包袱，可以轻松地工作和生活，看着那些能急人所急、及时伸出援手的教师，无论是作为同事还是校长，我内心都觉得有一股正气在萌动，也看到了教育者的恻隐之心和友善，更感受到学校作为传播人类文明之地的责任、道德和正义的巨大力量。

看着那邪恶的势力不再猖狂，体会着与邪恶势力斗智斗勇的艰难，我更觉得校长不能仅仅只是秀才，而应该是具有多方面的才能和视野、能伸能屈、能进能退、能张能弛的智者，是善于看似软绵而又不乏刚强的太极高手，是在弱势群体遭受苦难、邪恶横行的当口，敢于宣扬正义、传播道德，敢于出手的勇者，从而让道德力量溢满校园。

三、权变迁移

弗雷德·费德勒（Fred Fiedler）是公认的权变领导理论的创立者，他通过对大量案例的研究，提出并论证了"领导方式取决于情境"的著名论断，即"情境因素与一定个性特征之间的互动决定着领导的有效性"[①]。按照富兰的道德使命层面理论，学校应该在四个层面做出变化：第一层面为个体层面，第二层面为学校层面，第三层面为地区层面，第四层面为社会层面。而从中学校长决策案例来看，具有道德目标的校长必然会思考自己应该扮演什么角色来达到学校的整体变化，这仅仅是在第一个层面上的变化，当然也是难能可贵的。有的校长试图在学校层面做出变化，但是他们的道德目标的标准不明确，无论是"以社会本位为取向，过分强调德育的思想政治功能，忽视德育促进个体德性完善功能"的我国学校德育目标，还是"以关注学生兴趣，培养学生主动选择、判断能力"的西方教育[②]，都应该明确的标准是，"师生们能从那些明确希望要实现的目标中得到实惠；高低分学生间的差距因而变得越来越小；追求更深层面的教育目标；以及校园文化得到很大改观"[③]。

在将变化一直延伸到校外的问题上，大家会迅速将问题聚焦到"大环境"上面，无论是在国内还是在国外，所要强调的是，大家都认为不能只从高层入手。高层可以制订前景规划、奖励政策和建立互动机制，并进行协调和监控。但是，要实现这一愿景就必须有相应的发展，也就是说，要从"我"做起，在学校范围内互帮互助，结果必然是培养了能力，分担了义务。道德使命就这样成了一种看得见、摸得着的集体力量。这种发展如果有了地区性特征，就会缩小地区内学校之间的成绩差距，校长就走出了校园那片小天地，将改革延伸到了学区，延伸到了校外。当然，具有道德目标的校长在决策时不应该坐等系统自行运作，而是早

① E.马克·汉森. 教育管理与组织行为. 5版. 冯大鸣译. 上海：上海教育出版社，2005：184.
② 瞿葆奎. 中国教育研究新进展·2001. 上海：华东师范大学出版社，2001：503.
③ 迈克尔·富兰. 学校领导的道德使命. 中央教育科学研究所，加拿大多伦多国际学院组织译. 北京：教育科学出版社，2005：33.

该向这方面努力，放眼社会，密切关注全局。当然，从"文化大革命"时期的政治挂帅的校长决策，到20世纪八九十年代的文化领衔的校长决策，再到目前以经济和效益至上的校长决策的价值取向看，要使以传播文化、传承文明为己任的学校校长决策立足于道德目标至上的标准，我们还有很长的路要走。值得注意的是，在我国，当前中学校长在道德决策方面要重视"道德教育的基础——人性基础、道德基础、科学基础，道德教育中的基本关系——公平与美善、正当与有效、个人与社会、公与私"[1]。

至于把灌输作为道德教育的一种方法是否妥当，有学者从伦理学的观点出发，分析了两种有代表性的理论——义务论与目的论。灌输具有强制性和单向性，可以保证学生高效地朝既定的目标发展，因而符合目的论关于道德性的评价标准。但是，灌输结果上的"善"无法掩盖其过程的"恶"。在义务论看来，灌输漠视了人的自觉与自愿，压制了人的理性自主，同时面临普遍性的困境。现实中，教育的实效性体现在只有尊重学生自身存在的价值和做人的尊严，才有可能实现教育所期望达成的目的或结果。[2] 而"惩罚"一词是道德决策中不得不提及的概念，惩罚是对个人和集体的行为给予否定，旨在制止不良行为的发生。教育惩罚有着重要的道德价值，有助于学生的社会化发展，有助于维持纪律，保证校园正常的秩序。然而，只有给予尊重、公平和理解的惩罚才是道德的。具体说来，教育惩罚应该是以促进学生的生命发展为宗旨，惩罚不是目的，只是手段，通过惩罚传达给学生社会良知和社会规范的神圣性；应以针对学生的道德错误为指向，即惩罚是针对学生的道德过失所采取的方法；应以教师对学生的感情为基础，为了使惩罚达到预期教育目标，要让受教育者深切地感受到教师对自己的关心和爱护。[3] 此外，教学道德也是校长决策中应该明示的道德规范。有学者认为，教学是促进人与文化的双向生成、共享共生、共同建构的社会活动，是尊重人、选择人、实现人、完善人的自主建构活动，教学道德包括外生道德和内生道德两个向度。教学的外生道德包括：①人道——肯定人的价值，重视人的尊严；教学过程成为学生的生活过程；坚持"以人为本"，反对人的异化。②平等——包括人格平等、起点和过程的机会平等以及补偿的平等。③自由——不仅表达为学生活动的自由，更主要的是学生思想的自由。教学的内生道德包括发展、成熟、合作、自主、建构、解构等方面。[4]

---

①　郑金洲，程亮. 中国教育研究新进展·2011. 上海：华东师范大学出版社，2013：215.
②　王丽佳. 灌输的伦理考辨. 上海教育科研，2009（4）：19-21.
③　宋晔. 教育惩罚的伦理审视. 中国教育学刊，2009（7）：45-47.
④　钱焕琦. 教育伦理学. 南京：南京师范大学出版社，2009：193.

第二节　组织决策原则

中学校长组织决策是指在校长的指导下，学校的政教处、教务处、总务处等部门利用各自的规范要求、相关知识和问题处理能力共同协调和配合，解决学校发展过程中的相关问题的过程。这个过程具有分布性、组织性、协调性三个明显特征。首先，校长组织决策的实质是分布式决策，学校组织中的成员是分布式的，其知识和信息也是分布式的，解决问题、进行决策时是需要各个部门作为独立的决策单元分布式地提供解决问题的办法；其次，学校校长组织决策不同于个人决策或者群组决策，它要受到学校政教处、教务处、总务处等部门的结构和规范的约束，学校是以组织的手段来进行决策的；最后，学校校长在进行学校决策时，不可能只顾及某一个部门的意见或建议，同一决策可能只能满足某一个部门的要求而不是全部部门，这就需要各部门相互协调，互相调整、互相兼顾甚至互相博弈达到协调统一地解决问题的目的。

一、访谈统计

为了便于了解校长在学校组织决策上的价值追求和倾向，笔者对访谈结果按照一定的层面进行了统计和梳理，汇总如下（表 3-1）。

表 3-1　影响校长决策结果的主要组织因素

影响因子	校长编码	人数/人
学生的发展需要	H2、H3、H4、H5、H6、H7、H15、H17、H18	9
教师的利益诉求	H1、H2、H3、H4、H7、H10、H13、H15、H17、H18	10
校内各部门的协调意见	H1、H3、H4、H6、H7、H8、H10、H13、H14、H15	10
校长的行为方式	全部	18
家长的呼声	H1、H2、H3、H4、H5、H7、H9、H13、H15、H17、H18	11
社会组织的支持	H1、H2、H3、H4、H5、H9、H11、H12、H15、H17	10
学校发展的需要	全部	18
上级教育行政部门的决定	全部	18

二、访谈实录

案例1：香港籍学生持刀行凶事件及其处置

2012年6月25日中午12：40左右，八（7）班陈某和八（12）班胡某在校内因纠纷"谈判协商"未果，在校园操场上厮打了起来。这时八（12）班李某、钱某过来给胡某帮忙，于是陈某拔出了准备好的刀子，在撕打过程中划伤了钱某的手掌，捅伤了李某。

学校政教处老师知道后，立即启动了应急预案：一是立即组织师生送学生去医院，同时通知受伤学生的家长；二是控制八（7）班陈某，并询问管制刀具的去向，防止二次伤害事件发生；三是学校向公安机关报案，向区教育局汇报情况，派出所随即将陈某带回做了笔录，同时派人到医院询问了受伤学生李某和钱某的相关情况，教育局主要领导到学校指导处理事情；四是学校政教处及时找了两个班级的相关学生了解事情的详细经过，留下书面材料。

派出所和学校的共同调查得出的结论是：①陈某划伤钱某、捅伤李某属实。②李某、钱某和陈某平时相互之间没有矛盾，这次纯属于替同班同学胡某"出气"。八（7）班陈某和八（12）班胡某不和，陈某要胡某给他弄一部手机，胡某不服，仗着人多，反而口头"勒索"陈某，要其出500元钱解决问题。陈某认为自己"势单力薄"，于是买好了管制刀具"防身"。③陈某所使用的刀子被同班同学童某藏匿，最后迫于压力交出。

处置过程及结果为：①陈某家长在学生未交出刀子之前，坚决否认其子持刀伤人，并认为没有证据，学校诬陷其子，后来，其垫付了李某、钱某全部医疗费用。学校领导和相关老师到钱某家进行慰问，家长表示感谢，同时表示要加强对孩子的教育。②李某家长对误工费、营养费、交通费的赔付额度不认同，认为孩子不仅身体受到伤害，精神也受到了伤害，提出了20万元的赔付诉求。陈某家长予以拒绝。③李某家长多次找到派出所、街道司法所，希望尽快解决此事。但因为双方达成协议的赔付差距较大，于是李某家长将学校、陈某家长告上法庭。④学校接到区人民法院的通知后，积极予以应对。首先向区教育局法律顾问求助，寻求应对策略；其次，请街道司法所介入调解；最后在派出所、学校、家长、司法所和区教育局法律顾问的共同协商下，终于达成含医疗费用在内的总费用10万元的补偿处理意见，学校给予1万元的补偿，陈某家长承担赔偿9万元。

学校处理该事件的依据是：①经咨询法院相关专业人士，学校在这件事情上没有直接责任，但是，法院在判决时可能会依据强势补偿弱势的原则，无论学校是否有责任，法院都会判决学校赔偿 6000 元左右，经请示上级领导并召开学校相关会议，学校同意补偿李某的家庭 1 万元。②学生李某虽然是替人"出头"，但可以说他和钱某的参与促使事件的恶化，他存在明显过错，应当承担相应的责任。但是他毕竟是受害一方，无论从道义还是情感上，学校都应该体现对学生的人文关怀，给予适当的慰问补偿，所以学校答应补偿 1 万元。③在整个协调过程中，学校分别约谈了双方家长和律师，告知双方法院判决的可能结果，并就相关补偿和赔偿的概念予以明确。学校认为，陈某的家长配合调查和参与处理问题的态度比较恶劣，但是赔偿态度积极，如果问题处理得不好，可能对陈某及其今后的发展不利；李某家长和律师对问题的预判有误，要价太高，法院最后判决的赔偿金额可能只会在 8 万元左右，同时明确，学校没有责任，但是法院可能会判决学校赔偿 6000 元左右，学校愿意补偿 1 万元，如果双方不同意协调，学校就不再参与协调了，直接由法院判决。④双方家长在权衡利弊以后，相互妥协，最后达成了一致的补偿意见。息事宁人是目前学校现实的组织决策的一个重要原则。

案例 2：学校里的"冲突"

学校是人群密集的活动场所，凡是人群密集的地方，就必须加强管理和疏导，把严格的科学管理和温情的人文管理有机地结合起来，做到宽严有度、刚柔相济，尤其是在学校，一旦发生问题再来解决，就会让矛盾变得更复杂，管理变得更被动，学校管理者要有对学校教育问题的敏锐感、预判力和洞察力，将问题消灭在萌芽状态，预防各种激烈的冲突和矛盾，为师生创造一个安详静谧的学习和生活环境，这不仅是学校管理的需要，更是学校文化建设的重要环节和内容。但是，不管怎样，只要有人的地方，就会发生矛盾和冲突，"隐患险于明火，防范胜于救灾，责任重于泰山"，如何预防激烈和尖锐的矛盾和冲突，就成了校长管理学校的一门课程和艺术了。

我们平常习惯把"冲突"定义为矛盾，这里所说的冲突是指激烈的矛盾和突发的重大事件。

学校里发生激烈的矛盾和突发的重大事件是可怕的，但更可怕的是缺乏处理这种激烈的矛盾和突发的重大事件的能力和水平。

一般地，我们把学校的冲突分为三类：一是内部矛盾，往往是指学生之间、师生之间、教师之间、教师与领导之间的矛盾；二是外部矛盾，往往是指家长与教师之间、学生与家长之间的矛盾；三是突发重大事件，往往是指学校里突然发生的人为的与人的生命相关的事件、突发的对人的生命构成威胁的自然灾害、外来人员侵入并扰乱教学秩序的事件、社会青年参与学生纠纷等问题。问题不同，处理的方式也应该不一样，下面我结合自己在管理过程中的一些案例，谈谈如何处理学校里的冲突。

未雨绸缪式。学校要对内部的矛盾进行提前预防和干预，对规范的行为提出明确的要求和警示，人一旦放松对自己的要求，久而久之就会养成一些坏毛病，有时虽说是一触即发的事件让人滑向深渊，但毕竟有其发生的必然性，偶然性只是发生的时间、地点和诱因不同罢了。以学校安全为例，学校的房屋校舍安全、消防安全、交通安全、生命安全、食品卫生安全等，都需要未雨绸缪。我在做校长期间，每天对校园进行巡视，有的老师借着孩子的话半开玩笑地说："校长就是倒背着手在学校到处看的人。"其实不然啊！我跟老师们在交流的时候谈了自己的想法，你每天早上七点跟我一起到学校来，倒背着手到处转一转，然后回到办公室里，我们交流交流，你看到了些什么？你是带着什么样的想法去看的？你发现了一些什么问题没有？你准备怎么处理这些问题？你看到墙上长出来的小草了吗？这些小草在瓷砖的缝隙间生长着，若不注意，有一天就会撑破墙面的瓷砖，万一有一天正好瓷砖落在某个学生的头上，怎么办？你看到放学时在校门口等待在校学生的不良社会青年了吗？你看到放学后在大街上抽烟的学生了吗？你看到因恋爱而在校外挽手同行的学生了吗？这些事情都要纳入学校管理的制度范畴，合理引导和管理，关键是你有没有一颗关爱学生、关注教育的心。例如，晚自习后，我们在很多学校门口都能看到不良社会青年聚集并等待放学学生的场景，这既影响学校的育人氛围，又不利于青少年学生健康成长。我们没有到校外去管理社会青年的权利，但是我们可以教育我们的学生，凡是与不良社会青年来往密切的学生，我们都要纳入"特殊学生"进行管理的范畴，以此警示，未雨绸缪，效果非常好。

当机立断式。学校里的突发事件往往是意料之外的，但又是迫在眉睫、箭在弦上、千钧一发的，有时让我们来不及商量，没有更多的思考的余地，不可能召集相关人员开会，必须当机立断，否则，就可能对师生造成伤害，对学校造成不可估量的损失。

温情化解式。曾经有这样一位老师，若与她谈话可千万要小心，因为一旦不小心说了"鸡"（音）、"粉"（音）、"神经"这三个词，她马上就会与人翻脸，说人指桑骂槐，会没完了地骂人（她即将退休，精神状态不好，我相信每个学校都有一些特殊的老师，学校只有把合适的人放到合适的位置上的义务，却没有辞退她的任何理由，这是管理的机制使然，而不是制度的原因）。一天，该老师突然跑到我的办公室里来，大喊大叫着说学校有两位老师在背后说她的坏话，搞得我丈二的和尚摸不着头脑。我判断她的精神又偏常了，赶紧安慰她坐下，给她泡上一杯茶，然后让分管校长去了解一下情况（实际上是让那两位老师离开学校，回家去休息，那两位老师也很理解学校的工作，都是为了避免对她构成进一步的刺激），然后安慰她绝无此事，也从未听说过他们俩说过她什么不好的话等。对待这样的特殊老师，我们只有伸出关爱援手的责任，而没有丝毫去责备他们的理由。我觉得，在整个管理过程中，替老师着想，关爱老师，富有人情味是很重要的。

应急智慧式。学校有时会出现一些意想不到的突发事件，甚至人命关天的大事。作为校长，如何在突发事件发生时，迅速调整思路，启动应急预案或者随机应变，是需要智慧的。下面这个案例可能会引起大家的争议，但是我的出发点是这个案例可以引发校长们的思考，以便大家可以把问题的处理过程作为借鉴，仁者见仁、智者见智地防患于未然。我到一所新学校的第 25 天，总务主任突然跑到办公室里，惊慌地说："校长！某某老师在实验室里上吊自杀了。"我头脑"嗡"地一下子一片空白，对于这种突发事件，应该怎么办？不是所有的事事先都能有预案的啊！谁去预测在学校发生这种事情啊？我感觉非常可惜，同时感到自己的大麻烦来了。但是我必须冷静、小心地处理这种事情，不能有丝毫马虎，毕竟这是人命关天的事情啊。我不想去谈具体的处理细节，因为那是非常痛苦的经历，只想谈谈处理这件事情的过程、发生这件事情的原委和处理策略。过程是，第一，维护现场，校医初步急救，报警，120、110 同时进行，向教育主管部门报告；第二，维持好正常的教育教学秩序；第三，等候 120 医生和 110 警方的鉴定结果；第四，初步了解死因和相关证据；第五，等待警方和上级教育主管部门的初步意见；第六，在警方确定死亡后，迅速通知殡仪馆把逝者接走（这个处理会有争议）；第七，通知逝者家属（这个通知程序也可能会有争议）；第八，准备迎接家属，通报情况。通过跟她比较熟悉的同事的交流和她本人留下的 21 页纸张的遗书，我们初步了解到事发原委：该教师四十多岁，未婚，严重自闭（基本不与人交往，即使别人主动，她也回避），家庭生活环境较差，没有自己的卧室，身体条件也不适合做教师了（眼睛高度近视，听力极差，曾外出求治），心理疾病严重（若有男同志看他，她就怀疑别人可能会对她欲行不轨，在外出求医的火车上，怀疑对面的乘客是来跟踪她的）。其实她是一个很可怜的人，也心地善良，她在遗书中再三恳求其家属不要找学校的麻烦……这类事件的处理策略是，要采取有效的措施化解家属可能对学校进行的冲击，要维护好正常的教育教学秩序，要理解家属的痛苦心情，要把问题终结在学校而不严重影响上级教育主管部门或者政府的工作，要

平稳而智慧地满足家属提出的合理要求，要善于沟通、妥协和对话，要积极争取上级部门和领导的支持，要调动有效的力量，机智、快速、妥善地处理善后事宜。

三、权变迁移

学校的组织决策离不开其所处的社会、历史、政治和文化环境。我国是一个集权式管理的国家，我们的学校在进行组织决策时，必须依据这个大环境来进行决策，如果照搬照抄其他国家的模式，就如让北极熊生活在赤道一样。

从校长的实践过程来看，学校校长的组织决策可分为两种情况来进行分析：一是常规管理是依靠正式组织和法律法规来完成的，校长组织决策价值的趋向性不明显。学校的教育教学、日常管理、人事管理、财务管理、学生管理、教师管理等，都是依靠学校章程、上级规定以及法律法规来进行管理的，师生都是依靠相关规定照章办事，从日常管理可以窥见校长组织决策的一般价值取向，但是这种价值取向的层次性不是非常明确，有时是摇摆不定的、互相冲突的，甚至是相互矛盾的。二是对极端事件的组织决策，可以明显地反映校长组织决策的价值取向。从以上案例可以看出，极端事件可以分为在校内可以解决的极端事件和必须通过校外组织力量解决的极端事件。在校内可以解决的极端事件往往是通过学校内部非正式组织的妥协办法来解决，而不是依靠学校规章和法律法规来解决。最为极端的是突发重大人身安全事故的处理问题，完全可以反映校长组织决策价值取向——学校以稳定为第一位要务。①学生的稳定—家长的稳定—学校的稳定—教育行政部门的稳定—政府部门的稳定。如果学生的稳定影响到了政府部门的稳定，就如"学生受到意外伤害或者死亡事件的处理"，无论什么原因，家长一般不会选择诉诸法院，而是选择利用家属力量，集中一部分人去堵住学校、教育行政部门或者政府部门的大门，相关责任主体为了稳定，最后多选择息事宁人、保持稳定、妥协退让以解决问题，即使诉诸法院，最后也是选择满足不合理要求、妥协调解解决，否则，校长就会面临不可承受之压力。②教师的稳定—学校部门的稳定—学校的稳定—教育行政部门的稳定—政府部门的稳定。如果教师上访，闹得相关部门心烦意乱，那么最后一般是为了防止事件进一步升级，对校长进行组织处理、行政处理或者纪律处理而息事宁人。

所以校长在组织决策问题上的价值取向不仅从日常事件中可窥见一斑，更能明显地从极端事件的处理中得到答案，而这种组织决策的过程一旦泛化开来，就会成为一种潜在的、能起实际作用的决策方式和价值取向：上级政府部门的稳定、上级教育主管部门的稳定、学校的稳定、教师的稳定、学生及家长的稳定，重要程度依次降低。

第三节 文化决策原则

文化决策是指校长在赋予符合学校独特身份的文化成分、价值和信念等时进行的制度和方案设计。一所学校的文化隐性表现度与该校的办学历史、办学内涵有着紧密关联，而一所学校的文化显性表现度则与该校领导尤其是校长是否挖掘、提炼、经营、建设积极的学校文化，从而制定出符合学校精神和品位的文化制度有关。从对 18 位校长的访谈来看，所有的校长都认为学校应该有自己的理念文化，有 61.1%的校长认为学校应该有自己的环境文化，有 55.6%的校长认为学校应该有自己的管理文化，有 66.7%的校长认为学校应该有自己的教师文化，有 44.4%的校长认为学校应该有自己的学生文化。

一、访谈统计

校长决策在调查问卷阶段的研究是基于学校文化建设的活动而言的，在访谈过程中，就校长在学校文化决策中的倾向性问题，笔者进行了一些梳理（表 3-2）。

表 3-2 校长在学校文化决策方面的倾向性

倾向因子	校长编码	人数/人
理念文化	全部	18
环境文化	H3、H4、H7、H10、H11、H12、H13、H14、H15、H17、H18	11
管理文化	H3、H4、H5、H7、H9、H11、H13、H15、H17、H18	10
教师文化	H1、H2、H3、H5、H6、H7、H8、H9、H10、H11、H16、H17	12
学生文化	H5、H7、H8、H9、H10、H11、H15、H17	8

二、访谈实录

案例 1：学校的"动"与"静"

家长带着孩子在政教处对着班主任和副校长拍着桌子，一遍又一遍地吼道：

"你们再说老师没有打我的孩子，我就把你们的桌子给掀了！""我的孩子是来读书的，不是来挨打的！他打我的孩子，我今天就要打他！"孩子的脖子和脸上有被划过的明显痕迹。事情的经过是这样的。孩子上课不认真听讲，不断地找其他同学讲话，扰乱老师的教学，在老师多次提醒无效的情况下，老师让学生到办公室去，下课后接受老师的批评，学生抵制，不理不睬。僵持之下，老师走到学生座位上拉这位学生出教室，学生与老师在推搡之中，发生了肢体接触和冲突。副校长和班主任把我请到政教处，在沟通之时，家长发出了上述威胁。作为一校之长，我应该是问题终结者，我"静"观其变，所有人发言完毕之后，都把目光聚焦到我身上。

我说："××同学的家长，我做了 20 多年教育，您看，您刚才说话，我没有插您一句话，我希望我待会说话，不论对与错，您等我说完，咱们再往后说，您看好不好？"

"好。"家长答道。

"我也认为老师没有打您的孩子，为什么呢？"（这个后面的"为什么呢？"要快速说出，让家长马上听到理由）我接着讲："我认为，老师有错，错在不该动手去拉您的孩子，而不是像您所说的，动手去打您的孩子。其一，动手'拉'和'打'您的孩子之间，还是有很大的区别的。其二，学生扰乱课堂纪律，在再三劝说无效的情况下，其他同学又要学习，假如您作为老师，您怎么办？其三，我们了解到，老师到座位上来拉您的孩子的时候，手上还拿着一摞试卷，您想，起码不是气势汹汹地来打您的孩子的吧？其四，我认为这孩子也有点过分了，应该接受批评教育，相反，他还动手与老师进行武力较量，我认为不妥。其五，推搡中难免不冷静，孩子受了皮肉之伤，不是受到致命打击，作为家长，能否互相体谅？其六，您今天处理问题的方式方法是在给孩子做榜样，您不希望您的孩子将来靠武力解决问题吧？再说，您真的去打老师，将来其他哪个老师还敢管您的孩子啊？您看看我说的这些有没有道理？"

家长的心态明显地"静"下来，说道："老师要为人师表，怎么能随便动手呢？老师应该是'悟人子弟'而不是'误人子弟'啊！"

"孩子以后还要跟老师相处，家长也要做个表率，和为贵，老师也确实有做得不对的地方，明天我们会批评老师，但是我当着您的面批评老师也不好，是不是？您的孩子不服从老师的合理管理，我们会严肃批评和处理的，也请您配合，您看呢？"

以"静"制"动"，起到了明显的效果。

反思：作为一名老师，一定要有驾驭课堂的能力，要靠自己的智慧和人格魅力感染和吸引学生，主导课堂，充分尊重学生的主体地位，调动学生的学习积极性，让学生主动参与课堂，完成教育教学任务。学生偶尔出现注意力不集中的情况是难免的，教师要靠自己的教学机智、灵活的方法、幽默诙谐的教学用语、夸张的肢体语言、富有激情的教学过程等，进行有效的教学。课堂中遇到这种突发事件，教师要尽量"冷"处理，不能把学生逼到墙角还要逼问，处理问题要留有余地、空间、时间，让学生在反思中进行自我教育，一定不要把学生逼反了；该坚持的要坚持，但是要讲究方法，尤其是教育方法。

案例2：校长要有声音

在中国，好校长一般有两种：一是学校因校长好而好，二是校长因学校好而好。正所谓"一个好校长就是一所好学校"，也有因在好学校成长为好校长的，同步而行的情况要少见一些。但是不管怎么讲，好校长往往是综合素质较高和能力较强的，此外，他们往往语言丰富，表达能力极强，其"经典语言"较多流传。我认为，一个好校长要有自己的声音，这样才能把自己的办学思想和理念通过不同的渠道，与大家沟通、分享和达成共识，那种墨守成规、一言不发、缺乏交流的校长，是不可能成为好校长的。我认为，做一个好校长，从表达的角度讲，校长要有声音。

在管理上，对内要逞强音。在学校管理中，对内部的学生、老师、家长，我们要多鼓励、多肯定、多表扬，鼓励大家在内心里要逞强、不服输、不低头，相信天生我材必有用，在各种不同的场所，表达自己的声音，也就是要充分调动我们的合作者。一是对学生要有引导的声音，可以通过每月的学生校长对话会、校长信箱的公开反馈、巡查时与学生的沟通、开学典礼、军训开幕和结营等，刺激和引导学生学会认知、学会做事、学会共同生活、学会生存，引导学生读万卷书、行万里路，结合学校管理的具体事例，与学生坦诚交流，达成共识。二是对老师要有沟通的声音，以重大事件征求意见会、优秀教师恳谈会、离退休教师座谈会、教师生日欢庆会、重要获奖的表彰会、重大事件的通报会等形式，穿插在日常工作中，表达学校依靠教职工办学的声音，充分地进行沟通，有利于创造良好的氛围，调动教职工的工作积极性，形成强大的凝聚力，去追寻教育的乌托邦。三是对家长要有指导的声音，现在很多家庭出现了孩子不与家长交流，抵制家长"唠叨"的现象。家长产生无名之火，又只能憋气和郁闷，觉得孩子越来越不听话，挺苦恼的，家长觉得自己的教育能力受到了空前的挑战。作为校长，我们努力做好家长的工作，通过各种案例开展讲座、培训、交流和分析，指导家长按照教育规律和孩子发展的规律，充分利用心理学和教育学的基本知识，进行有的放矢、潜移默化、循循善诱、循序渐进的启发和熏陶，充分表达学校对家庭教育的声音。

在形式上，对外要示弱音。就像做人一样，对外要低调一点，示弱不代表我们是弱者，别人对我们的看法怎么样，那是别人的事情，我们自己要坚守自己的原则，搞好学校发展的外围环境，与环境中的各种组织和个人友好相处，做到和谐发展，要和谐发展是需要智慧的，校长要以稻盛和夫"用心活、用心干、用心经营、用心诠释人生"①的理念来经营教育。第一，对上级要有汇报的声音，在做好充分准备的情况下，选择恰当的时机、适宜的场所，经常向上级汇报学校的计划、工作的进展、碰到的困难、取得的成绩。如果是纸质请示、汇报，最好言简意赅，一般是一张纸的内容，字体大一点，确保领导一分钟之内能看清楚你要汇报的内容。如果太长，领导是没有那么多时间看的，这样可以充分表达我们对教育的观点、方法和声音。第二，对同级有交流的声音，同级的兄弟单位之间要经常交流，也可以在网络中交流，在学习别人先进经验的同时，可以结合学校的实际，博采众长，为我所用，也可以让兄弟学校和单位听到我们对教育的声音。只有交流才能促进我们思考，碰撞出智慧的火花，把握教育的理想与现实，完善我们每个人的教育人生。第三，对社会要有宣传，马云说："客户是父母。"我说："客户是孩子。"想一想，世界上是父母对孩子的付出之爱多一点，还是孩子对父母的反哺之爱多一点？我认为，我们的客户就是学生和家长，如果我们有这种理念和行为，我们的客户满意了，那就是成功。怎样才能让客户满意呢？学生的满意来自教师的关怀；教师的满意来自学校的关怀，特别是校长的关怀；校长的满意来自自己作为引领者的修炼和定力。学生和家长的声音就是流动的广告，有重要的活动时也可以请媒体进行宣传，还要配合、动员公安、城管、环卫等各种社会力量，加强周边环境治理，做到和谐发展。

在骨子里，对己要吹劲音。"坚持在一年的时间里，每天早上读书 10 分钟"，这是大家都觉得很容易的事情，但是，一年过后，真正能做到的又能有几人呢？"对自己要吹劲音"，就是即使跪着也要坚持，即使倒下了也要咬紧牙，不抱怨，不埋怨，不发牢骚，不听那些消极的话语，当有人告诉你梦想不可能实现的时候，要尽可能地成为聋子，对此充耳不闻，总是要想着，我一定能做到，总是记住所听到的充满力量的话语，要时常让那些激励自己的声音在耳边响起，因为所有所听到的或读到的话语就像号角，都会影响人的行为，所以总要保持积极、乐观。"对

---

① 转引自：赵文平. "工业 4.0"时代下的企业员工素质需求特征及其对职教的启示. 江苏教育，2016（44）：23-26.

自己要吹劲音"，还表现在要多读书，有选择性地读书，读积极的书，用来坚定自己的信念和行为。粒米成箩、滴水成河、水滴石穿，做任何事情都一样，贵在坚持，要对自己吹劲音，保持清醒。

三、权变迁移

学校文化与校园文化既相互联系，又有所区别。校园文化是人们在学校日常管理中更常用的一个概念，之所以常常被称为学校文化，是因为第一，这样称呼更接近学校日常管理现实；第二，强调它的硬件属性也属于学校文化的一部分；第三，学校文化的内容更加丰富，区别了校园文化的氛围说、活动说、隐形课程说等较单一的内容；第四，学校文化除了包括其硬件建设的环境文化之外，还包括学校制度文化、管理文化、教师文化和学生文化等软件文化建设；第五，学校文化可以更多地体现教师和学生在参与学校管理和活动过程中的人的因素；第六，学校文化可以更多地体现学校硬件和软件建设中的办学思想和办学理念的渗透。有关校园文化建设的问题，将在第五章作进一步阐述。

第四节　课程决策原则

课程决策主要是校长在学科建设、专业发展、教学管理、教学改革等方面进行的制度设计。课程决策涉及的主体包括教师发展、学生成长与教学、家长沟通，甚至包括政府、非政府组织和企业等外部主体。课程决策涉及的技术包括课程改革、教学管理、教研结合等。课程决策涉及的内容包括德、智、体、美、劳等各个层面。从访谈中可知，各位校长都十分重视课程决策，特别是重视升学率，但是对于课程的有效决策程度不一。有的比较零散，有的集中在某一块或某几块，有的则比较系统和完整。有的只是常规性的改进而已，有的是比较大胆的改革创新；有的只是做了但无明显实效，有的不仅做了而且有很好的效果。这与校长的课程决策有着直接关系。

一、访谈统计

在访谈中，我们从学校开设国家课程、地方课程和校本课程的角度，了解校长对课程性质的认识，对三级课程的开设和执行情况进行了统计和分析（表3-3）。

表 3-3　三级课程的开设和执行情况

项目	是否开设	开设科目数	执行情况
国家课程	是	全开	较好
地方课程	是	各校不一	较差
校本课程	是	各校不一	一般

二、访谈实录

案例1：体育课怎么了？

张老师在体育课上教授篮球的进攻与防守，学生薛某和熊某两人在进攻与防守的过程中发生肢体接触，导致薛某倒地，右手尺骨骨折，后引发薛某家长不满，要求学生熊某和教师张某赔偿医疗费和精神损失费等 1 万元。经学校多次协调，保险公司赔付了 6000 元，熊某的家长答应赔偿薛某 2000 元，而学校最后做出了由教师张某赔偿 2000 元的决定。张老师感到非常委屈，他觉得在正常的体育课上，学生发生合理碰撞致伤，老师没有责任，不应该由老师赔偿，应该由保险公司承担全部责任。但是老师无力反击，这种现象普遍存在，因此，现在的体育老师上课有时是奉行裘法祖医生的疗法（老师发球给学生，自己走人，在一旁休息和观看学生自由活动），不敢或者不愿意组织学生参与激烈的或者有肢体冲突的体育活动，体育课基本上成了学生的自由活动课。如果学校要求体育老师按照教学大纲上课，老师一方面担心学生因体质较差引发伤害，另一方面又担心技术性、剧烈性、激烈性的体育运动给学生带来的伤害，最后都要由老师来买单。现实的体育课现状不容乐观。

案例2：组织学生元旦联欢，违反了国家课程计划吗？

在学校的行政会上，一场争论开始了。

政教处提出方案，按照学校的传统，每年 12 月 31 日，学校不上课，组织全体学生到附近的电影院，开展迎新春"体育艺术节"活动，方案提出以后，遭到教务处主任封某的痛斥。理由如下：一是组织学生到校外开展活动，必须得到教育局的批准。二是学生到附近的电影院搞大型活动，穿越马路时，如果出现交通事故，谁能负得起这个责任？三是在电影院开展大型活动，学生密集，出现火灾等意外怎么办？四是按照国家课程计划，12月31日是正常上课时间，停课开展活动，有违课程计划的要求，课程计划是国家的强制要求，如果停课搞活动，严格地说，是一种违法行为。

学校的校级干部（校长、副校长）全部是新到任的学校领导，教务处主任是一位资深的领导。在学校行政会之前，学校已经召开了校长办公会，原则上同意开展该活动的决定。

这时，大家面面相觑，不知如何，于是大家的目光全都聚焦到我的身上，我也是新来的校长。作为校长，我微微一笑，问道："你讲完了没有？还有没有要补充的？这是教务处集体研究的意见还是你自己的个人意见啊？"教务处主任答道："没有了，是我自己的个人意见。""其他同志还有没有要补充的？"又是一阵寂静。我说："既然大家都不说话，就是支持封主任说的观点，都不说了，那我就说几句，我说的时候，也不许人插嘴。""看来是要对大家进行一次培训了，封主任刚才讲的有一些是很有道理的，有一些是提醒我们在组织学生活动过程中必须考虑的问题，比如安全问题。但是一位教务处主任对课程计划的认识水平如此之低，也是我没有想到的。""在四个问题中，第一，活动报批的问题不存在，不是组织集体外出，不乘车，不收费，不需要报批；第二，穿越马路，各班都有班主任和学科教师，都做了合理分配和安排，路口有人把守，安全教育做到位，也没有问题；第三，在电影院开展学生活动，确实要加强防灾意识，严防踩踏和火灾，确保用电安全，要有序组织，责任到人，要有应急疏散预案，学生的生命高于一切；第四，什么是课程？课程是什么？这是两个问题，什么是课程计划？什么是国家课程计划？如何执行课程计划？这是教育人的专业问题。"

课程计划也称为教学计划，是课程设置与编排的总体规划，它是根据教育目的和学校的培养目标，由国家教育主管部门制定的有关学校教育教学工作的指导性文件，是对学校的教学和各种教育活动做出的全面安排，具体规定了学校应设置的学科门类及活动，以及它们的开设顺序及课时分配，并对学期、学年、假期进行划分。课程计划体现了国家对学校的统一要求，是办学的基本纲领和主要依据，是编制课程标准和编写教科书的依据，也是督导、评估学校教育教学工作的依据。

课程计划是指导和规划课程与教学活动的规范性文件。课程计划中不仅包含学科课程，还包括活动课程和社会实践课程。片面地把课程计划理解为坐在教室里上课是非常错误的。

我们开展迎新春"体育艺术节"活动，是开设校本课程（也叫隐性课程），不仅没有违法，而且是在认真执行国家课程计划，有的同志不学习、不钻研、不与时俱进，恰恰有了相反的理解。鉴于封主任的意见是他个人对课程计划的理解，可以体谅，这如果是我们教务处集体研究的意见，那就很可怕了。

三、权变迁移

课程是指学生在学校获得的全部经验，也就是说，它涵盖除了学校的课程表之外的有目的有计划的学科设置、教学活动、教学进程、课外活动以及学校环境和氛围的影响；不仅有制度层面的课程要求，还包括整个学校生活中潜移默化的校园文化等非制度层面的要求。课程是一个较为广泛的概念，要给课程一个准确的定义，只有从各自研究的视角出发，去分析各种不同的课程观。一是知识本位课程观，课程是知识的观点从英国实证主义哲学家、课程专家斯宾塞提出"什么知识最有价值"并回答是"科学知识"开始，建立起以科学知识为主要内容的近代课程体系，这种将课程看作知识的倾向，在我国仍是最具有代表性和广泛性的。这种知识本位的课程观是以"双基论"（基础知识和基本技能）为中学课程的核心内容，代表着课程思想的主流。二是经验本位课程观，经验本位课程观是"在对于前一观点的批评和反思基础上出现和形成的"，在各国对"课程是知识"的观点批评的基础上，指出课程要体现重人的倾向，认为只有那些真正为学生经历、理解和接受了的东西，才称得上是课程，提出"课程是经验"的观点，并进一步提出课程是学习者本身获得的某种性质或形态的经验。其特点在于：①课程是从学习者的角度出发和设计的；②课程是与学习者个人经验相联系、相结合的；③强调学习者作为学习主体的角色。这样课程就跳出了认知的范畴，强调和依赖学习者个性的全面参与：主动性、积极性、选择性、感情、兴趣、态度等。课程不是外在于学习者，凌驾于学习者之上的，学习者的角色是参与者和组织者。三是活动本位的课程观，这也是一种新的观点，认为上述观点及其他关于课程本质的看法都有局限性。比如，"将课程理解为学科教材，教师容易把握，但也容易导致'见物不见人'的倾向，正如卢梭指出的那样，'我在这里禁不住要把做老师的人的虚伪神气加以揭穿，他们傻头傻脑地要显示聪明，因而就遏制他们的学生，假装他们是把学生始终当作孩子来看待的，而且，在他们叫学生做什么事情的时候，他们总装得好像要是他们去做便一定比学生做的高明'[①]；把课程理解为学习经验，有利于解决'教育中无儿童'的问题，但教师又感到迷茫，不知如何操作。我们

---

① 卢梭. 爱弥儿. 上卷. 李平沤译. 北京：人民教育出版社，2001：348.

认为，走出这种两难困境的唯一办法是：改变传统的非此即彼——要么是主观学习经验，要么是客观学科教材——的思维方式，将视角转向二者的交合处——活动，从活动的角度看待和解释课程"[1]。这种源于法国教育学家卢梭的"自然教育"思想、瑞士教育家裴斯泰洛齐的教育适应自然的原则以及法国学前教育家福禄培尔的儿童自动发展思想，融会在接受了詹姆士实用主义哲学思想之后的实用主义教育家杜威的"活动课程"之中。[2] 当然，在这个过程中，教育学生"要尊师不亚于重道，要视教师如慈父；这不是指身体，而是指精神"，"这种敬师的感情对他们的学业是大有帮助的"[3]。

学校校长在课程决策方面应该是可以有所为的，因为国家的宏观课程政策是三级课程，实行三级管理：一是在执行国家课程方面的执行力要强，不偏废某一学科，更不能消减某一学科的课时，不能只重视考试学科、弱化考核学科，也不能对国家课程计划和课程设置有偏执的理解，不能忽视隐性课程；二是开设地方课程方面的特色要鲜明，要结合当地经济社会和地方特色，既立足于当前又着眼于未来地开发和实施地方课程，确保地方课程的区域性特色；三是要大力开发校本课程，立足于学校的教师资源、社会资源和学生需要，结合学校的办学思想和理念，满足学生发展的需要和资源优势，创造性地开发和实施校本课程，最大限度地满足学生发展的兴趣爱好和特点，因材施教，因循守旧的故步自封和狂妄自大的花拳绣腿都是对执行课程计划的歪曲和误解；四是要"为学而教"，要基于学生自主建构思维制订计划，要更多地关注学生的小组学习，包括合作性学习、探究性学习和研究性学习，把以教师为中心的教学转向以学生学习为中心的教学，探讨学习金字塔，倡导全纳课堂的有效教学。[4]

第五节　人性决策原则

人性决策主要是校长旨在满足学校教职工的需要，调动教职工积极性而做出的决策和形成的制度。从访谈的总体情况看来，校长们大多重视人性决策，通过激励性的决策而形成制度，赢得学校教职工的认同，也大大增强校长决策的认同

---

① 马云鹏. 课程与教学论. 北京：中央广播电视大学出版社，2002：103.
② 曾建发. 初中化学教师课程观研究，华中师范大学硕士学位论文，2005.
③ 昆体良. 昆体良教育论著选. 任钟印选译. 北京：人民教育出版社，2001：91.
④ 阿妮塔·伍德沃克. 教育心理学. 8 版. 陈红兵，等译. 南京：江苏教育出版社，2005：550.

力。从受访的情况看，他们在关心爱护、困难帮扶、提高待遇、改善生活、宽容包容、善待教师、营造气氛、和谐人际、尊重信用、用人等方面都做出了许多的努力。

一、访谈统计

对校长教育人性观和中国传统哲学人性观的访谈统计如表 3-4 和表 3-5 所示。

表 3-4　教育人性观的不同观点统计

人性观点	校长编码
是理性	H1、H8、H11、H18
是人本性	H5、H6、H10
是先天性和可塑性	H2、H3、H4、H9、H12、H13、H15、H16、H17
是开放性	H7、H14

表 3-5　中国传统哲学人性观的不同观点统计

人性观点	校长编码
性善论	H11、H13、H18
性恶论	H1、H2、H5、H9、H10、H12、H15、H16
无善无不善论	H7、H17
人性自然论	H8、H14
性善恶混论	H3、H4、H6

二、访谈实录

案例 1：我的处世哲学

随着时间的推移和学习、实践的不断深入，我总觉得人的一辈子应该有一些目标和追求，我思考和总结了很多，它们不一定准确，但是我愿意依此行事，这就是我立足于社会、亲人、朋友的处世哲学，也是教育思想和教育哲学的体现——"健康、善良、自信、乐观"。

"健康"是一切的起点和基础，身体健康、心理健康是和谐发展的基础和前提，试想，无论是作为一个男人、作为一位父亲、作为一个儿子、作为一名老师还是作为一个行人，如果没有健康的体魄，没有健全的心理，对自己的生活和学习会带来不便，对家人、对亲戚、对朋友也会是一种负担和压力，而且心理健康比身体健康更为重要。

所谓善良，是强调要具有"宽容的美德"，宽容不等于忍受，宽大故容多，"让一着是高，退一步是福"，够宽能容是一种主动的自发的、发自内心的和谐之音，不是忍受。忍受是对外界压力的被动的"不得不"接受，是一种无奈，是一种没有选择机会的束手就范。因此，无论是在生活还是工作中，我想都应该学会善待生活，那就是善待自己、善待他人、善待自然，不强人所难，学会"中庸"——不偏不斜、恰到好处。

"自信"来自实力，实力来自学习，什么是学习？学习需要读书但不等同于读书，我的理解就是"读万卷书、行万里路、取万家经、做一点事"。要厚积薄发，就要读书，涉猎不同的领域、学习不同的观点、兼收并蓄，还要行万里路，在行路的过程中可以多看、多思考、多启发，这就是在不断地吸收、储蓄、酝酿，不同的理论、不同的实践往往有共同的价值取向，把握不同事物的本质和内核，吸取有用的营养和精髓，对我们作为一个完整的人，一辈子要做一点什么的人，是有好处的。人一辈子能做什么呢？大千世界，我们微不足道，某某走了，地球照样转；某某走了，太阳照样从东方升起。不要觉得自己有多了不起，人的一辈子做不了什么，不信，问一问行将就木之人，这一辈子做了几件什么重要的事情，这是很难回答的，要对人类做几件大事，那就更难了。所以我所说的做一点事，就是做一点自己觉得有纪念意义的、比较自豪、于己于人有意义的事情，这就是学习，这样才能自信得起来，我不会等到退休的时候去后悔：我做了一辈子教育，却什么也没有留下。

"乐观"，就是要努力做到"得意淡然、失意泰然"，无论顺境还是逆境，都能保持一种乐观、豁达、开朗的心态，做到"自得其乐、知足常乐、保持快乐、寻找欢乐"。自得其乐就是要学会有一种平常心，顺其自然，顺应事物的发展规律，不违背规律办事。知足常乐是很难做到的，为什么呢？因为人们不会比较，很多人总在跟自己过不去，总在跟别人较劲，在比较的时候失去了自我，我之所以知足常乐，是因为我能正确地进行比较，我总是跟自己比，"我今天比昨天进步了，我明天比今天进步了"，永远不要跟自己过不去，不要跟别人比，因为跟别人比，你可能永远是矮子，永远不自信、永远不满足、永远不快乐，我比昨天的我有修养了，积淀的知识和内涵丰富了，修炼的效果好了，这就是进步。生活中不可能都是让你开心的事情，有时候会有不开心的事情，有时候会有非常不开心的事情甚至是冲突和激烈的矛盾，怎么办？这就要学会保持快乐，天塌不下来，无论发生什么，首先要保持镇定、冷静，不能手忙脚乱失去了方寸，做事要讲方法，讲策略，有谋略，有规划。看看太极，人就能有所体会。要学会牵住牛鼻子——有一条犟牛，要它东行，它犟，偏要西行，怎么办？我们不必要死拉硬拽，不东行就拉断你的牛鼻子！这样做事要不得，我们不妨就顺着它，牵着牛鼻子一起西行，慢慢地绕一个圈，不知不觉地回到东行的方向上来，自己不费力，牛也没有犟，牛鼻子也没有被拉断。太极推手不就是这样吗？这就是智慧，有智慧才会幽默，有智慧才能确保你保持快乐。平淡的日子总是很多的，我们不能因为平淡而平庸，要在平淡中发展自己的兴趣爱好，寻找属于自己的欢乐。

案例 2：学生的成绩

谈到成绩，老师、学生、家长除了谈分数，就好像没有别的再谈了，"考、考——老师的法宝，分、分——学生的命根"，家长看到的是孩子的出路，学生、老师、校长看到的是分数和升学率，这些已经严重地偏离了教育的本源。学校到底要做什么？学校的存在到底是为什么？学校到底要怎么做？有人认为，这纯粹是理论问题，殊不知，任何理论问题都来源于现实。作为教育实践者，我们既不能脱离教育现实空谈理论问题，更不能没有教育理想，跟在现实的屁股后面溜达。

在分数面前，很多人已经处于一种"狂躁状态"，当整个社会处于一种非理性状态的时候，我们更应该冷静下来。当大家都觉得追求分数是教育的牛市的时候，我们一定不要跟风，要看到追求分数带来的教育和社会熊市，过度竞争（或称自杀式竞争、恶性竞争、毁灭性竞争、破坏性竞争）必然导致无论是在商业行为还是教育行为中的以次充好、以假充真、以少充多、损人利己，以及昧着良心实施欺骗。

憧憬未来的信心——从改变自我做起。我时常在想，我由一个农村教师、进城代课教师一步步到校长岗位，一路走来，我觉得最重要的是不断地反思和修正自己。我不能改变环境，但是我能适应环境，我不能改变别人，但是我能改变自己，努力使自己成为那种"让你周围的人因为你的存在而感到幸福"的人，尽管不一定能做到，但是我可以把它作为自己的一种追求。我时常想，我每天多读一点书，就多增加了一点知识；我每天多做一些思考，就多理清了一些思想；我每天多做一点事情，就多丰富了一点人生；我每年多行一点路，就多增长了一些见识；我每年多交一些朋友，就多内化了一些做人的哲理。这样，我们就会今天比昨天好一点，明天比今天好一点，日积月累，就会越过越好，信心十足。有些人之所以对未来没有信心，是因为他们不会思考，不会正确地比较，总在跟比自己强的人做比较，老是拿自己的短处跟别人的长处比。看到别人比自己强又难受，觉得别人不应该比自己强，整天痛苦，整天抱怨，累积起来，一辈子就痛苦。要学会正确地比较，要学会欣赏自己，要知道我们什么也不能改变，唯一可以改变的是自己。我不能做一座大山，就做一颗小石子，一样可以铺出宽广的道路；我不能做一棵大树，就做一棵小草，一样为大地披上绿装；我不能做大海，就做那溪流，依偎在大地上。

金子美玲的一首诗写得好：

> 我伸展双臂，
> 也不能在天空飞翔，
> 会飞的小鸟却不能像我，
> 在地上飞快地奔跑。
>
> 我摇晃身体，
> 也摇不出好听的声响，
> 会响的铃铛却不能像我，
> 会唱好多好多的歌。
> 铃铛、小鸟、还有我，
> 我们不一样，我们都很棒。①

英国伦敦的泰晤士河南岸有座西敏寺，安葬于此的一位英国主教的墓志铭十分特别。墓碑上写着这样一段话："我年少时，意气风发，当时曾梦想要改变世界。但当我年事渐长，发觉自己根本无力改变世界，于是决定改变自己的国家。但这个目标我还是无法实现。步入中年之后，我试着改变自己身边最亲密的人。但是，他们个个维持原状。当我垂垂老矣，终于顿悟了一件事：我应该改变自己，以身作则影响家人。若我能为家人作榜样，也许下一步能改善我的国家，再后来，我甚至可以改变整个世界，谁知道呢？"这段墓志铭充满了沧桑和悟性。其实，横亘在自己面前最大的困难，唯有自己，而非世界。

还有一则故事：很久很久以前，人们都是赤脚的，有位国王下了一道命令，要将所有道路都铺上一层牛皮，这样以后大家走路就不会刺痛了。聪明的大臣说："陛下，其实你只要将牛皮包住脚，就可以了，何必用牛皮铺满所有的道路呢？杀尽国内所有的牛，也筹措不到足够的皮革，而取牛皮包在自己的脚上，却轻而易举。"

---

① 金子美玲. 金子美铃物语（图文版）. 吴菲译. 北京：新星出版社，2012.

有时候，你改变了自己，就是改变了世界……

理性思考的智慧——相信智慧的潜在性。第一，人的智慧是多元的。20世纪60年代，加德纳对心理学家比奈（Binet）和西蒙（Simon）的智力测验量表提出质疑并建立了自己的理论——人的身上有八种相对独立的智能：语言智能、节奏智能、数理智能、空间智能、动觉智能、自省智能、交流智能和自然观察智能。在现实生活中，每个人身上的八种相对独立的智能并不是绝对孤立、毫不相干的，而是以不同方式、不同程度有机地组合在一起，正是这八种智能在每个人身上以不同方式、不同程度组合，使得每一个人的智能各具特点，在不同环境和教育条件下，人们智能的发展方向和程度有着明显的区别。第二，人的智慧发展是有快有慢。有如皮亚杰、莫扎特那样的神童，也有爱因斯坦那样的"笨蛋"、爱迪生那样的"傻瓜"、瓦特那样的"差生"，更有大器晚成的罗素和丘吉尔，人的智慧的发展尽管与生理发展、年龄成长相联系，但是它们的发展毕竟不一定同步，因此，如果一味地以"分数"这个还不能完全体现语言和数理智慧的外显的检测结果来评价学生现阶段的发展水平，衡量他们未来发展的趋势，并作为筛选的唯一依据，且就此贴上标签，就叫人大跌眼镜。人的智慧多元且发展有快有慢，发展未来方向和深度的不确定性显而易见，因此，在教育教学过程中，我们不应该唯"分数"论，要因材施教、循序渐进，依据不同学生的不同个性和不同的强势智慧，来指导学生的发展方向，有了人的发展的丰富多彩，才有人类生命活动的丰富多彩，教育工作者绝不能近视、弱视、斜视，更不能短视或忽视。第三，人的智慧是需要发掘的。伟大的哲学家、物理学家、数学家、生理学家，解析几何的创始人笛卡儿，年轻时被父亲送进了耶稣会学校学习，父亲送他上学的目的是想让他成为神学家，而他喜欢的是数学，攻读的是法学博士学位，作为一个伟大而多产的哲学家、科学家，很大程度上，他是凭着兴趣靠自己在挖掘自己的智慧，他如果安于现状，按照父亲的意图按部就班地学习，可能最多就是个神学家；"给我一个支点，我能撬动整个地球"的阿基米德，他热爱数学，但是他并没有停留在数学研究的原点，而是结合生活中的各种现象，不断思考，挖掘自己多方面的潜能，对物理学、天文学都有自己的研究，同时他还是有名的哲学家。如果笛卡儿和阿基米德浅尝辄止，陶醉在自己原有研究的层面停滞不前，没有不断地思考和发掘自己的潜能，他们也许会名不见经卷，更谈不上做出伟大的成就。因此，在教育教学中，教师要不断调动学生学习的积极性，激发他们的学习兴趣，看到他们智慧的闪光点，多鼓励，多表扬，多肯定，对学生，教师要相信"天生我材必有用"。分数低就是失败者？成绩差就该死？起点低就不行？我的起点就很低，第一学历是大专，读大学期间遇上高等教育改革，因此大学期间没有学过英语，但是获得了理学学士学位、教育硕士学位，现正在攻读教育博士学位，通过自学英语，我每次的英语考试也都顺利过关了。按照人本主义心理学家马斯洛的需要层次理论和苏联心理学家维果斯基的观点，人的需要是分层次的，教师应在了解、理解学生的需要层次状态的基础上，把握学生目前发展的认知水平和能力水平，将教育教学工作的进展落在学生的最近发展区，不断刺激学生发展的高层次需要，发展他们的智慧。

终身学习的理念。1965 年 12 月，联合国教育、科学及文化组织第三届成人教育委员会在巴黎召开成人教育国际会议时，由保尔·朗格朗在会议上第一次以终身教育为题作了"关于终身教育"的提案，他批评了数百年来，人们把人的一生简单地分为学习期和工作期，他认为教育和学习应该是从摇篮到坟墓、从生到死的连续不断的过程。对教育整体而言，应该提倡终身教育；对个人而言，要提倡终身学习。学习不仅要读万卷书，读书可以增长知识，不断地更新自己的知识结构和内容，广泛地涉猎不同的范畴，而且要行万里路，行万里路可以学习不同的文化，增长自己的见识，学会融合不同文化于一身，增加自己的内涵。同时，"学而不思则罔"，要不断思考，把自己的知识和见识结合起来加以思考，成为有学识的人，并不断吸收、内化、整合，把外在矛盾或者冲突的理论在自身体内熔融，最后能自由提取，形成自己的独到见解，成一家之言。当然，这是一种对学习理想的追求，不一定能达到，但要成为心中的一种方向。学习的内容非常丰富，我认为应该包括理论知识、实践经验、为人处事。在当前的中国社会，"分数"作为升学的敲门砖，在很多人眼里还是唯一的需要，"没有分数不行，只有分数不够"这种唯高分数的观点仍然是一种现实主义的适者生存，但是"三百六十行，行行出状元"的例子也不鲜见。当然，一定的基础知识是必不可少的，每个人都可以在此基础上，对自己特长的发展进行元认知分析，发现自己潜在的特长，去不断发展和完善自我。正如层层筛选后，在知识学习方面确实有困难的孩子，教师如果一味地逼迫他们，用他们自己觉得无用的加班加点的疲劳战术去读书，不仅不益于他们的学习，而且戕害了他们的身心健康。如果学生能结合自己的特长，找到适合自己，或者是自己喜欢的岗位，立足岗位不断学习，终身学习，同时加强对处理人际关系和为人处事的学习，同样"知足常足，终身不辱；知止常止，终身不耻"，关键还是要能坚持，有良好的意志品质，能自觉做到自强不息，终身学习，所谓"绳锯木断、水滴石穿"，就是指贵在坚持，说的就是要终身学习。

三、权变迁移

西方学者对一般人性的探讨可以说见仁见智，几乎每一个思想家对人性都有自己的看法。西方学者对近现代企业管理中的人性进行过总结归纳，其中比较有代表性的管理人性学说主要有道格拉斯·麦格雷戈的"X 理论—Y 理论"、埃德加·沙因的"复杂人假设"理论、约翰·莫尔斯和杰伊·洛希的"超 Y 理论"以及威廉·大内的"Z 理论"。中国传统文化中关于人性的理论，主要以中国的人学为基础，并围绕"善"与"恶"来展开讨论。其中主要有孟子的"性善论"、荀子的"性恶论"、告子的"性无善无不善论"、道家的"人性自然论"、扬雄的"性善恶混论"、董仲舒的"性三品论"、张载等的"性二元论"以及戴震的"性一元论"等。[①] 从心理学的角度看，人性观是指人们对人的一些基本看法和哲学假设，是人们在人性的特点、内容、发展变化等问题上的基本观点，是价值观的组成部分。

国家以教育为本，教育以人为本，办学以教师为本，教师以学生为本，学生以发展为本，发展以素质为本。这就要求校长在进行决策时，必须考虑国家的大政方针，考虑教育的发展方向与改革的趋势，充分赋予教师和学生发展的需要，大力发展素质教育。从人性决策的角度看，校长必须结合当前教育政策和人的发展需要，做到眼中有人地进行决策。

第一，树立正确的人性观。这对于校长在学校的日常管理工作有重要的作用。作为校长，一是要相信大多数师生是理性的，教师群体是人类的精神文明传播者，学校是传播人类精神文明的场所，在这种氛围中，大多数师生在常规管理过程中的理性思考和理性行为是不言而喻的，因此要相信师生、鼓励师生，对师生施以阳光雨露，进行人性关怀，多创造适合师生全面发展、自由发展的机会；二是师生大多数时候是理性的，社会发展日新月异，经济发展突飞猛进，人的需求日益多元，但是师生大多数时候还是能够按照学校的规章制度进行理性思考和行动，这在学校的日常运行和氛围的平稳与和谐上体现得比较充分。在当前社会发展的高速列车中，人的思想基本平稳。但是，当列车在急速拐弯、变速或者停靠时，人们的思想难免波澜起伏。因此，学校必须制定相应的制度来约束人们的非理性思想和行为。没有制度的约束，非理性的人和非理性的机会就会被鼓励，制度是为不自觉的人设计的。

第二，充分尊重师生的发展需要。师生发展的需要不仅要根据他们的现实感

---

① 孙绵涛. 关于教育管理人性观的探讨. 教育研究与实验，2005（4）：16-22.

性要求来进行满足，而且要依据一定的理性成分进行分析、判断和满足。马斯诺的需要层次理论为我们提供了分析手段和理论依据：人类的需要是分层次的，由低到高，它们是生理的需要、安全的需要、社交的需要、尊重的需要和自我实现的需要等五类需要。马斯洛还指出，人人都有需要，某一层次的需要获得满足后，另一层次的需要才出现，一般来说，某一层次的需要相对满足了，就会向高一层次发展，追求更高一层次的需要就成为驱使行为的动力。五种需要可以分为两级，其中，生理的需要、安全的需要和社交的需要都属于低一级的需要，这些需要通过外部条件就可以满足，而尊重的需要和自我实现的需要是高级需要，它们是通过内部因素才能满足的，而且一个人对尊重和自我实现的需要是无止境的。在不发达国家，生理的需要和安全的需要占主导的人数比例较高，而高级需要占主导的人数比例较低；在发达国家，则刚好相反。"它解释了教师和家长如何不现实地要求学生有好的学习成绩，而不考虑学生的生理需要和安全需要的缺失。"[①] 因此，校长一是要分析教师群体和学生群体以及不同师生个体之间的需要层次所在；二是要进行充分的调查研究，通过问卷调查、合理化建议月、校长信箱等方式充分了解师生的需要状态；三是要充分地满足师生的合理需求，对师生不合理的诉求要进行必要的解释和劝解。

第三，民主决策。民主决策是人性决策的前提和保证，校长在学校实行民主决策完全是有可能而且必须做到的，这样不仅能够凝聚人心，调和学校人际关系，而且有利于增强师生的自信心、自豪感和归属感。一是完善民主决策的相关制度，学校应该建立和健全关系教师切身利益的重大事项的教职工代表大会民主决策制度、学校重大事项的集体决策制度、学校议事规则制度、合理化建议月制度、校长信箱的反馈制度等，形成一种在决策之前的层层搜集意见运行机制；二是要畅通学校的沟通机制，校长不能总是开会或者坐在办公室里，要经常到教师办公室去坐一坐、聊一聊，了解教师的工作状态，听取教师对学校工作的意见和建议，只有在轻松和谐的氛围中，校长才能听到来自师生的真心话；三是要完善学校各项工作的反馈机制，学校应该定期召开教职工代表大会、党员大会、职工大会、学生大会，不仅要将上级的各项决策和精神向下传达，要将日常工作中的要求和检查情况及时向师生反馈，还要将师生的各种诉求进行梳理和总结，对师生的合理诉求要制定落实的时间表，对师生的不合理诉求进行解释和解答。这就要求校长坚持从群众中来，到群众中去。

---

① 戴尔·H.申克.学习理论.3 版.韦小满，等译.南京：江苏教育出版社，2003：302.

第四章
中学校长决策的内容

在实践过程中，中学校长决策的内容并不会清晰地按照严格逻辑规范上的要求进行非常理性的分类，往往是和实践着的具体问题紧密联系在一起的。但是对决策内容进行决策的过程既有像厨师炒"番茄鸡蛋"一样对番茄和鸡蛋进行形式上处理的过程，又有在做"番茄鸡蛋"过程中的价值取向——为什么要做"番茄鸡蛋"，为什么"番茄"和"鸡蛋"要用炒的方式烹饪，而不做成"番茄鸡蛋汤"的价值取向融入其中。要分析校长决策的价值取向，就应该研究：校长决策的内容是什么？校长为什么要对这些内容进行决策，而不把别的内容提交决策？校长为什么对这些内容进行这样的决策，而不进行那样的决策？校长是怎么样在决策？校长决策的结果是什么？为什么是这个结果？笔者结合实践过程和访谈中的校长决策过程和内容，分析如下。

第一节 中学校长对内决策实证

一、校长对内决策各维度现状的比较分析

从校长和教师在校长对内决策各个维度上得分的总体差异性分析情况看，校长和教师对校长对内决策的看法总体上比较一致，在教育教学质量提升、教师专业化发展、促进学生全面发展、学校校园文化建设、营造和谐育人氛围五个方面的差异不显著，而在现代学校制度建设方面差异显著（表 4-1）。

表 4-1　校长对内决策上所有校长得分与所有教师得分的差异性分析

维度	校长样本（N=27）		教师样本（N=441）		t	p
	M	SD	M	SD		
现代学校制度建设	33.704	2.959	30.844	4.906	−2.994	0.003
教育教学质量提升	28.852	4.073	30.348	3.785	1.985	0.058
教师专业化发展	35.667	3.793	35.039	4.583	−0.697	0.492
促进学生全面发展	37.815	3.397	38.859	5.654	0.949	0.344
学校校园文化建设	16.630	2.078	17.340	2.456	1.471	0.153
营造和谐育人氛围	30.667	2.961	30.052	4.206	−0.748	0.456

（一）现代学校制度建设中的校长决策分析

由校长群体和教师群体在现代学校制度建设中的校长决策的 t 检验的结果（表 4-1），可以看出 $p=0.003<0.01$，说明教师和校长对现代学校制度建设中的校长决策的看法差异显著，教师的得分值 30.844 分比校长的得分值 33.704 分低 2.860分，而考核此项目的题数为 8 道题，如果都选择"完全符合"选项，满分应为 40分。通过计算可知，教师和校长的得分率分别为 77.1%、84.3%，都比较高，说明教师群体认为校长在现代学校制度建设方面的决策没有那么好，而校长们并不这样看。具体数据如表 4-2 所示。

表 4-2　现代学校制度建设中校长决策的数据比较

项目	55	56	57	58	59	60	61	63
教师得分均值	4.333	4.374	4.297	4.195	4.297	4.333	4.288	1.288
校长得分均值	4.852	4.407	4.815	4.556	4.704	4.444	4.296	1.630
t	−6.430	−0.221	−6.031	−2.036	−3.654	−0.667	−0.052	−3.670
p	0.001	0.825	0.001	0.042	0.001	0.505	0.958	0.001

1. 差异不显著的问题分析

由单一样本 t 检验和独立样本 t 检验的结果可以看出（表 4-2），$p>0.05$ 的有三个题目，它们分别是第 56、60 和 61 题。校长和教师在这些方面的看法差异不显著。尽管校长的自信体现得非常充分，但是在所有的选项中校长的得分毕竟与教师的得分还有一定距离，校长的得分普遍高于教师的得分，也说明校长在这方面改进决策的空间还是存在的。

2. 差异显著的问题分析

由单一样本 t 检验和独立样本 t 检验的结果可以看出（表 4-2），$p < 0.05$ 的有五个题目，它们分别是第 55、57、58、59 和 63 题，其中第 55、57、59、63 题差异非常显著。校长认为在决策中"定期召开校务会，民主决策学校重大事项""健全教职工代表大会制度，涉及师生切身利益和学校发展的重大事项，全部提交教职工代表大会通过""设置校务信息公开栏，公开校务信息，保证教职工、学生和相关社会公众对学校重大事项、重要制度的知情权""学校是否聘请专业机构的专业人员作为法律顾问"四个方面做得非常好，而教师认为校长在这些方面做得比较好，但是教师得分均值均低于校长得分均值；校长认为在决策中"学校教职工代表大会的职能发挥得很好"方面做得很好，而教师认为校长在这方面做得没那么好。因为双方在第 55～61 题上的得分都超过了 4.19 分，所以双方都对校长在这方面的决策是满意的，但是双方又是有显著差异的，而且有的差异非常显著，说明校长的自信在这几个方面的发展程度要引起警惕，并进行改进。

（二）教育教学质量提升中的校长决策分析

由校长群体和教师群体在教育教学质量提升中的校长决策的 t 检验结果（表 4-1），可以看出 $p = 0.058 > 0.05$，说明教师和校长对教育教学质量提升中的校长决策的看法差异不显著，教师的得分值为 30.348 分比校长的得分值 28.852 分高 1.496 分。考核此项目的题数为 7 道题，如果都选择"完全符合"选项，满分应为 35 分，可以看出，教师和校长的得分率分别为 86.7%、82.4%，都比较高，说明教师群体认为校长在教育教学质量提升方面的决策很好，且校长们也这样看。从 p 接近 0.05 我们可以看出，二者在这方面的看法尽管不存在显著差异，但接近显著性差异的边缘值，从而可以看出教师对校长在教育教学质量提升方面决策的满意度或者说认可度比校长自己认为的要高。具体数据如表 4-3 所示。

表 4-3　教育教学质量提升中校长决策的数据比较

项目	16	20	21	22	23	40	41
教师得分均值	4.399	4.354	4.325	4.367	4.191	4.376	4.320
校长得分均值	4.074	4.185	4.333	4.222	3.630	4.519	3.889
t	2.116	1.154	−0.054	1.035	3.456	−0.986	3.089
p	0.035	0.249	0.957	0.301	0.001	0.325	0.002

1. 差异不显著的问题分析

由单一样本 t 检验和独立样本 t 检验的结果可以看出（表 4-3），$p>0.05$ 的有四个题目，也就是说，在这四个方面教师和校长的看法的差异不显著，比较一致。但是，从他们的得分均值比较来看，二者还是有所差别的。一是教师得分高于校长得分的题目有第 20 题、第 22 题，尽管差异不显著，但是能说明在"能发挥各学科独特的育人功能并全员育人"和"能遵循学生的认知规律，培养学生良好的学习方法、习惯"两方面，教师对校长决策的满意度超过了校长自己的预期，说明校长在这两个方面做得比较好；二是教师得分低于校长得分的题目有第 21 题、第 40 题，尽管差异不显著，但是能说明在"德育形式新颖，能培养学生良好的社会责任感"和"学校教学质量分析的措施有力，能提高教学的有效性"两个方面，教师对校长决策的满意度低于校长的预期。

2. 差异显著的问题分析

由单一样本 t 检验和独立样本 t 检验的结果可以看出（表 4-3），$p<0.05$ 的有三个题目，它们分别是第 16、23、41 题，说明在这三个方面教师和校长的看法差异显著，彼此看法不一致。校长认为在决策中"每天统计、每周汇总学生每天到校、上课的信息""完全能做到因材施教，培养学生终生学习的能力""教师的教学方式灵活，学生参与的积极性和主动性高"三个方面做得不够好，而教师认为校长在这三个方面做得比较好；校长的得分都低于教师的得分，最低为 3.630 分。由此可知，校长对这三个方面的决策是不满意的，而教师是满意的，这说明校长认为要在这三个方面进一步加强管理。

（三）教师专业化发展中的校长决策分析

由对校长群体和教师群体在教师专业化发展中的校长决策的 t 检验（表 4-1），可以看出 $p=0.492>0.05$，说明教师和校长对教师专业化发展中的校长决策的看法差异不显著，且教师的得分值 35.039 分比校长的得分值 35.667 分低 0.628 分，而考核此项目的题数为 8 道题，如果都选择"完全符合"选项，满分应为 40 分，可以看出，教师和校长的得分率分别为 87.6%、89.2%，都比较高。这说明教师群体认为校长在教师专业化发展方面的决策非常好，校长也是这样认为的，但是校长的得分略高于教师的得分。通过 $p=0.492$ 可以看出，二者在这方面的看法基本接近、差异不显著，也可以看出教师对校长在教师专业化发展方面决策的满意度都非常高，当然，还有一些可提升的空间。具体数据如表 4-4 所示。

表 4-4　教师专业化发展中校长决策的数据比较

项目	31	32	33	34	35	36	37	38
教师得分均值	4.264	4.315	4.386	4.449	4.454	4.438	4.338	4.390
校长得分均值	4.407	4.556	4.556	4.593	4.444	4.519	4.333	4.259
t	−0.858	−2.268	−1.188	−0.986	0.067	−0.577	0.031	0.919
p	0.391	0.029	0.236	0.325	0.946	0.565	0.975	0.359

1. 差异不显著的问题分析

由单一样本 t 检验和独立样本 t 检验的结果可以看出（表 4-4），$p > 0.05$ 的有 7 个题目，它们分别是第 31、33、34、35、36、37 和 38 题。校长和教师在这些方面的看法差异不显著，说明他们的看法基本是一致的。而且第 31、33、34、36 题的校长得分高于教师得分，且得分都比较高，证明了校长在这四个方面的决策是自信的，但同时还要多关注和听取教师的意见进行决策，而教师对这四个方面校长决策的认可度比校长自己对这四个方面决策的认可度低。同时，第 35、37、38 题的校长得分低于教师得分，但得分都比较高，说明了在这三个方面校长的决策自信是有道理的，超越了教师的满意水平。尽管校长的得分低于教师的得分，但是得分非常接近，所以在这三个方面校长与教师的看法吻合，说明校长决策得到了教师的认可。

2. 差异显著的问题分析

由单一样本 t 检验和独立样本 t 检验的结果可以看出（表 4-4），$p < 0.05$ 的有一个选题，就是第 32 题。校长和教师的得分分别为 4.556、4.315 分，他们的得分都比较高，也就说明了在这个问题上，校长和教师总体上的看法都是比较满意的，但是校长与教师的差异显著，也就是说，校长在对教师生活和健康的关心以及经常组织活动方面做得是比较好的，但是与教师的期待有明显的差距，需要进一步改进。

（四）促进学生全面发展中的校长决策分析

由对校长群体和教师群体在促进学生全面发展中的校长决策的 t 检验（表 4-1），可以看出 $p = 0.344 > 0.05$，说明教师和校长对促进学生全面发展中的校长决策的看法差异不显著，且教师的得分值 38.859 分比校长的得分值 37.815 分高 1.044 分，而考核此项目的题数为 9 道题，如果均选择"完全符合"选项，满分应为 45

分，可以看出，教师和校长的得分率分别为 86.4%、84.0%，也都比较高，说明校长在促进学生全面发展方面的决策得到了教师的高度认可，教师认为校长在促进学生全面发展方面的决策做得比校长认为的更好，这可以有效地增进校长在这方面的决策信心。具体数据如表 4-5 所示。

表 4-5　促进学生全面发展中校长决策的数据比较

项目	15	17	18	19	24	25	26	28	39
教师得分均值	4.077	4.619	4.193	4.526	4.318	4.245	4.438	4.113	4.331
校长得分均值	4.037	4.704	3.444	4.333	4.519	4.333	4.778	3.778	3.889
t	0.190	−0.704	4.206	0.394	−1.308	−0.508	−3.264	1.820	3.043
p	0.849	0.482	0.001	0.694	0.192	0.612	0.003	0.069	0.002

1. 差异不显著的问题分析

由单一样本 t 检验和独立样本 t 检验的结果可以看出（表 4-5），$p > 0.05$ 的有 6 个题目，它们分别是第 15、17、19、24、25 和 28 题。校长和教师在这些方面的看法差异不显著，说明他们的看法基本是一致的。而且第 17、24、25 题的校长得分高于教师得分，且得分都比较高，说明了在"严格执行'防流控辍'的举措""开足开齐体育课，确保学生每天锻炼 1 小时""合理安排作息时间，保证初中生每天睡眠 9 小时"这三个方面校长决策的自信是有依据的，但同时还要多关注和吸收教师的意见进行决策，因为毕竟教师对这三个方面校长决策的认可度比校长自己对这三个方面决策的认可度低。第 15、19、28 题的校长得分低于教师得分，但得分都比较高，说明了在"严格执行不分重点班的规定""完全能做到不歧视任何一个有困难的学生""学校能坚持适当布置学生家务劳动方面的作业"这三个方面校长的决策自信是有道理的，超越了教师的满意水平。但是，在这三个方面校长的得分都低于教师的得分，有的得分差距还比较大，所以在这三个方面校长与教师的看法并不完全吻合，校长还需要进一步分析产生差异的原因。

2. 差异显著的问题分析

由单一样本 t 检验和独立样本 t 检验的结果可以看出（表 4-5），$p < 0.05$ 的有 3 个题目，它们分别是第 18、26 和 39 题，说明在这三个方面教师和校长的看法差异显著，彼此看法不一致。一是教师得分高于校长得分的题目有第 18、39 题，说明在"教学及课程设置完全能满足学生个性化学习的需要"和"完全能根据学生发展需要积极组织实施校本课程"两方面，教师对校长决策的满意度超过了校长

自己的预期，说明教师认为校长在这两个方面做得比校长自己认为的要好；二是教师得分低于校长得分的题目有第 26 题，得分都比较高，总体上教师是认可校长的，但是差异显著，就说明在"能按照国家要求开齐开足音乐课、美术课"方面，教师对校长决策的满意度明显低于校长的预期，两者的期待有明显的差距，校长在这方面要进一步改进或落实。

（五）学校校园文化建设中的校长决策分析

由对校长群体和教师群体在学校校园文化建设中的校长决策的 t 检验（表4-1），可以看出 $p = 0.153 > 0.05$，说明教师和校长对学校校园文化建设中的校长决策的看法差异不显著，且教师的得分值 17.340 分比校长的得分值 16.630 分高 0.710 分，而考核此项目的题数为 4 道题，如果都选择"完全符合"选项，满分应为 20 分，可以看出，教师和校长的得分率分别为 86.7%、83.2%，都比较高，说明校长在学校校园文化建设方面的决策得到了教师的高度认可，教师认为校长在学校校园文化建设方面的决策做得比校长认为的更好，这可以有效地增进校长在这方面的决策信心。具体数据如表 4-6 所示。

表 4-6　学校校园文化建设中校长决策的数据比较

项目	27	43	50	51
教师得分均值	4.234	4.372	4.472	4.263
校长得分均值	3.926	3.926	4.482	4.296
t	1.717	3.066	−0.072	−0.209
p	0.087	0.002	0.942	0.834

1. 差异不显著的问题分析

由单一样本 t 检验和独立样本 t 检验的结果可以看出（表 4-6），$p > 0.05$ 的题目有 3 个，它们分别是第 27、50 和 51 题。也就是说在这三个方面教师和校长的看法差异不显著，比较一致。从他们的得分均值比较来看，27 题差别较大，50 和 51 题差别不大。一是教师得分高于校长得分的第 27 题，尽管差异不显著，但是得分说明在"学生艺术社团或兴趣小组活动丰富，效果好"的评价中，教师对这个方面的校长决策的满意度超过了校长的预期（做得比较好，要保持）；二是教师得分低于校长得分的选题有第 50、51 题，差异不显著、均分都较高且非常接近，这说明在涉及"师师、师生、生生之间能互相尊重、互相包容、和睦相处""学校组织的各种活动丰富多彩"等学校人际文化和师生文娱活动的工作中，教师对这两个方面的校长决策的满意度与校长一样，需要保持和发展。

2. 差异显著的问题分析

由单一样本 t 检验和独立样本 t 检验的结果可以看出（表 4-6），$p < 0.05$ 的只有 43 题，说明在"学生综合素质档案完全能真实反映学生发展状况"方面教师和校长的看法差异显著，彼此看法不一致。教师和校长的得分率分别为 87.4%、78.5%，教师得分明显高于校长得分，说明教师认可学生综合素质档案内容的客观性和准确度，而校长认为学生综合素质档案不能真实反映学生发展状况，校长认为的"真实"程度比老师认为的"真实"程度要低得多。

（六）营造和谐育人氛围中的校长决策分析

由对校长群体和教师群体在营造和谐育人氛围中的校长决策的 t 检验（表 4-1），可以看出 $p = 0.456 > 0.05$，说明教师和校长对营造和谐育人氛围中的校长决策的看法差异不显著，且教师的得分值 30.052 分比校长的得分值 30.667 分低 0.615 分，而考核此项目的题数为 7 道题，如果都选择"完全符合"选项，满分应为 35 分。可以看出，教师和校长的得分率分别为 85.9%、87.6%，都比较高，说明教师群体认为校长在营造和谐育人氛围方面的决策非常好，校长们也这样认为，但是还有可提升的空间。这种看法通过 $p = 0.456$ 和他们的得分可以看出，二者在这方面的看法基本接近、差异不显著，也可以看出教师对校长在营造和谐育人氛围方面决策的满意度都非常高，当然，与教师的期待还有一定距离。具体数据如表 4-7 所示。

表 4-7　营造和谐育人氛围中校长决策的数据比较

项目	29	30	42	44	46	48	49
教师得分均值	4.231	4.408	4.283	4.195	4.404	4.125	4.406
校长得分均值	4.370	4.222	4.148	4.037	4.778	4.370	4.741
t	-0.809	1.298	1.122	0.862	-4.211	-1.236	-3.623
p	0.419	0.195	0.271	0.389	0.000	0.217	0.001

1. 差异不显著的问题分析

由单一样本 t 检验和独立样本 t 检验的结果可以看出（表 4-7），$p > 0.05$ 的有 5 个题目，一是教师得分高于校长得分的题目分别是第 30、42 和 44 题。校长和教师在这些方面的看法差异不显著，说明他们的看法基本是一致的，尽管差异不显著，但是说明在这些涉及营造和谐育人氛围的题目中，教师对"教师能尊重学生人格，不讽刺、挖苦、歧视学生，不体罚或变相体罚学生，不收受学生或家长礼品，不从事有偿补课""完全能合理控制作业量""考试成绩不公开排名、不以分数作为评价学生的唯一标准"这三个方面的校长决策的满意度超过校长的预期（做得比较好，要坚持），也说明了校长依法治教的意识和能力比较强。二是教师得分低于校长得分的题目有第 29 题和第 48 题。尽管差异不显著，但是能说明在"能配备专兼职心理健康教育教师并积极开展心理辅导活动""师生对学校食堂的伙食质量和服务水平满意"等涉及师生身心健康方面的工作中，教师对校长决策的满意度低于校长们预期，校长在这两个方面的决策需要改进。

2. 差异显著的问题分析

通过单一样本 t 检验和独立样本 t 检验的结果可以看出（表 4-7），$p < 0.05$ 的有 2 个题目，分别是第 46 和 49 题。校长和教师的得分差异采用 t 检验的方法进行分析，p 分别为 0.000、0.002。由此可以看出，第 46、49 题为差异极其显著。他们的得分都比较高，同样说明了在对这个问题的看法上，校长和教师总体上都是比较满意的，但是校长与教师的差异非常显著，也就是说，校长在"有完善的安全卫生管理制度和工作机制，食品卫生、人身安全、设施安全和活动安全有保障""有计划地开展生命教育、防灾减灾教育、禁毒和预防艾滋病教育等以生活技能为基础的安全教育"方面，与教师的期待和看法还有非常明显的差距，要进一步加大改进力度。

综上所述，在这六个方面的所有题目中，无论是教师还是校长的得分都是比较高的，说明校长决策的被认可程度比较高，总体上学校教师对校长的决策和管理是高度认可的，学校在运行上总体是稳定和平稳的。但是即使是在高认可度和总体平稳的运行情况下，校长对于决策的科学性、合理性和公平性也有与教师的看法存在显著差异的地方。这些存在显著差异的问题就是我们应该加以调整、改进和完善的工作点。

第二节　中学校长对外决策实证

一、校长对外决策各维度现状的比较分析

从校长和教师在对外决策各个维度上得分的总体差异性分析情况看（表 4-8），

校长和教师对校长对外决策的看法总体上比较一致，在执行教育政策、提升社会形象、调节教育资源三个方面的差异不显著，而在处理公共危机方面差异显著。

表 4-8　校长和教师在校长对外决策上得分的差异性分析

维度	教师样本（N=441）		校长样本（N=27）		p
	M	SD	M	SD	
执行教育政策	31.150	4.215	32.296	3.506	0.178
提升社会形象	4.302	0.824	4.185	1.076	0.490
调节教育资源	8.633	1.369	8.074	1.357	0.049
处理公共危机	5.073	0.866	6.370	0.688	0.001

（一）执行教育政策中的校长决策分析

由对校长群体和教师群体在执行教育政策中的校长决策的 t 检验（表 4-8），可以看出 $p = 0.17813 > 0.05$，说明教师和校长对执行教育政策中的校长决策的看法差异不显著，但是教师的得分值 31.150 分比校长的得分值 32.296 分低 1.146 分，而考核此项目的题数为 8 道题，如果选择"完全符合"选项，满分应为 40 分，可以看出，教师和校长的得分率分别为 77.9%、80.7%，都比较高，说明教师与校长对执行教育政策方面的校长决策都比较满意。具体数据如表 4-9 所示。

表 4-9　执行教育政策中校长决策的数据比较

项目	14	44	45	46	52	53	54	63
教师得分均值	4.293	4.195	4.220	4.404	4.460	4.440	4.413	1.288
校长得分均值	4.037	4.037	4.000	4.778	4.630	4.482	4.704	1.630
t	0.904	0.862	1.259	−4.211	−1.153	−0.295	−3.011	−3.670
p	0.374	0.389	0.209	0.001	0.250	0.768	0.005	0.001

1. 差异不显著的问题分析

由单一样本 t 检验和独立样本 t 检验的结果可以看出（表 4-9），$p > 0.05$ 的有 5 个题目，分别是第 44、45、52、53 和 63 题。校长和教师在这些方面的看法差异不显著，说明他们的看法基本是一致的。校长的自信体现得非常充分，而且在这五个方面校长的得分与教师的得分差距不大。一是教师得分高于校长得分的题目分别是第 14、44 和 45 题。校长和教师在这些方面的看法差异不显著，说明他们的看法基本是一致的。尽管差异不显著，但是说明教师对"严格执行就近入学作为学生升学依据""考试成绩不公开排名、不以分数作为评价学生的唯一标准""学校图书室、实验室、功能室面向学生开放，使用效益高"这三个方面的校长决策的满意度超过了校长的预期（做得比较好，要坚持），也说明了校长执行教育政策、依法治教的意识和能力比较强。二是教师得分低于校长得分的题目有第 52 和 53 题。尽管差异不显著，但是能说明在"学校法制观念强，能做到依法治校""学校依法制定了学校章程、发展规划且按计划实施"等涉及执行教育政策和依法治教的工作中，教师对这两个方面的校长决策的满意度低于校长的预期，校长在这两个方面的决策需要改进。

2. 差异显著的问题分析

由单一样本 t 检验和独立样本 t 检验的结果可以看出（表 4-9），$p < 0.05$ 的有 3 个题目，分别是第 46、54 和 63 题，说明在这三个方面教师和校长的看法的差异显著，彼此看法不一致，并且在这三个方面的教师得分都明显低于校长得分。由此可以看出，在"有完善的安全卫生管理制度和工作机制，食品卫生、人身安全、设施安全和活动安全有保障""学校有健全的管理制度、办事程序和议事规则""学校是否聘请专业机构的专业人员作为法律顾问"三个方面，教师对校长决策的满意度都明显低于校长自己的预期，说明教师认为校长在这三个方面做得不够好。因为双方的得分都超过了 4.0 分，所以我们认为双方都对校长在执行教育政策方面的决策是满意的，但是二者有显著差异，而且有的差异极其显著，这说明校长要继续改进这些方面，以使教师更加满意。

（二）提升社会形象中的校长决策分析

由校长群体和教师群体在提升社会形象中的校长决策的 t 检验结果（表 4-8）可以看出，$p = 0.490 > 0.05$，说明教师和校长对提升社会形象中的校长决策的看法差异不显著，而且教师的得分值 4.302 分比校长的得分值 4.185 分高 0.117 分，考核此项目的题数为 1 道题，如果选择"完全符合"选项，满分应为 5 分，可以看出，教师和校长的得分率分别为 86.0%、83.7%，都比较高，说明教师群体认为校长在提升社会形象方面的决策很好，且校长也是这样看的。

（三）调节教育资源中的校长决策分析

由校长群体和教师群体在调节教育资源中的校长决策的 t 检验结果（表 4-8）可以看出，$p = 0.049$，说明教师和校长对调节教育资源中的校长决策的看法差异显著，教师的得分值 8.633 分比校长的得分值 8.074 分高 0.559 分。而考核此项目的题数为 2 道题,如果均选择"完全符合"选项,满分应为 10 分,可以看出,教师和校长的得分率分别为 86.3%、80.7%,都比较高,说明教师群体认为校长在调节教育资源方面的决策非常好,超过了校长们的预期。

由单一样本 t 检验和独立样本 t 检验的结果可以看出(表 4-10),第 39 题的 $p < 0.05$,说明在"完全能根据学生发展需要积极组织实施校本课程"方面教师与校长的看法差异显著,教师得分明显高于校长得分,说明校长认为在根据学生发展组织实施校本课程方面做得不好,而教师认为在这方面做得很好。第 62 题的 $p > 0.05$,说明在"主动争取并获得社会力量对学校改革与发展的支持"方面教师与校长的看法差异不显著,教师得分和校长得分都比较高,说明了在这两个方面校长的决策自信是有道理的,教师的满意度很高,校长决策得到了教师的认可。值得思考的是,在反映调节教育资源的校长决策的两个方面,校长要进一步深入挖掘和激发教师根据学生发展需要组织实施校本课程的潜能,而在主动争取并获得社会力量对学校改革与发展的支持方面,还要花更大的力度来协调和拓展。

表 4-10 调节教育资源中校长决策的数据比较

项目	39	62
教师得分均值	4.331	4.302
校长得分均值	3.889	4.185
t	3.043	0.699
p	0.002	0.485

(四)处理公共危机中的校长决策分析

由校长群体和教师群体在处理公共危机中的校长决策的 t 检验结果(表 4-8)可以看出,$p < 0.05$,说明教师和校长对促进处理公共危机中的校长决策的看法差异极其显著,且教师的得分值 5.073 分比校长的得分值 6.370 分低 1.297 分。而考核此项目的题数为 2 道题,如果第 47 题选择"完全符合"选项,第 63 题选择"是"选项,满分应为 7 分,可以看出,教师和校长的得分率分别为 72.5%、91.0%,说明校长在处理公共危机方面的决策虽然得到了教师的认可,但是相对于校长自己的看法来说,教师的认可度较低,与校长的看法差异极其显著。

由单一样本 t 检验和独立样本 t 检验的结果可以看出(表 4-11),第 47 题的 $p < 0.05$,即"有健全的突发应急事件预案,预防和应对溺水、交通事故、不法分子入侵、校园暴力或公共卫生事件的措施到位",教师和校长在这方面的看法差异极其显著,教师和校长的得分分别为 4.347、4.741 分,得分率分别为 86.9%、94.8%,

都比较高，说明他们对这方面的校长决策都非常满意，但是相比较而论，校长的满意度较高，而教师的满意度较低，且他们之间满意度的差异显著，因此校长要进一步加强在这方面的组织、实施、管理和宣传力度。第 63 题"学校是否聘请专业机构的专业人员作为法律顾问"，教师的得分值 1.288 分比校长的得分值 1.630 分低 0.342 分，且得分率分别为 64.4%、81.5%，校长的得分率比较高，而教师的得分率比较低，但是他们之间的 $p > 0.05$，说明二者之间的差异不显著。从总体上看，绝大部分学校聘请了专业机构的专业人员作为法律顾问。

表 4-11   处理公共危机中校长决策的数据比较

项目	47	63
教师得分均值	4.347	1.288
校长得分均值	4.741	1.630
p	0.002	0.211

第三节   中学校长决策访谈

一、访谈实施及资料归类

本书的具体访谈跨度为 2014 年 9 月—2015 年 3 月。访谈前，笔者多次在不同场合提前与访谈对象进行了有效的沟通，与访谈对象反复说明了本调查纯粹为了学术研究，而非正式官方访谈，并告之在具体学术研究中对个人的具体信息进行有效隐性处理，使得访谈对象能全心接受笔者访谈。笔者在访谈中非常注重信任原则，由于访谈对象包括在职、离退休的校长，在访谈中，对于在职的校长笔者力求在各类办公现场和会议室等进行访谈，对离退休职的校长采用了个体访谈、相关员工访谈和翻阅档案相结合等多种方式，访谈形式多采用一对一的半结构形式，根据笔者需要，对访谈的内容和方式做出部分修改和补充。同时，在访谈中注意合理释放访谈对象的压力，在个人深度访谈中，一些校长不仅抱怨社会环境严重影响了他们的决策，而且这种压力还集中在工作量、工作时间、人际关系和工作环境等方面。在耐心倾听的过程中，笔者不仅有效地了解了校长从宏观环境谈压力的问题，还掌握了校长从微观环境谈压力的问题。

在访谈结束之后，为了提高调查对于研究的可靠性，笔者对有关问题进行了梳理和分析，对影响校长决策的各种影响要素进行筛选、汇总、合并、删除和简化等，最后进行归类分析。在本书的归类中，笔者将访谈分析按照校长决策的价值取向视角对校长决策进行道德决策、组织决策、文化决策、课程决策和人性决策分析，并试图从中揭示出以长官意志为本位的校长决策、以学校发展为本位的校长决策、以教师需要为本位的校长决策、以学生发展为本位的校长决策、以民众诉求为本位的校长决策、以质量提升为本位的校长决策、以文化传承为本位的校长决策、以依法治校为本位的校长决策等价值取向来探讨校长决策。

二、访谈信效度及伦理

本书的访谈是否合理，是否能真实和客观地反映出中学校长决策情况，不仅要用数据分析，还要用一种常态的、反映校长日常工作和生活以及他们进行决策的过程及其之所以做出如此决策的原因和背后的理念，来反映出校长决策的价值和价值取向。因为校长决策是一种复杂的社会现象，其决策的产生、决策的过程、决策的机制、决策的理念、决策的目的不能完全用因果（和相关）关系来进行简单的表达。

访谈的效度可分为描述型效度、解释型效度、评价型效度和理论型效度[①]，本书的效度包括了前三种类型。校长决策的角色定位、主体影响、压力和困境、理念和背景等问题，在访谈中往往是在对校长决策真实事件的过程描述中去发现和揭示的，不是仅仅用数据就能准确揭示出来的，还必须通过深度的访谈和对事件的描述，以及笔者与访谈对象之间的关系来反映出校长决策的真实程度和价值表述真实与否。校长决策的问题提出、灵感捕捉、运用直觉和想象、资料归类和分析编码的工作都是需要人脑来完成的，而校长决策这一复杂的社会现象是一种不可简约的社会系统。如果只是简单地被分解成更小的单位进行研究，就无法获得充分的理解和解释。简约的校长决策分析虽然可以描述个人层面的"行为"和"认知"，却看不到校长决策的"关系"和"生活世界"，而教育问题——校长决策，还需要关注人的情感、态度和价值观对校长决策行为的影响，"没有任何两个人会有完全相同的个人建构，也没有两个人会有完全相同的组织建构的方式"[②]。因此，这部分研究基于卡麦兹提出的建构扎根理论，强调研究者与被研究者的互动建构是基于研究者与被研究者的视域融合，关注数据的生成过程，提倡开放性问题初

---

① 陈向明. 教育研究方法. 北京：教育科学出版社，2013：241.
② Burger J M. 人格心理学. 7 版. 陈昌会，等译. 北京：中国轻工业出版社，2010：261.

设，"定位于社会的、历史的、当地的以及互动的背景中"，强调"依赖于互动——来自你的世界观、立场和处境，产生于研究现场，在你和你的数据之间发展，随着你的观点的产生，返回现场或另一个现场，并继续和你的学科以及实质领域进行对话"[①]。然后，对数据进行建构，最终达到理论饱和[②]。通过建构扎根理论的观点和方法来反映校长决策的价值和价值取向，则更符合逻辑和实际。

任何教育研究都必须遵从人类的伦理道德规范。为了保证本书符合伦理规范，笔者采取了如下访谈规范：首先，在访谈中和校长进行反复而真诚的沟通，双方有良好的互信关系，并明确告知访谈对象其接受访谈的行为应该是没有强制性的，如果觉得不愿意，可以随时退出；其次，访谈中尊重访谈对象的意愿，告诉他们研究的目的，承诺保密个人的信息，尊重个人的发表意愿；最后，笔者跟访谈对象关系的密切，会将相关研究的结论一起分享，适当的时候大家一起聚餐以作回报。此外，由于笔者与校长熟识和往来较多，访谈形式除了当面和实地跟踪访谈外，还适当采取了电话访谈、QQ 聊天等形式，以保障访谈在愉悦、宽松的环境中进行。

三、访谈资料与访谈分析

从经验决策到科学决策是现代化大生产条件下的客观要求，决策者要以科学理论为指导，按照科学的决策程序，运用科学的决策技术和方法，制订和实施决策方案。但是科学决策和经验决策并非绝对的互不相容、相互排斥的关系，即使在当代经济信息社会条件下，经验决策仍具有不可忽视的价值，决策者的个人直觉、阅历、经验等仍可看成是科学决策中的重要因素。因此，中学校长的决策与他们的成长经历有着极其密切的关系，我们有必要从他们的经历来分析决策等相关问题。

（一）学历发展水平

从访谈中发现，在 J 中学的 18 位校长中，按照最后学历，2 位毕业于综合性大学，其余 16 位毕业于师范院校，其中，师专毕业的有 2 位，师院和师大毕业的有 14 位。所有校长都参加了 H 省举办的校长任职资格培训，参加了校长高级研修班学习。师范院校构成了 J 中学校长的主体来源，有利于他们充分发挥教育与管理的专业特长，合理利用各种社会资本，进行校长决策。

---

① 吴刚，马颂歌. 工作场所中拓展性学习的研究. 北京：清华大学出版社，2016：221.
② 徐立国，葛京，席酉民，等. 企业发展过程中的本土领导角色及行为. 管理学报，2013，10（11）1567-1576.

（二）业务发展水平

从访谈中发现，J中学的18位校长的教学集中在语文（4人）、数学（4人）、政治（4人）等学科上，在历史（2人）、英语（1人）、化学（1人）、物理（2人）等其他学科上的人相对较少。从职称看，校长的专业技术职称较高，其中15人为高级教师，3人为一级教师，大多获得了市（区）学科带头人、骨干教师、有影响的高水平人才等专业技术荣誉称号，其中有1位校长还获得了省级骨干教师称号。可以看出，J中学的校长业务水平较高，具有良好的职业素养。

（三）管理经历经验

从学校的内部行政经历看，J中学的18位校长的行政经历都比较丰富，有着从教学一线教师、年级组长或者教研组长、教务处主任或政教处主任、副校长到校长的领导岗位经历。所有的人都曾担任副校长、副书记的职务，14位校长曾经担任过班主任、备课组长、教研组长或年级组长等职务，16位校长曾经担任过教导处主任、政教处主任等职务，4位校长甚至有全部以上各类职务的经历。从学校的外部行政经历看，有13位校长在其他学校担任过副校长或校长职务，有5位校长是在本校成长起来的。由此可见，他们的工作经历较为丰富，比较熟悉学校各类岗位的业务和管理情况。

综上所述，从J中学的18位校长的工作经历看，他们大部分毕业于师范院校，受过良好的有关学校教育和管理的培训；他们的业务水平较高，在各自擅长的领域具有一定的社会影响力，职称水平较高；他们有着丰富的工作经历，从班主任到校长，他们经历了从被领导者到领导者角色的蜕变，熟悉领导环境，因而领导者、被领导者、领导环境等三要素有良好的匹配，能最大限度地发挥他们的优秀决策力。

四、访谈个案与决策分析

依据本书设计，个案剖析与前面的问卷调查和深度访谈的出发点应当是相同的，主要是为了深入了解和剖析中学校长决策的基本情况。与问卷调查和深度访谈相比，个案剖析更能系统、完整、生动地呈现具有不同风格的中校长决策情况。在个案剖析中，笔者主要搜集了J中学的档案、制度编汇、发展规划和日常文书，也搜集了与J中学有直接关联的教育政策、行政文件，此外，还分析了与校长决策相关的报道和评论，包括同事、网络和新闻媒体等的评价。

武汉市 H 区 J 中学现有 39 个教学班，在校学生约 1900 人，专任教师 148 人，教职工总计 160 人，其中市、区学科带头人 19 人，市、区优秀青年教师 5 人，在区内有影响力的高水平人才 9 人，武汉市优秀班主任 10 人，区优秀班主任 18 人，国家级优质课一等奖获得者 2 人，省级优质课一等奖获得者 5 人，市级优质课一等奖获得者 3 人，区级优质课一等奖获得者 15 人。

本书选取了 J 中学不同时期的 3 位正职校长作为个案研究的对象，他们分别是 H2 校长（以下简称 A 校长）、H5 校长（以下简称 B 校长）和 H15 校长（以下简称 C 校长），本书主要对他们在任期间的校长决策方面进行深描，对校长决策的情景和环境进行再现式的陈述，通过这些陈述来认识在这种情境中校长决策固有的意义和意图。

（一）个案 1：A 校长的校长决策

1. A 校长的经历

A 校长在担任 J 中学校长之前，毕业于 H 师范学院后就一直在 J 中学工作，主要从事政治教学工作，长期担任班主任、年级组长，担任过 2 年的政教处主任，获得过区级教学能手、优秀班主任称号。在校长岗位的竞争中，他由于年龄相对较小，职称有优势而当选。从 A 校长的经历看，他的业务水平较高，熟悉学生管理，并且能体味基层教师的生活，但是他的领导经历相对偏少，尽管以满腔热情进行了与学校改革相关的政策设计，但是效果未尽其然。

2. A 校长的管理过程

A 校长是 2003 年上任的，当时 J 中学正处于规模办学效应发展之中，学校新建了 2 栋教学楼、1 个综合实验楼。为了迅速提升教学质量和升学率，A 校长上任之后进行了许多方面的决策，通过查阅资料和访谈，A 校长的决策主要涉及如下事项。

（1）办学与教学行为的建设

学校相继制定了《H 区 J 中学关于执行课堂反浪费的决定》《H 区 J 中学关于加强教辅资料的管理规定》《H 区 J 中学课堂教学"减负增效"的有关规定》等实施细则，认真实施基础教育改革纲要，积极贯彻执行各级关于纠正片面追求升学率倾向的规定。学校设立巩固率奖和转化学困生奖等奖励措施，实行特困生、残疾生减免学杂费制度，确保每一个适龄儿童享受平等的教育。

（2）干部队伍的制度建设

学校建立了《H 区 J 中学关于中心学习小组的学习制度》，有计划地组织干部开展理论学习。学校坚持一周一次的行政办公会议制度，交流情况、研究问题、做出决策、拿出工作安排。学校坚持两周一次的"两长"联议会议制度，由教导处主任主持、校长和分管校长参加，与年级组长、教研组长共同分析和研究教育教学工作，提出并安排教育教学管理中的阶段任务，落实教育教学各环节的基本要求。学校坚持干部分工下的年级组制度，联系群众、指导工作。学校坚持每年开展一次民主评议干部活动，每年度末对校级干部和中层干部分别进行一次考核，严格按照述职、测评、评议、反馈意见等几个步骤进行。在学校党支部的领导下，学校每年召开一到两次校级干部民主生活会，就校级干部在思想建设、组织建设、作风建设、制度建设等方面的表现进行反思和总结，开展批评与自我批评，提高干部履职尽责的能力和水平。

（3）校本培训课程的开发

自 2001 年开始，学校就建立校本培训基地，前后开设了"多媒体辅助教学软件制作""个案的书写"等课程，学校 300 多人次参加了校本培训。学校每年举办青年教师学习班，专门学习学校教育常规和教学传统，对弘扬学校传统、进一步开拓创新起到了良好的推进作用。

（4）教师专业发展的建设

学校以课题做引领，让教师在研究中提升教育教学理念，提高教育教学质量。学校在传承自身的发展历史、承上启下的基础上，立足教育的现实问题，面向社会发展和学生的未来，以提炼办学思想为努力方向，在创建武汉市素质教育特色学校的督导评估中不懈努力，在完成绩效目标的基础上，提升学校的办学特色，提高学校的办学质量，实现学校有品位地发展。

3. A 校长任职期间的学校发展

在 A 校长决策的影响下，经过全校师生努力，J 中学各项事业得到了长足的发展：2012 年投资了 300 多万元，绿化、美化校园，统一了校舍外墙色调，改建了门楼，拆除了旧三楼，兴建了综合楼，改造了食堂，把厕所搬到了校园一角。学校不仅硬件环境得到了改善，而且教学质量得到了提升，升学率得以提高，良好的社会声誉得以形成。2004 年，J 中学考取省重点中学的有 79 人，初中合格率为99%，得到了区政府嘉奖。但笔者在访谈与 A 校长决策相关的副校长、中层干部、普通教师等群体时发现，A 校长的决策并未呈现出特别的政策绩效，说明 A 校长的决策并没有得到一致认同。

1）副校长、中层干部的看法。几位副校长讲得最多的是 A 校长的决策权缺乏制约。学校的人事决策权、财政决策权和重大决策权都在 A 校长手中，副校长、中层干部和 A 校长之间在学校决策中存在严重的信息不对称，A 校长可以轻易逃脱上级和副校长的监督，而教职工代表大会等各类学校组织对学校事务知之甚少，不能参与校长决策，实质上校长决策成为 A 校长一个人的决策。决策效果不尽如人意，比如，A 校长提出的增强科研意识、提高办学质量、提炼办学思想这条决策并不符合 J 中学的实际，因为中学教师的工作重心是教学，中学教师在进行科研活动方面没有足够的时间、精力和兴趣，把科研放在较为突出的地位最终成为一纸空文。

2）普通教师的看法。在关系到教职工切身利益或者学校重大问题的决策方面，广大教职工应充分参与到决策过程和决策程序之中，这样有利于发挥广大教职工的智慧，弥补校长由于个人的文化背景、知识结构、能力范围等出现的决策失误，形成各阶层广泛参与学校决策的氛围。尽管 J 中学在制定学校发展规划等决策时都征求了教师的意见，并且予以回应，但是在事关教师切身利益的各项激励政策方面，却只是形式上征求教师意见，较少回应，更不会更改。因此，教师参与学校决策的范围就越来越小，教师对决策的影响力也越来越小。校长在学校宏观规划、德育和教学等方面的决策过程中，应扩大教师参与的范围和加深教师参与的程度，提高他们参与决策的影响力。

4. 对 A 校长的校长决策分析

从道德决策看，由于很多决策是封闭的，很多副校长、中层干部和基层教师较少参与或者影响学校决策，政策制定出来后却得不到认同，在实施过程中遇到了较大的阻碍，各类矛盾突出。教师尤其对涉及教师利益的各类制度意见较大，有的教师竟然实名向上级反映，请求纠正一些分配制度。

从组织决策看，A 校长上任后就提出了"教学-行政同构"的政策，建构了"教学督导组"，不但负责平时的教学监督工作，还将教师意见向有关行政领导和部门反映，解决了个体教师不能解决的很多问题。同时，A 校长强化校长在教学、德育、总务等三个方面的管理。这充分说明了 A 校长有一定的组织决策能力。但是在调查中发现，A 校长在学校机构改革和人事配置中出现了一定混乱，引发了教职工的较大不满。

从文化决策看，为了加强校园文化建设，A 校长推出了"校园文化艺术节"活动，但是这些活动大部分是为了针对上级活动、检查而设置的，事关学校发展内涵的校训、校歌等文化建设的内容被忽视，也没有被提升到决策日程上来。

从课程决策看，A校长推行"教师工作捆绑制"、"五个一"工程，提升教学质量，但很多制度并未有效执行，无形之中忽视了与教师发展密切相关的教师专业发展、教师素质拓展和教师德育创新等之类决策。

从人性决策看，由于A校长有着长期的基层教学和管理经验，他上任后，推行了许多人性化决策，如实行了"教师慰问制度""教师问题协商制度"等。"教师慰问制度"是针对教师的生活和变故进行的精神慰问和资金扶持，教师生日、教师的孩子考取大学、教师家庭成员病故等范围都覆盖其中。"教师问题协商制度"是学校各部门本着民主和协商等原则解决教师各类发展困境，当问题超出了学校管理的职责时，也积极协助外部机构帮其解决。应该说，A校长的人性决策能力较强、效果较佳。A校长在J中学治校2年时间中，除了表现出一定的人性决策能力外，在道德决策、组织决策、课程决策和文化决策方面水平较为一般，这大大制约了A中学的内涵式发展。

（二）个案2：B校长的校长决策

1.B校长的经历

B校长是某重点师范大学硕士研究生，主要研究学校教育质量控制与管理，曾供职于某重点中学，具有丰富的教学经验和出色的管理水平。从教学经验来看，他担任过年级组长，长期从事毕业班的教学工作，获得省级教学技能比赛二等奖。从行政管理经验看，他担任过某重点中学的教务处副主任、副校长，并且参加了教育部中南高师师资培训中心的培训。可见，B校长有着丰富的教学经验、良好的行政工作经历和业绩，这些为他有效领导J中学奠定了良好的理论素养和丰富的实践经验。

2.B校长的管理过程

2006年8月，H区教育局发布了公开招聘J中学校长的招聘公告，经过了笔试、民主测评和面试等各环节，B校长脱颖而出成功当选J中学的校长。B校长清楚地认识到教师是学校发展的根本，只有提高教师素养，增强其满足感，才能把J中学办成学生、家长和社会满意的学校，因此，B校长上任后，许多决策重点是围绕着教师的发展而展开的，主要涉及了如下方面。

1）做好"三个规程"的落实。B校长抓住重点，落实"三个规程"（《武汉市某某区教学管理规程》《武汉市某某区德育管理规程》《武汉市某某区体卫艺管理规程》），在落实规程上结合学校的特点，突出重点，突破难点，凸显亮点，切实落实到位，做出特色，认真开展"课内比较学，课外访万家"的教学和研究活动，推广"洋思经验"，突出高效课堂。

2）积极调动教职工的工作积极性和工作热情。B校长积极关心教职工的切身利益和身心健康，力争在广泛征集教职工的意见和建议的基础上，制订、完善并形成学校规划的实施方案，以确保工作有序开展，并积极实施新课程改革。B校长规范管理行为、提高管理水平、加强干部培训、提高执行能力、加大经费投入、提高教师待遇、加强师资培训、提高教育质量。

3）全面实施"教师队伍建设年"工作。B校长发挥"名师工作群"的作用，实施"名师工程"和"培青工程"，采取"师徒结对"的方式，制订年轻教师培养计划，提高教师适应素质教育的整体水平。在学校开展"师徒结对"活动，实行双向选择，制订培养计划，解决实际问题，对在活动中表现积极、取得成绩的单位和组织给予大力表彰。同时，B校长还强力推行洋思经验，派出学校干部、教师到洋思中学学习和取经，在学校确立实验班，试点洋思经验。在抓教学质量方面，B校长毫不留情，甚至亲自上示范课，亲自做质量分析，集中精力抓中考质量。

4）加强学校德育工作。在市教育局"有效德育"工作思路的指导下，以"市全员合力育人"试点校为抓手，以教师"课外访万家"活动为契机，学校积极开展师德师风建设，落实"全员德育"的实施方案，构建全体科任教师以班主任为核心的班级管理团队；开展班级导师制、集体备班、家访、特殊学生教育等活动，形成"人人都是教育工作者"的良好育人氛围。突出课堂德育，每位教师要树立"德育为首、育人为本"的理念，倡导和形成"人人都是德育工作者"的意识，每位教师必须强化"三个意识"：一是强化教师的育人理念意识，每位教师必须树立全面育人的观念，树立以"人的发展"为中心的课堂教育理念；二是强化教师的育人目标意识，落实好"情感态度价值观"这一课堂目标；三是强化教师的育人表率意识，强调教师要"为人师表、行为世范"，构筑以身作则、身教胜于言教的教师育人表率意识。

3.B校长任职期间的学校发展

学校每个学科工作室均配置了电脑、电视，并联通校园网，北校区每个教室均配置电子白板和多媒体教学系统。电教教学手段的学科覆盖率为100%，学科工作室的教师使用率为100%，教室多媒体使用率也达到50%以上。在2007年教育教学工作会上，学校德育管理工作被评定为区"奋斗目标奖"；教学目标管理工作被评定为全区四所"中考目标立功单位"之一。2007年中考报考率为100%，平均分居全区第四位，一次性合格率为 94.2%，毕业率为 100%。在 B 校长领导下，J 中学的各项工作均取得了较好的成绩，得到了学生、家长、社会的高度好评，副校长、中层干部、普通教师和学生家长都赞扬了 B 校长的出色工作能力和决策效果，遗憾的是，B 校长在 J 中学工作未满 5 年就被调走了。

4. 对 B 校长的校长决策分析

从道德决策看，B 校长较为理性地判断和处理学校内部各种发展的矛盾，许多道德决策内容是围绕着教师是学校发展的根本的思想来展开的，提升了教师的地位，调动了他们的工作积极性。同时，他还善于团结老干部和培养年轻的干部，解决了学校干部人事结构中长期存在的矛盾。

从组织决策看，B 校长并没有直接进行学校机构改革，而是在原有的机构层面明确了机构职能的转变，将为教师服务作为学校机构的工作职能重点，赋予了组织机构服务理念和内涵，削弱了职能部门的管理职能，强化了扁平管理方式的实施，实质上是一种组织决策模式的变更。

从文化决策看，B 校长的文化决策并没有得以充分体现。因为当时学校尚处于发展的转型中，学校的发展需要规章立制，需要提高教师积极性，而文化则是更加隐性的激励因素，因此，他的文化决策相对较少，也没有取得突出成效。B 校长善于从学校的道德决策、组织决策和课程决策入手，用心用力进行改革，实现了 J 中学的良性发展。当然，当组织发展到较高水平后，组织文化的塑造则显得更加重要，因为文化对学校发展具有长期的良性导向，这是大多数中学校长未来决策的焦点和难点，对 B 校长是一种遗憾，对未来新校长是一种更艰巨的挑战。

从课程决策看，由于 B 校长有着良好的教育理论素养和较高的教学水平，长期在教育教学一线工作，他注重教学质量的监控和提升的决策，推出了《武汉市 J 中学学校教学管理规定》《学科工作室制度》《关于作业布置的几点意见》等，并对实施规范管理进行细化，加强检查反馈，突出重点和创新，J 中学的教学质量、升学率和社会声誉度都得以明显的提升。

从人性决策看，B 校长在任职期间，改善了教师办公条件，尤其是办学的硬软件环境，在提高教师的职业素养、加强教师的师德建设、落实"三个工程"、协商解决教师工作和生活中的难题等方面做出了积极的贡献，这些都充分彰显了 B 校长的人性决策的价值和意义。但是，他在工作中对教师的要求过于严苛，认为在良好的教书育人环境中，教师应该无条件地服从他的管理，并且他在管理工作中，提出了一些带有理想主义色彩的、不切合实际的思路和做法，让教师有些

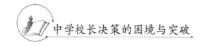

反感。

（三）个案 3：C 校长的校长决策

1. C 校长的经历

C 校长是教育局任命的校长，他从一所师范专科学校毕业，在某"211 工程"师范大学修完生物教育本科、教育硕士，长期从事初中化学学科教学工作，有着较高的教学和管理水平，曾被评为"武汉市优秀校长""武汉市优秀教育工作者""区学科带头人"。他带领全校教师开展"快乐教育"教学模式的探索，汇编了《快乐教育初探》，由区教育局组织在全区中学教育教学工作会上交流学习；学校中考成绩创近二十年来的历史新高，受到区教育局的多次表扬，并被评为区化学学科带头人和优秀青年教师。他撰写的教学和管理类专业论文在各级各类论文评比中屡获奖项，近几年来，在国家级核心期刊发表论文 9 篇。C 校长历任了中学的年级组长、教研组长、教导处主任、副校长、校长等行政职务，是一位理论涵养和实践能力很强的优秀教师、优秀校长。

2. C 校长的管理过程

C 校长是 2012 年上任的，C 上任后，他提出了"以人为本"的教育和管理理念，把学生的个性、智力、心理、人格作为教育决策的重点，提升人性、优化人的本质，学校管理注重教师专业发展和自我价值实现的需求，真正形成"命运、责任和利益共同体"。他认为，三流的学校靠人的管理——出品牌，二流的学校靠制度管理——出人才，而一流的学校则主要依靠道德力量来管理——出标准。因此，C 校长的决策重点围绕文化决策展开，主要涉及如下事项。

1）创新教育理念，以科学的发展观引领学校改革和发展。先进的教育理念是学校教育的灵魂，它直接决定着学校的发展方向、办学品质、办学水平和效益。为此，学校确定了传承"自主发展"的教育理念，以科学的发展观引领学校改革和发展；加强了探索"自主发展"教育模式的组织领导和学术指导；成立了"自主发展"教育模式构建实施领导小组，校长任组长，书记、副校长任副组长，各处室主任及年级组长、教研组长为成员。

为加强制度建设，规范学校办学行为和教师教育教学行为，学校相继制定了《J 中学关于执行课堂反浪费的决定》《J 中学关于加强教辅资料的管理规定》《J 中学课堂教学"减负增效"的有关规定》等规定，认真实施基础教育改革纲要，积极贯彻执行各级关于纠正片面追求升学率倾向的规定，设立巩固率奖和转化学困生奖等奖励措施，确保每一个适龄儿童享受到公平的教育。

在德育工作中，学校积极采用学生主体参与的方式，继续传承和深化"自我建设"德育模式，积极开展"教师全员家访"活动，充分调动和引领家长，高水平开设"家长学堂"系列讲座活动，有效构筑家校合作的运行机制，优化物质环境、精神环境、制度环境三位一体的环境育人工程。

2）构建教师专业发展的"多维对话式"团队文化建设模式。学校积极开展旨在促进教师专业发展的团队文化建设，在"多维对话式"校本研修中，教师一是要学会与自我对话，经常不断反省自己的行为，并不断提高自己反思的能力和水平，这是研修的核心内容；二是要学会与同伴对话，开放自己的心胸，经常与同伴切磋技艺，相互学习、互相借鉴、仔细推敲、共同提高；三是要学会与专家和身边的权威对话，以专家、权威的理念和经验启发、引领、提升自己的专业素养与水平；四是要学会与学者对话，就是要勤于学习理论，让理论指导实践，要抓住实践中的问题，进行理论观照，掌握规律；五是要与学生对话，检视自己的教育教学效果。因此，学校提出并构建了"自我反思、同伴互助、专家引领、权威指导、学习考察"五位一体的"多维对话式"校本研修模式（图4-1）。[①]与此同时，学校积极开展"课堂观察"活动，以此深化校本研修的内涵，积极动员教师把教室当作自己最好的观察室和研究室，让教师聚焦课堂、聚焦学生、聚焦学法、聚焦教法、聚焦效果。

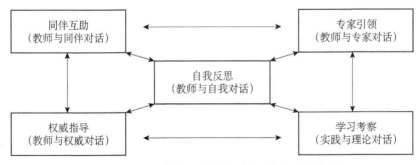

图 4-1　五位一体的"多维对话式"校本研修模式

3）提炼 J 中学的"教师文化"。教师文化包括全身心投入教学工作的"忘我文化"——体现教师的敬业精神、职业道德，体现职场人的精神风貌；对教学追求精益求精的"卓越文化"——体现教师的专业意识、专业能力、专业水平等专业精

---

① 曾建发，刘永胜."多维对话式"校本研修模式的新探索. 湖南师范大学教育科学学报，2012（7）：124-128.

神，提升教书育人本领；对实现自身价值的"成功文化"——体现教师培养学生的成就感、自豪感，体现由职业成就带来的人生成就感和自我价值提升的内在满足感。

4）建立和谐、多元、民主的评价机制。学校不单纯以考试成绩评价教师工作，而是对教师工作进行全方面综合考核。为教师设立"教学特色奖""教学质量奖""教学科研奖""教学创新奖""学科带头人""师德标兵""优秀导师""管理金点子""特别贡献奖"等。只要有利于学校的发展，有利于提高教育教学质量，学校就在评奖范围内，让教师的价值得到认可，让每一个教师都拥有归属感和幸福感。同时，学校更多地关注在不同方面有优秀表现的学生，扩大学生的表彰面，评选自尊自爱进步之星、仪表端庄进步之星、诚实守信进步之星、礼貌待人进步之星、遵规守纪进步之星、勤奋学习进步之星、勤劳俭朴进步之星、孝敬父母进步之星、严于律己进步之星、遵守公德进步之星等进步之星，让所有的学生都能因为自己是"进步之星"而感到在学校存在的价值和自豪。

5）请音乐教师或专业人士谱写了"J中学校歌"。校歌催人奋进、昂扬向上，体现了师生的理想和精神追求，使莘莘学子在校歌的优美旋律中完成人生大厦的奠基。此外，学校还加大教学改革力度，完善课程体系，推进新课程改革，广泛开展校本课程的开发与实施，让每个学生都能有自主选择发展兴趣爱好的机会。学校还为每位教师的生日送上鲜花和校长亲笔书写的生日贺卡，为每位离退休教师举办离退休欢送会，提升教师的归属感和幸福感。

3. C校长任职期间的学校发展

学校教育教学质量稳步提高，学校德育工作和文化建设工作屡获区级奋斗目标奖，中考成绩稳居全区公办学校第一名，多次荣获区中考立功单位奖。学校的办学受到了当地媒体的广泛关注。几年来，J中学曾被评为武汉市普通中小学办学水平先进学校、湖北省中小学综合办学水平50强学校、武汉市绿色学校、武汉市模范职工之家，江岸区最佳文明单位。在对管理层、教师和学生的访谈中，大家比较认同C校长的领导和决策，一致认为C校长具有求真务实、开拓创新的作风和理念，J中学正朝着"内涵丰富、特色鲜明、质量上乘"的武汉市初中精品学校的方向发展。

4. 对C校长的校长决策分析

从道德决策看，C校长做到了以下几点：一是能关注学生的养成教育、注重学生良好品行的形成，从他评选表彰学生的理念可以看出，受到表彰的不仅有优秀学生，而且更多地把重心放在"进步"学生的表彰之上，受到表彰的不仅是学习上的优秀和进步，更多的是品行上的优秀和进步，教育是"播撒火种"的事业，催人奋进是教育的永恒使命；二是能关注人的发展，他一方面能注重教育公平，关注弱势群体教育，对各种存在不同困难（不仅是学习困难，还包括心理、家庭、人际交往等方面的困难）的学生，分门别类地予以帮助，帮助学生学会感恩、学会学习、学会交往、学会生存、学会做事，另一方面能积极关注教师的不同层次需求，关注细节，适时地满足不同教师群体的不同需求；三是能面向全体学生、关注学生优势智慧的发展，积极开设家长学堂，举办系列的家庭教育培训，加强家校合作，构筑学校、家庭和社会三位一体的学生道德教育体系。

从组织决策看，C 校长注重构建平等、和谐、民主的人际关系，如针对部分教师反映的干群关系僵化问题，他采取了有效的应对办法，制定了《J 中学关于中心学习小组的学习制度》《J 中学议事规则》《J 中学党风廉政建设制度》《J 中学干部岗位职责》等制度，整合了管理者和普通教师关系。C 校长选拔了一批年轻干部，给他们压担子，让他们在实际工作中经受锻炼。在学校领导班子中，35 岁左右的年轻人有 5 人，年龄最小的 27 岁。他们都来自一线，都曾在教育教学工作中取得较突出的业绩，为广大教职工所认可。为了迎接武汉市中学督导评估，C 校长积极组织、宣传、发动学校各方力量，特别设立德育工作小组、教学工作小组、教研工作小组、办学条件小组、办学方向及行政管理小组、队伍建设小组、资料小组等七个组，作为学校工作的常设机构，分工合作、各负其责，较好地将学校机构和人事有效结合起来，迎检工作运行井井有条。他在认真参加工作的同时，还积极组织教师参与到学校开设的学科工作室和名师工作室的工作之中，让教师体会到职业成就带来的社会尊重，在学校的各项决策中，他能深入到教师之中，了解情况、分析问题、科学决策。当然，在干部的工作分工和调配上，C 校长的工作存在一些不尽如人意的地方。

从文化决策看，学校扎实开展了语文、数学、英语、物理和化学等各学科深度校本研修活动，积极申报了中国教育学会科研规划课题"适应师生自主发展和成长需要的校本课程开发的实践研究"，让优秀教师介绍自己的教育理念和成功经验；组织专业技术研讨会，作为集体备课专题化工作的示范和延伸，打造教研组团队文化。每年一次的"大教研"艺术节暨总结表彰大会更是把学校团队文化建设推入高潮。通过这些有品位、有针对性的团队文化建设活动，教师乐于向同伴敞开自己的教学思想，与同伴分享自己的教学智慧，体验在集体中展现自己智慧和思想的成功与快乐，享受团队文化建设带来的教学生活的变化和幸福，学科教研组内充满支持和关心、友爱和欢笑。近年来，J 中学的内涵式发展与 C 校长突出的决策能力分不开，他以文化引领和教学改革作为学校改革和管理的突破口，通过更新教育理念、转变教师观念、推进改革课程等着眼解决教育教学的内部问题，兼顾了学校组织、人性关怀和道德示范。C 校长的情商很高，他的决策是系统的决策，他的决策把学校内外、纵横等各种要素都结合起来考虑，学校教书育人的和谐人际氛围得以形成。

从课程决策看，C 校长进行了多种教学改革创新。第一，创新课程体系，在多元智能理论的指导下开发了德育校本课程"自我建设"、语文校本课程"快速作文"、体育校本课程"武术"以及家长学校校本课程"学习方法及策略指导""激发学习兴趣是提高学习效率的重要途径"等。从教学方面看，学校组织全体教师，形成课程开发团队，开发校本课程，根据课程计划和实施方案实行校本课程的项目招标，确定了六个类别 19 门校本课程，并且列入了七年级和八年级课程表，作为选修课来开设，学生报名踊跃。第二，创新教研机制，聘请校外专家、特级教师和校内有威望的教师组成精干的班子。在校长室领导下，组织、调度、实施学校教科研工作形成教科研组织体系（图 4-2）。学校规定了教科室的职责和主要工作任务。教师采取课题研究与群众性研究相结合、专项研究与常规性教学研究相结合的形式，积极开展教科研工作，形成了多层次立体化的教科研内容体系。为推进校本教研，学校先后制定了一系列常规教学研究制度和要求，如《关于"说课"的基本要求》《课堂教学中提倡"五度"、"四导"》《课堂规则》等，每一项制度的出台，都按照动员、学习、检查、讲评四个环节来进行。动员以明确意义，学习以理解内容，检查以加强力度，讲评以指出方向。学校制定了校本教研实施方案：以课例研究为载体，将理论与实践紧密结合，解决教学实践中的小问题；以"教学—问题—归因—设计—教学—反思"的行动研究模式提升教师专业能力，使学校成为教师成就事业、不断提高的学习型组织。

从人性决策看，C 校长进行了大量柔性的管理和决策，坚持不懈地开展师德教育，注重以人为本，融入柔性管理理念，采用非强制方式和非权力性影响力，在教职工心目中产生潜在的说服力，从而把组织意志转变为自觉行为。C 校长采取了许多正向的激励政策，如《J 中学校内津贴奖金实施方案》《J 中学教科研工作奖励方案》《J 中学学期末综合考核奖励实施意见》等一系列政策，为教师的成长搭建平台，鼓励和支持教师学习培训进修，资助教师出版专著。学校实施"朝阳工程"，为青年教师提供提高素质、展示才华的机会，让每位教师获得成就感和认同感，从而激发出更大的创造性、进取心和竞争力。他深入一线与教师交心谈心、

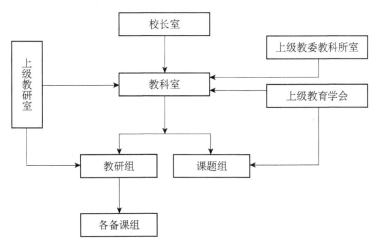

图 4-2 教科研组织体系

为每位教师献上亲自书写的生日贺卡、举办离退休教师欢送会、对每位教师的合理化建议进行全部梳理和整体归类回复，极大地满足了教师对获得尊重的需求，赢得了人心。

第五章
中学校长决策的困境

前面几章通过问卷调查、个案研究与深度访谈等方面深入阐述了中学校长决策的现状，我们从中可以感受到一些校长优秀的决策对学校发展的积极影响，感受到校长优秀的决策是在国家教育发展的整体宏观环境、中观学校管理和微观个体素养的锤炼中形塑而成的。但是，我们更应该理智地认识到中学校长的高质量决策并不是普遍现象，很多学校的校长决策的内外环境还应改善，这直接关系到学校的整体发展，影响到学校的发展潜力。这构成本书的研究学术责任和实践价值。

第一节　中学校长决策面临的困境

从以上对于问卷、个案和受访中学校长决策的价值取向分析可以看出，校长在现代学校制度建设、教育教学质量提升、教师专业化发展、促进学生全面发展、学校校园文化建设、营造和谐育人氛围等对内决策方面和在执行教育政策、提升社会形象、调节教育资源、处理公共危机等对外决策方面，既有能促进学校发展的良好举措，也有值得商榷和需要改进的地方，他们的道德决策、组织决策、文化决策、课程决策和人性决策等各维度的差异和强弱各不相同。从访谈过程中又发现，影响他们进行决策的要素有很多，其中最大的困境来自他们作为校长的角色压力和社会期望值压力，这种压力使校长的决策愿望和决策效果受到极大的影响，表现在以下六个方面。

一、升学压力的重负

尽管我国高校扩大了大学生招生规模，但是中学教育依然面临很大的升学压力，学生进入中学以后，考取大学或者考取较好的大学就成了他们最重要的追求目标。作为学校的一把手，校长决策的核心要务是提高学生的升学数量、质量，这关系到学校教师身心发展，关系到学校争取上级资源的程度，也关系到学校的外部社会形象和评价。从访谈的18位中学校长看，他们都认为升学压力是校长决策的最大障碍。从他们反映的问题看，各级各类评比主要按照制定的各项要素进行评定，但是最后，学校的人均分、升学率、重点率则是评价的关键因素，尽管现在实行了新课改，但升学率与学校的声誉、上级对学校的资金投入以及学校领导的升迁直接相关，升学压力如同一把达摩克利斯之剑悬于校长头上，校长对它无不随时畏惧。例如，通过访谈发现，J中学已经获得良好的社会效益。学校毕业生思想素质好、学习能力强、后劲足，能很好地适应升学或就业的需要，成为高一级学校争抢的香饽饽，毕业生跟踪调查良好率在80%以上。从Z校长访谈就可以看出，J中学升学情况以及对校长决策的影响。"很多家长为了把孩子进到J中学，煞费苦心，真是可怜天下父母心，我的孩子在读高中，我也跟大家一样，非常理解大家，同时，作为老师和学校管理者及研究者，我有很多愿意与大家一起分享的。解读中考与高考：①中考。2014年全区初一年级约有8000名学生。普通高中招55%，约4400人。四所省级示范高中合计招生2160人。五所市级示范高中和一所市级先进学校共招生2240人。还有民办学校招生300人左右。②高考。一本每年不突破1000人；二本合计不超过1500人；三本合计不超过2800人；专科合计4000人。我的孩子在哪个层次？J中学的中考总人数552人，人均分、升学率、重点率公办第一，升学率为65%左右，360人左右可以上普通高中，重点率为50%左右，还有大约190人上不了高中，怎么办？J中学不是保险箱。所以，在校长决策中，一切是围绕着升学率展开的，校长们为了升学率的决策也非常无助和憔悴。"尽管20世纪90年代以来，我国积极推进素质教育，淡化一考定终身的指挥棒，但是事实上的教育资源分配不均依然存在，升学仍然是家长、学校和社会不容回避的第一要务，因此，升学压力成为校长决策的最主要压力，一些富有人性化的决策在升学压力面前戛然止步。

二、责权利的不对称

"校长权力应该属于一种基于财产权利之上的派生性的经营管理权"，"公立学校校长并不拥有学校的合法产权，所以，从性质上看，校长权力只能是一种对学校财产的运营管理权"①。任何管理都应是责权利相一致的管理，没有哪一个管理者只有责任，不享有权力和利益的，更没有只有权力和利益，不承担责任的。如果责权利不相一致，就会抑制管理者的工作积极性，甚至导致权力寻租。从责任看，中学校长承担起与学校发展相关的政治责任、法律责任和伦理责任；从权力看，中学校长享有法理赋予的与学校发展相关的行政事务决策权；从利益看，中学校长通过行使权力较好地承担了各种责任后享有其发展利益、工资薪酬利益和社会名誉利益。从受访的18位校长看，中学校长的责权利不对称是普遍现象，尤其表现为责任过大，承担事务过多，而拥有的权力和利益相对较少。这严重影响了他们的工作积极性，一些校长不乐于、不敢于和不善于决策，少部分校长还出现了一种不求有功但求无过的平庸领导态度。从责任看，学校党政关系模糊不清，校长承担的责任过大，学校是校长负责制，一旦学校有任何安全事故和负面影响，校长是第一责任人，重则追究相应法律责任，这使得校长在一些活动决策中比较慎重，很多可以促进学生学习和教师业务水平提高等的活动无法开展。从校长的权力看，根据职位和职权一致原则，校长应该拥有与学校发展相关的具体指挥和决定权，包括核心事项的重大决策权、财权和人事权。当然，学校的重大决策是在有关法规和政策指导下进行的，校长较容易实现此种决策权。但他们的人事权和财政权较小，中学的学校教师招聘是上级教育部门完全规划和操作的，学校没有招聘和选择教师自由权，有的是上级教育部门完成招聘工作以后，直接将教师分配到学校工作。有时候招聘的教师不一定符合学校教育教学的实际需要，招聘教师成为上级人事部门调配教师的工具。学校经费使用要严格在上级教育部门监控下进行，学校想对教师进行有效的激励都难以执行。从利益看，校长待遇有待提高。在现行分配体制中，大部分校长的待遇和普通教师一样，拿的是职称工资，专门的校长津贴较少或者没有，而他们付出的时间、精力较多，承担的责任过大，这样就无法激发他们的工作积极性。总体来看，中学校长承担的责任过重，而行使权力受到上级部门的非制度化制约，时常处于疲于应付之中，享受利益远远不能与其付出相匹配。很多校长只是凭着责任和道德在行使学校决策权力，在我国积极推进公务员和事业单位薪酬体制改革之中，中学校长的薪酬应得到重视。

① 葛新斌. 我国现行"校长负责制"的法律与制度分析. 北京师范大学学报（社会科学版），2003（6）：48-55.

三、评价标准的单一

《国家中长期教育改革和发展规划纲要（2010—2020 年）》指出，要改进教育教学评价。根据培养目标和人才理念，建立科学、多样的评价标准。开展由政府、学校及社会各方面共同参与的教育质量评价活动。① 《专业标准》要求进一步完善校长任职资格条件和考核评价指标。评价制度是校长民主监督制度的重要内容。从受访的 18 位校长看，校长的评价机制单一，难以真正做到客观、公正评价他们的决策和管理效果，没有真正激发他们决策的积极性。从评价标准看，急功近利的单一评价标准突出。从评价主体看，只是上级教育部门对校长的评价，缺乏外部家长的评价，学生和家长作为教育活动的直接参与者，他们对教育的优劣最有发言权，单一的上级评价难以客观地描述现状、呈现问题，进而难以让人信服。从评价结果应用看，评价结果的趋同性导致了提拔校长的无效性。很多校长的评价结果不能完全量化，只是较为模糊的评价和等级，在实际干部提拔中未能真正应用。在访谈中发现，校长经常受制于和屈从于外部压力，在日常工作中，与学校相关的城管局、消防大队、园林局、公安局、水务局、供电局、物价局、工商局、质量监督局等部门时常要检查学校相关工作，变相要求学校办理很多超过学校权力范围的事情，校长进退两难。评价标准中的评价内容的单一性、评价主体的单一性、评价结果应用形式主义大大削弱了一批现实表现和潜在能力优秀的校长人才的积极性，既不能对决策优异的校长给予奖励，对表现不好的校长给予惩戒，也不能发展和培养有效后备人才。

四、创新能力的不足

党的十八大提出实施创新驱动发展战略，要建立起适应经济新常态和应对复杂的国际竞争的教育强国，迫切要求提升教育和教育的创新能力。中学要适应教育教学创新形势，关键在于构建以制度创新为核心的体系，以制度创新带动教学改革，塑造教师的创新意识和创新能力，进而在全面实施素质教育中推进教学创新，而制度创新的引擎或者说关键在于校长决策。从受访的 18 位校长看，61.1%的校长认为，由于教育体制和自我业务等原因，他们难以应对教育教学改革压力，当前，教育改革的最大压力来自新课程改革、校本课程和道德教育等方面。长期以来形成的应试教育观念根深蒂固，其影响不可低估。一方面，越来越多的人接

---

① 教育部. 国家中长期教育改革和发展规划纲要（2010—2020 年）. http://old.moe. gov.cn/publicfiles/ business/htmlfiles/moe/info_list/201407/xxgk_171904.html［2018-07-20］.

受了素质教育观念；另一方面人们在行动上又是在实践应试教育，存在着混淆应试教育和素质教育，把应试教育说成素质教育的现象。二者存在关联，素质教育也要考试，应试教育也要素质；二者互相渗透，你中有我，我中有你。比如，J 中学早在 2001 年，就提出了"以人为本，自主发展"的办学理念，以学生全面发展为出发点确定办学思想，构建办学模式。"以人为本，自主发展"就是要以师生进步为基础，以师生合作为前提，以师生成长为动力，以师生发展为目的。但是，每逢进行教育改革的时候，学校缺乏共识主体，很多决策难以做出。教育教学改革压力核心体现为 J 中学的师资队伍结构存在困境，难以形成对教育教学改革的整合力。

师资队伍匮乏。在受访校长中，88.89% 的校长认为，师资队伍建设方面存在极大的压力，大大制约了学校的教育教学改革。2014 年，J 中学在校学生约 1900人，专任教师 148 人，教职工总计 160 人，尽管 J 中学是省城中学，有着悠久的办学历史和传统以及良好的办学声誉，但是 J 中学的师资队伍仍旧匮乏（表 5-1），表现在高层次人才缺失，能够进行教育科研的人才缺失，取得重大教学突破的高职称、高层次人才较少，学科教师的配备不平衡导致学科发展不均衡。

表 5-1　J 中学高层次人才分布表

人才类型	人数/人	百分比/%
高级职称	21	13.13
市、区学科带头人	4	2.50
省级优质课奖励	5	3.13
国家级优质课	1	0.63

师资结构不合理。从年龄结构看，34.56% 的教师在 50 岁以上，43.28% 的教师是青年教师，中年教师未能构成绝对优势的主体。从学历来看，只有 9.74% 的教师具有硕士研究生学历，有 28.79% 的教师的第一学历是专科。最后，在访谈中发现，部分教师存在教师水平不高、专业发展缓慢、职业倦怠明显、教师流动无序等问题，严重制约了学校的教学改革和教学水平的提高。

五、来自学生和家长的压力

任何学校办学都不能进行简单的独立办学，学校办学将更多地置于社会外部系统影响之下进行。当今，学校和教师已经不能独立解决许多教育问题，而家庭是学生教育的始端，是影响学生最持久和最广泛的地方，现代教育要求不能忽视家庭的作用，家长的积极参与是现代教育必不可少的重要因素之一。同时，在望子成龙思想的影响下，家长对于学校教育的期待是完美无缺的，他们认为，学校可以培养出他们所期待的子女和学生，一旦学校的培养与他们的期待有差异，便会引发家长对于学校教育的不满。另外，学生正处于身体和人格成长之时，他们的认识多为感性的甚至是幼稚的，无形之中学生也会对学校教育产生一定压力，这可能引发对校长决策的消极影响。从受访的 18 位校长中发现，他们感知到来自学生、家长的压力较大，学生难管、学习积极性不高、心理问题和综合素养不高等，同时，家长对学生在学校的期望值过高，没有付出足够的情感和时间去教育孩子。美国心理学家布鲁姆认为，如果人的智力在 17 岁时达到成熟状态，那么他在 4 岁时就具有了 50% 智力，在 4～8 岁时达到 80%，9～17 岁才能慢慢积累到 100%。学校的教育在自觉或不自觉、有意或无意、计划或无计划中影响了他的最重要的智力。但是由于学生年龄小，自觉意识不强，很多行为难以规范和控制，因此很多问题足以令校长苦恼，中学校长的决策很难离开维持学生的稳定和心理干预，用于学生的教学上的决策不多。教师应该教育好学生，这本身就是教师的职责所在，教师帮助学生提高、进步和发展，包括学生的学习、品行和心理健康等方面。然而，学生家长把学校看成监管者，把教师看成保姆，学生到了学校，学校就有责任监控他的行为，包括承担所有法律责任，特别是一旦学生在校内外出现了任何意外事件，学校就成为众矢之的。因此，学校和家长、学生因很多教育观念、方法、责任心等的差异而产生很多矛盾。J 中学为了帮扶贫困生、学困生、单亲生和心理偏常学生，制定了"一人一策"方案，刚开始取得了较好的效果，学生的认知能力、情感水平、意志能力、行为习惯、学习习惯、学习能力、学习水平、思想状况得到了充分改进，但是由于学生家长反对此类做法，不愿意让自己的孩子被贴标签而作罢。如果学校为学生的学习定制了必要的学习资料，学生和家长就向有关部门投诉。总之，学校很多问题都难以越过学生和家长这一关，校长的决策有时也疲于应对来自学生、家长的压力。

六、资金预决算与使用的外控

决策的正确化程度在一定程度上取决于决策过程中的物质投入程度，物质投入不但是决策的原料，而且是决策的基础。决策的科学性与充足物质投入的总量成正比。决策者不仅要有充分的物质特别是资金投入，还要对资金进行有效分配和利用，从而得出正确可靠的决策依据。受访的 18 位校长无一例外地谈到学校的办学资金短缺，学校资金投入不足，办学条件有待改善，没有经费使用的自主权。J 中学是公立中学，它的资金投入是根据年初预算情况而进行投入的。政府的资金投入仅仅能维持学校日常支出，而进行学校内涵式发展就显得捉襟见肘了。首先，学校的硬件建设资金短缺。J 中学校园面积较大，有很多打算建设的项目，由于需要严格的设计制图、造价评审、立项咨询、招标、验收、审计、交税等环节，且各个环节都要得到相关部门的审批或者许可，学校在预算时，无法确定这些项目是否实施，导致无法决定是否向教职工公示，事实上，大部分项目最后不了了之。其次，学校的软件建设资金短缺。为了提高教学质量，调动教职工的工作积极性，有时学校需要组织教职工外出参观、旅游，但是这些都缺乏必要的政策支持，学校举办的各类教育教学竞赛，也只能给予精神奖励，不能给予物质奖励，更没有预算的经费支撑作保障，年级组、教研组、备课组的活动都跟行政活动一样，由于缺乏经费支持而显得不活跃。最后，学校日常运转的资金管理趋于死板。由于实行严格的收支两条线，学校的所有经费都严格按照预算管理，但是，实际的工作过程中往往有思想闪光的新思想、新举措、新行动，却缺乏经费的预算与支撑、保障，学校在教育经费的使用上基本丧失了自主权，一切都是那么机械地照章执行，制度缺乏灵活性和生机，就连退休教师的欢送会也不能购买鲜花、水果等，退休回家的老师有时不能接受这种冷冰冰的学校管理方式。

当前，首先，校长是以长官意志为本位进行决策；其次，校长在以学校发展为本位的决策过程中，严格把握以质量提升为本位的决策，适当考虑以教师需要为本位的决策和以学生发展为本位的决策，在此基础上，才有可能考虑以民众诉求为本位的决策；最后，以文化传承为本位的决策会成为校长决策的点缀。

第二节　中学校长决策的影响因素分析

一、影响校长决策的内部因素

（一）教育理论研究者视界中的影响因素

1. 正确的价值观

决策就是不断选择的过程，选择就是基于对事实和价值的判断与取舍，但是，无论是进行事实判断还是进行价值判断，都是决策者以自身利益或者组织利益为前提进行的价值判断与取舍。西蒙认为，组织决策通常与组织使命、效率、公正和个人价值这四方面的价值标准有关，并力求协调和平衡好各方面的价值诉求与需要[1]。要提高教育决策的针对性、可执行性和实效性，校长必须树立科学的教育价值观。科学的教育必须既能符合和满足社会发展进步的需要，又能符合和满足个人自身的需要。只有不断满足和促进社会与个人的共同进步与发展的教育，才是真正现代的、有价值和有意义的教育。

2. 全面的网状知识结构

面对瞬息万变的信息社会，校长的知识必须是一种网状结构。丰富的知识内涵和网络节点能帮助校长从烟如浩海的信息库中及时、有效地筛选出必需的和有用的决策信息；凌乱的或者不能有机组合的知识结构会让校长在面临复杂的决策事件时感到无能为力，或是信息不能有效勾连而无法转化为能力，甚至是被庞杂的信息所淹没。面对信息化社会的海量知识，掌握知识的多少已经不是解决问题的关键，关键是要能有效地查找知识，并迅速依据现实对信息进行有效的筛选，从而为形成解决问题的决策方案提供知识保障，因此，校长应具备全面发展的网状知识结构，并且有能力对知识进行重组和建构，达到解决问题的目的。这种知识结构不仅有利于校长决策思维的深度不断进化和细化，而且有利于校长决策思维的不断扩充和扩展。

3. 良好的思维品质

决策过程在本质上是一个复杂的和不断自我否定的思维过程，因此，有效决策的形成是根基并依赖于良好思维品质的。一般说来，校长决策思维品质应具有独立性、敏锐性、预见性、深刻性、系统性、开放、创造性等。另外，校长一般是比较自我的，这种自我源自校长的经过实践证明了的一种直觉，这种直觉对于校长觉察学校的人和事、处理学校面临的各种复杂人际关系，起着有别于其他人意见的独特预见性和创造性作用。[2]

（二）教育行政管理者视界中的影响因素

1. 校长的思想政治品德素质

校长正确决策的前提是具备良好的思想政治品德，这是决定校长决策方向的核心因素，因为再强的能力也不足以弥补道德的缺失，而良好的道德可以弥补能

---

① 于洪生. 层次与视角：走出领导价值研究的困境. 中国浦东干部学院学报, 2011（1）：74-79.
② 华炜. 中小学校长决策的民主化和科学化. 教学与管理, 2001（7）：24-27.

力的不足。从《专业标准》来看，我国校长应该具有"坚持社会主义办学方向，贯彻党和国家的教育方针政策，将社会主义核心价值体系融入学校教育全过程，依法履行法律赋予的权利和义务；热爱教育事业和学校管理工作，具有服务国家、服务人民的社会责任感和使命感；履行职业道德规范，立德树人，为人师表，公正廉洁，关爱师生，尊重师生人格"的政治思想素质。

2. 校长的知识素质

校长决策的复杂过程离不开科学文化知识的支撑。列宁同志曾指出，"要管理就要内行，就要精通生产的一切条件，就要懂得现代高度的生产技术，就要有一定的科学修养"①。没有知识做底蕴的管理是盲目的管理，作为管理核心的决策，更是离不开科学文化知识，校长的知识面越广、知识的程度越深，就越有利于校长的决策，其决策的可靠程度就会越高。鉴于此，校长作为决策者应掌握以下几个方面的知识：马克思主义理论知识、哲学知识、与教育相关的法律知识、社会学知识、管理学知识、教育学知识、心理学知识、校长学知识等。

3. 校长的能力素质

政治思想品德素质是我国校长决策的必备知识，但是，如果仅仅有较高政治思想品德素质和储备充分的知识还是不够的，因为校长决策是基于网络知识结构的各种能力综合运用的结果。校长必须具备多方面的才能，且有较高的能力水平，才能在实际决策中统筹兼顾、灵活运用知识、协调各方力量、形成高效可行的决策方案，发挥校长决策的优势，解决实际问题。校长的这些能力主要体现在对事物发展性质的判断能力、综合透视复杂问题的分析能力、独特视角的敏锐观察能力、对事物发展方向的预判能力、临危不乱的断决能力、善于沟通并掌控全局的协调能力、扬弃历史和改变现状的创新能力。

4. 校长的心理素质

心理素质在人的素质组成中占据着极其重要的位置。人的心理品质极大地影响着其生理活动，调节和控制着人的交感神经和内分泌系统，调节着人的生理机能，同时，人们的科学知识、道德认知、审美情趣、生活常识、身体机能等各个方面的社会、历史、文化成果都要经过人的心理的加工，才能内化为人的那种立得起、树得稳、扎得实、靠得住、持得久的心理素质。校长决策的环境总是处在

---

① 列宁. 列宁全集. 30 卷. 中共中央马克思恩格斯列宁斯大林编译局译. 北京：人民出版社，1979：394.

变化中，因此，只有具备良好心理素质的校长才能在决策时胸有成竹和镇定自如。校长的良好心理素质表现为在处理教育教学事务中具有稳健成熟的心理状态、镇定的表现与表达、较强的自我调节能力以及良好的意志力，并能承受较大的心理压力等。

5. 校长的身体素质

传统上，身体素质一般是指人体在活动中所表现出来的力量、速度、耐力、灵敏、柔韧等机能。身体素质是一个人体质强弱的外在表现。身体素质经常潜在地表现在人们的生活、学习和劳动中，自然也表现在体育锻炼方面。一个人身体素质的好坏与遗传有关，但与后天的营养和体育锻炼的关系更为密切。通过正确的方法和适当的锻炼，一个人可以从各个方面提高身体素质水平。校长决策的成功离不开充沛的精力、健康的身体、敏捷的反应等。列宁同志曾说过，身体是革命的本钱。校长没有健康的身体就无法工作，也就无法管理，无法进行决策。为此，校长应注意劳逸结合，注意身体的锻炼与提高身体的素质。校长具备良好的身体素质是做好校长工作的前提，需要保持良好的身体形态，在高压的工作之下也要注意维持和提升生理机能。

（三）学校管理实践者视界中的影响因素

1. 先进的教育思想

这主要体现在：①要有先进的办学理念。办学理念包括办学宗旨、办学目标、培养目标、校训、校风、教风、学风、办学特色、办学策略、治校方略等一系列治校的理想和办法。校长要能结合教育发展形势和学校实际，在不断扬弃学校发展的历史和传统的基础上，提出并丰富或者完善学校的办学理念，并把这些理念和价值追求变成师生共同的行动和价值追求，形成学校师生的共同愿景。②要有教育信念。一个好校长就是一所好学校。校长的教育信念坚定与否，不仅影响校长自身的发展，还影响全体师生和学校的发展，校长要能与大家一起确立学校的办学宗旨、办学目标和培养目标，理清工作思路，并广泛宣传发动、组织活动、具体实施、检查反馈、引导升华，逐步形成体系，在发展、完善和提高过程中，校长要能把自己的教育信念转化为教师、学生和家长的教育信念和愿景，形成学校的共同信念。③要有教育智慧。优秀校长的教育智慧是一种基于教育理念、教育意识、教育能力、教育艺术，善于根据变化创造性地进行教育的才能，表现为在教育过程中能随机应变、敏捷、果断地处理问题的高度灵活性和巧妙、发人深省地给人以引导、启示以及教育的高度机智，尤其是在应急情境下、在大家感到束手无措的情境下所表现出的超人智慧。校长的教育智慧具有动态生成性、不可言传性、个体独特性、随机偶遇性、一线实践性。

2. 良好的人格魅力

优秀校长的人格魅力是指校长很能吸引人的性格、气质、能力及个人道德品质等特征总和的一种力量。一个品德、气质、修养、知识技能较好的校长，就会像磁铁一样，自然地吸引着全体师生，形成强大的凝聚力，使各项工作能沿着校长的办学思路顺利开展。良好的人格魅力主要表现为，①要有教育情怀。优秀校长要有强烈的热爱教育、献身教育的情怀，教育的灵魂是爱，是怀德，不是那种教书"只为稻粱谋"的匠人，更不是沽名钓誉、唯利是图之小人的怀土。校长的教育情怀应该体现在两个方面。一是要能坚守心中的乌托邦，要关注人的发展、成长和未来，并从内心深深地认识到每个人存在和发展的独特性，真心地尊重、关心和爱护每一个人；二是要能面对现实的理想国，起到引领的作用，能把理想与现实结合起来，创造性地开展帮助学生实现人生价值增值的实践。②要践行尊重与爱。优秀校长在办学的过程中，最核心和最重要的是要能尊重师生和热爱师生，把对教育的爱体现在对师生的热爱之中，体现在对学生的差异发展——"有教无类"之中，上善若水，善待师生。校长的"一个最主要又是最重要的品质（不具备这个品质，就不能当校长，就像不是任何人都能当老师一样）就是：深深热爱孩子，有跟孩子在一起的内在需要"①，这是苏霍姆林斯基对校长品质的一种基本要求。③要有激情。教育是生命影响生命、人格影响人格、心灵影响心灵的事业。作为校长，要充分了解教师的激情与活力来自对职业的认同，对成功的体验，对成长的渴望，对幸福的追求；要让教师体验到工作着是美丽的、奉献着是快乐的、追求着是幸福的；要调动全体师生积极参与学校的各项活动，并在活动中能用自己的激情点燃教师和学生的激情，成为师生希望和生命的播火者，让师生生命的星星如燎原之火生生不息。④要有高尚的道德品质。道德品质也称为"德性"或者"品德"，概括起来包括道德意识和道德行为两个方面。教育有两个伟大的目标：一是让人聪慧，二是使人高尚。优秀校长必须是一个经历过磨砺的道德意识与道德行为相一致的人，即站在道德的高地上，言行一致，身体力行，才能引领人走向高尚的境地。

---

① 苏霍姆林斯基. 苏霍姆林斯基学校德育和管理思想与论著选读. 北京师联教育科学研究所编译. 北京：中国环境科学出版社，2006：139.

3. 较强的教育实践能力

校长不仅要有思想，还应是一位躬于实践、敏于行动的教育领导者。校长必须了解，实践是校长知识的来源。"行动产生理论，发展理论。行动所产生发展的理论，还是为了要指导行动。"① 一个没有教育实践能力的校长，不可能成为优秀校长。校长的教育实践能力主要表现为，①校长要有建设优良校园文化的能力。用文明培养出来的人是文明的，用野蛮培养出来的人是野蛮的。校长领导学校的重要策略之一是用良好的校园文化，孕育良好的育人氛围，要有文化立校的能力。②校长要有提高办学质量的能力。教育质量低下的学校不是好学校，校长要提高学校的教育质量。这种较高的教育质量至少体现在：一是有高质量的育人能力，即在培养学生全面发展、注重学生差异发展、强调学生个性化发展等方面，具有建构先进的理念和实践模式的能力；二是能为学生提供丰富的、可自由选择的课程，有为学生提供文化大餐的能力；三是有提高的教学质量的能力，能为高一级学校培养各类拔尖人才，即要有质量兴校的能力。③校长要有打造高水平师资团队的能力。校长要在打造学校师资团队方面有突出的能力，要能创设优良的工作条件和高水平的工作平台，所谓"栽得梧桐树，引得凤凰来"，能吸引一批优秀的人才，参与到学校教育教学和管理工作中来，同时，还要能通过引进来、走出去等手段，依靠学校内部的良好机制，培养一批层次结构合理、勤学善教、德艺双馨、教艺精湛的优秀青年教师队伍和各级学科带头人队伍，即要有管理强校的能力。④校长要有鲜明办学特色的能力。每个校长在成长的过程中，都要经历艰苦和磨难。特别是在创办学校特色工作上，必然要经历一番拼搏，校长要努力进行学校办学历史的传承和扬弃，在发展中改革，在改革中发展，要有调动各方面资源的能力，使学校的各项工作围绕学校的办学思想和办学理念展开，保持学校各项机制的运行中都蕴含着学校的办学思想，在研究和建设学校文化、开设特色课程中，收集鲜活的和可操作的案例，产生能对教育理论和教育实践具有推动作用的创新性成果，从而独树一帜，扩大社会影响，使特色更鲜明，个性更丰富，成果更突出。②

由此可以看出，教育理论研究者、教育行政管理者和学校管理实践者都对影响校长决策的内在要素进行了研究，但是大多数研究还停留在描述性研究和价值判断层面，往往还是思辨和主观的经验思考，没有立足现代学校管理特点的实证研究。虽然有少数教育管理者从实证的角度进行了一些研究，但只是研究了一个

---

① 陶行知. 中国教育改造. 北京：生活·读书·新知三联书店, 2014：217.
② 曾建发. 名校长成长的内在要素探析. 教育学术月刊, 2011（12）：11-13.

很小的片段且不深入，也不全面，考察的范围很窄，没有放在一定的现代学校管理体系领域进行系统而广泛的研究。

二、影响校长决策的外部因素

（一）教育的外在方面

1. 政治上

"天下之事，虑之贵详，行之贵力，谋之贵众，断之贵独。"这是明代宰相张居正的一句名言。他一语道出了我国历代管理和决策的自上而下的基本思路，其中蕴含了最基本的决策理论。与世界上的大多数国家一样，我国教育始终与政权紧密相关。中华人民共和国成立以后，我国教育行政决策的运作过程与执政党——中国共产党的领导密不可分，教育旨在培养德、智、体、美、劳全面发展的社会主义建设者和接班人。基层学校紧紧围绕这个总目标和要求，根据各级教育行政部门的指示开展教育教学活动，基层学校的决策在长期的行政命令和指示下与国家教育行政决策一脉相承，学校决策基本上停留在执行的层面，其行使决策职能的体现在于，对教育行政部门的指令和要求进行执行性决策，也就是说，有待学校决策的范围很小，或者说，学校校长的决策权很有限。但是，这也反映出对校长决策有利的一方面，那就是校长可以集中精力在政策允许的范围内，就学校对内对外的管理工作进行决策，校长在这方面也是大有可为的。

2. 经济上

教育不能直接创造经济效益，因此，教育一直被"放在优先发展的战略地位"。"教育事业管理权下放后，很多地方却出现了大量挤占、挪用教育经费的现象"[①]，"我们还要防止挪用、拖欠教育经费等事件发生，据审计部门调查，在 1985 年所调查的 15 个省市，这类事情还在发生，挤占挪用比例竟约占经费的 5%～10%"[②]。"改革开放以来，我国教育经费总量上有了大幅度增加，2002 年达到 5480 亿元。但是相对于教育事业的发展，特别是普及九年义务教育和高等教育的超常规发展，教育经费短缺的状况没有缓解，甚至有所加剧，教育经费总量缺口巨大。"[③] 教育投入反映了在战术中教育并没有得到真正的重视，教育经费的不足和负担结构的

---

① 范先佐. 筹资兴教. 武汉：华中师范大学出版社，1999：129.
② 转引自：邱渊. 教育经济学导论. 北京：人民教育出版社，1989：58.
③ 瞿葆奎，郑金洲. 中国教育研究新进展·2003. 上海：华东师范大学出版社，2005：180.

不合理现在尽管得到了一定的改善，教育经费实现了计划单列和"三个增长"，但是资源分布不均、事权与财权不统一、有钱很难用的问题，又给校长的管理和决策带来了新的制约。当然，现在我们的校长不是在做"无米之炊"的艰难抉择，在充分执行预决算的教育经费管理制度下，校长在学校日常管理经费的分配上是可以有充分的决策空间的。

3. 文化上

马克思说："人们自己创造自己的历史，但是他们并不是随心所欲地创造，并不是在他们自己选定的条件下创造，而是在直接碰到的、既定的、从过去承继下来的条件下创造。"[①]教育作为传承和创造人类文化的活动，在促进文化的变迁与发展的同时，也受到文化的强烈制约与影响。文化对教育的制约性不仅体现在文化的无处不在、无孔不入并深藏于教育者和受教育者的心理结构之中，而且直接影响着教育活动者的教育价值观和教育行为，以国家社会为中心的文化背景决定了我们在教育的过程中必须遵循"个人服从组织、少数服从多数、下级服从上级"的原则。因此，校长决策的做出更多的是服从于行政命令和上级领导的指示精神。校长可以在蕴含当下意识形态领域所赋予的文化内涵的基础上，制定符合学校发展实际的办学思想、办学理念、校园文化、教学模式、课程设置等内容，以这种赋予新的价值取向的课程为载体，开展丰富多彩的教育教学活动，形成学校的文化氛围和价值，以此培养和促进青少年学生新的文化发展，从这个意义上讲，校长决策又可以为新文化的形成和发展奠定基础。

（二）学校自身的外在方面

教育制度、教育体制和教育机制处于教育有机体结构的不同层面，各有自身的特殊规定、特点和功能定位，发挥着不同的作用。教育制度位于教育体系的宏观层面和基础层面，侧重于教育的结构；教育体制位于教育体系的中观层面，侧重于教育的形式；教育机制位于教育的微观层面，侧重于教育的运行。教育制度具有相对稳定性，教育体制和教育机制具有易变性。[②]

1. 教育制度

影响校长决策的教育制度主要体现在：①教育制度设计的单一性和校长决策

---

①　马克思，恩格斯. 马克思恩格斯选集. 1 卷. 中共中央马克思恩格斯列宁斯大林编译局译. 北京：人民出版社，1979：603.

②　张嫣竹. 论制度、体制、机制的区别与联系. 致富时代（下半月），2010（7）：71.

的多样性之间的矛盾，影响校长决策行为的因素是多种多样的，教育制度只是其中之一，作用有限；②教育制度的稳定性和校长决策的超前性之间的矛盾，政策在一定时期内是相对稳定的，而学校管理行为必须适应不断变化的社会发展需求，教育制度的稳定性在一定程度上可能影响了校长决策超前性的现实需要；③教育制度的普适性和校长决策的特殊性之间的矛盾，制度是具有普适性的，而校长决策必须就学校发展的特殊性做出回应；④教育制度的规定性和学校决策的选择性之间的矛盾，教育制度的规定性或者说强制性是执行的前提，而校长决策必须在规定的范围内做出，超出规定范围的决策即使符合学校发展需要也必须回归到教育制度的规定性内；⑤教育制度引起的学校同质化发展和校长决策引导学校特色化发展之间的矛盾。

2. 教育体制

孙绵涛教授对教育体制体系框架做出如下论述[①]：①学校教育机构的体制影响校长的决策。学校被行政化的成分较高，以中小学为例，有一部分高中校长是正处级，直接由组织部任命，其他中学的校长比照副处级享受工资待遇，而这些正处级校长所在学校的办学水平可能比其他学校低很多，小学校长的工资可以比照享受正科级待遇，但是有少数学校的校长又可以比照享受副处级待遇。校长在一起不看办学水平就分了个行政化的三六九等，校长的地位不代表办学水平，学校的行政级别也不能完全代表办学水平。②教育机构的设置影响校长决策。宏观层面，校长的"婆婆"多，教育行政机构的各部门（计划、人事、财务、组织、行政、专业、思政、督导）分别下发的各类文件和组织的各种评比检查，让校长应接不暇，应当精简机构，校长的办学自主权自然而然就能实现；微观层面，霍尔（Hall）发现的官僚组织结构和专业组织结构存在冲突，而霍依（Hoy）和密斯克尔（Miskel）发现的无政府状态或松散连接的组织不仅不合情理，而且不合实际。现实中小学管理应该依据学校的管理模式、历史和学校规模大小来决定学校的机构设置，并且无论哪种设置都不是走向极端的那种机构设置，中小学的机构设置应该考虑扁平式机构和科层式机构，兼顾专业组织结构的参与。不同的机构设置以及不同的决策风格都会影响校长决策。③宏观教育规范设置和变化影响校长决策。教育方针的设置和变化影响校长决策，从1949年以来教育方针的七次具有代表性变化的提法可以看出[②]，教育方针在不同时期的不同提法，表明了教育的基本内容

---

① 孙绵涛. 教育行政学. 3 版. 武汉：华中师范大学出版社，2007：111.
② 骆祖强. 从教育方针的变化看教育本质的回归. 师道·教研，2009（8/9）：206-207；吴树明，王俊江. 关于教育方针的几点思考. 河北财经学院学报，1991（5）：1-4；《党的十八大报告》"第七部分（一）"中的表述.

和发展方向发生了重大转变，对教育决策和基层的校长决策的方向性必然会产生重大影响；国家对教育的管理，主要是通过对教育政策的制定和实施来实现的，一个国家基本的教育政策体系是由教育质量政策、教育体制政策、教育人员政策和教育经费政策组成和建立的，因此，教育政策四个方面的任何变化必将深刻影响学校校长决策的范围和深度，特别是 1949 年以来，我国中小学内部的领导体制的七次变革，对校长决策几乎起着决定性的影响①；教育法规的制定、修改和执行对校长决策也有重要的影响，有些是教育法规的缺失造成的，有些是教育法规不完善引起的，有些是教育法规的执行带来的。④微观教育规范设置和变化影响校长决策。学校章程规定着学校的校名、性质、任务、办学原则、校训、校歌、运行体制等，这些学校的组织结构和基本制度对学校的各项工作的要求做出了规定，对学校的各类人员和岗位做出了职责权限，这些都是校长决策的依据和规范。②

3. 教育机制

教育机制是教育现象各部分之间的相互关系及运行方式，包括教育的层次机制、教育的形式机制和教育的功能机制三类。三类机制以及每类机制中的三种机制各自有着不同的内涵，又有着必然的联系。教育的层次机制主要包括宏观教育机制、中观教育机制和微观教育机制；教育的形式机制主要包括行政-计划式机制、指导-服务式机制和监督-服务式机制；教育的功能机制主要包括激励机制、制约机制和保障机制。③无论是被我们所认识还是没有被认识的教育机制，都是存在于我们的教育生活之中的，有的被归纳和揭示出来了，有的还没有被认识，或者是被认识了但没有被承认。①从教育的层次机制看，宏观教育机制从范围和层次上来看，对校长决策的影响较小，但是宏观教育机制的范围和层次的各部分之间的统一与否，也是影响校长决策的因素，中观教育机制是从组织的中间层面统整教育的各要素，使其发挥管理的作用和职能，对校长决策起着指导和监控作用，微观的教育机制如果从学校管理层面看，是本书研究的重点之一，校长的决策内容和决策方式会反映出学校的管理机制。②从教育的形式机制看，行政-计划式机制往往使得校长疲于应付各类检查、评比、考核等，可供校长决策的资源很少、空间很小，校长决策往往停留在执行层面，"无策可决"。指导-服务式机制往往又容易让校长脱离制度的藩篱，自由自在、无拘无束，导致权力失去监督而我行我素、滥用职权而随意拍板，决策权限过大。监督-服务式机制是在实际的教育活动或教

---

① 萧宗六. 学校管理学. 3 版. 北京：人民教育出版社，2001：62.
② 孙绵涛. 教育行政学. 3 版. 武汉：华中师范大学出版社，2007：138.
③ 孙绵涛，康翠萍. 教育机制理论的新诠释. 教育研究，2006（12）：22-28.

育管理活动中更为普遍的机制，因为学校的改革与发展的形式和方式多种多样，只是侧重点有所不同。这种方式比较符合中国国情，既保障了校长决策权限的自由度，又能对权力进行相应的制约。从教育的功能机制看，"据西方管理学家统计，企业管理者每天多遇到的需要解决的问题，由 98%是由人引起的，而不是由机器或者计算机引起的"[①]。激励机制的运行要求校长在学校管理过程中更多地关注人的因素，以物质鼓励为辅、以精神鼓励为主，考虑到人的需要。[②]除了充分考虑工作环境、条件、人事关系、工资福利和安全保障等避免人不满意"保健因素"以外，校长应更多地应关注工作责任大小、工作进展快慢、工作成就高低和对工作成就的肯定等导致人们对工作满意"激励因素"。[③]当然，人的思维是比较复杂的，校长不能简单地依靠哪一个或者几个因素来调动所有的人，要借助努力—成绩—报酬—满足这个有机的过程来作为决策的依据。[④]制约机制是上级对下级、下级对上级以及同级之间的相互联系和运行机制，相互间都要受到法律制约、行政制约或者舆论制约，这些制约因素无疑对校长决策有着或大或小的影响，如果校长决策跳出了这三个方面的制约而自行其是，校长自己的地位就可能岌岌可危了。保障机制主要是指，保障学校的办学经费和教育教学设备等办学的物质条件；提供适合国家、社会和个人发展的办学思想和理念导向、保障学校正常教育教学秩序的政策支持和制度保障等精神条件；保障学校办学和发展的管理方式和服务方式。一所学校物质条件的好坏、精神条件的优劣、管理水平的高低都极大地影响着校长决策的导向。

---

① 萧宗六. 学校管理学. 3 版. 北京：人民教育出版社，2001：62.
② 斯蒂芬·P. 罗宾斯，大卫·A. 德森佐. 管理学原理. 5 版. 毛蕴诗主译. 大连：东北财经大学出版社，2005：325.
③ 谭力文. 管理学. 2 版. 武汉：武汉大学出版社，2004：338.
④ 郭咸纲. 西方管理思想史. 3 版. 北京：经济管理出版社，2004：176.

第六章
中学校长决策的突破

从上述实证分析中可以看出，中学校长决策在对内决策的六个方面、对外决策的四个方面以及价值决策的五个方面，决策水平总体上来说还是比较高的，只是在现代学校制度建设方面没有得到认同，在处理公共危机方面还存在一些不同的看法，在教师不同特征因子的视域下，还有在实践工作中需要注意的一些问题，这些问题在不同的学校影响的程度各不相同。

针对以上问题，为真正对学校整体事业的发展提供科学的依据，不断优化校长决策的基础、过程、手段、方法、途径和结果，帮助校长进行科学决策，推动学校良性发展，本章将做一些探索。结合自己从事校长岗位工作的实践经验和感受，笔者不愿意简单地从某一方面着手进行极端的评述和提出改造的建议。校长决策水平的高低跟校长自身素养有着一定关系，校长的学历、知识结构、经历和性格等都会直接影响校长的决策意识、能力和水平，但如果简单地把中学校长决策水平低下归结为自身要素，未免有失公允；如果校长一味地怨天尤人，认为学校所处各种内外环境恶劣、师资水平低下、生源质量不高而无所作为，或者认为自己所处的学校和环境让自己无能为力，导致学校发展缓慢或者错失良机，那也未免有失职的嫌疑。如前所述，教育制度、体制和机制方面的问题也影响了我国校长的决策水平，这些不能适应新形势和发展需要的教育制度、体制和机制急需优化和改革。因此，要从根本上提升中学校长的决策水平，必须提高校长自身素养，建立和健全学校内部的管理体制和机制，改善校长决策的外部宏观环境，提升校长决策的专业化水平。本章将从中学校长的个体自身改造、学校的内部管理改进以及学校的外部环境改善三个方面来提出改进意见和建议。

第一节　中学校长的个体自身改造

英国伦敦泰晤士河畔的威斯敏斯特教堂旁边的墓碑上刻着一段非常著名的墓志铭："如果一开始我仅仅去改变我自己……，最后，我甚至可能改变这个世界。"无论是在集权制教育管理的法国、俄罗斯，还是在分权制教育管理的美国、德国，抑或在合作制教育管理的英国、日本，都有优秀的校长和优秀的校长决策，一味地抱怨国家的宏观制度和政策是毫无积极意义的，并且改进我们的学校是校长的职责之一。因此，要改进我们的学校，改善我们的教育环境，必须先从改造我们的校长开始。

一、强化决策理论研修

校长决策理论研修要从校长理论研修说起，校长理论研修课程在以大学作为培训机构的课程设置和在以中央或者地方教育主管部门作为培训机构的课程设置是有差别的。一般来说，大学对校长的培训课程比较重视理论知识的学习和培训，而忽视实际问题的解决；教育主管部门对校长的培训课程往往倾向于跨学科思维，以模块学习为主，关注实际问题的解决。结合美国、英国、法国、德国、日本、加拿大、澳大利亚、芬兰、新西兰、韩国、荷兰等国家的经验、优势与不足来看[①]，校长决策的培训课程的设置可以从三个方面考虑：一是设置核心课程；二是设置模块课程；三是定制商业课程。影响校长决策理论研修效果的因素很多，除了校长自身的需要、努力程度、教学方式等因素，课程设置是不可或缺的重要因素。

（一）设置核心课程

校长决策是一个复杂的过程，要考虑方方面面的因素，其中有一个重要的内容——要有理论底气。而中学校长往往是从基层一线的教师中脱颖而出的，他们关注得更多的是培训的实用性和功利性，对"术"的需求明显地高于对"理"和"道"的需求，因此加强校长决策的理论修养，就显得更为重要。

---

① 陈永明，李昱辉. 现代教育领导研修. 北京：北京大学出版社，2012：176.

从近年来我国中小学校长培训的课程设置看，"八五"期间，我国要求中小学校长按照岗位职务规范标准，学习政治理论、党和国家的教育方针、政策、法规及教育基本理论、学校管理知识与方法等内容，特别强调指出"政治理论包括马列主义、毛泽东思想基本原理、中国社会主义建设基本问题等，是中小学校长的必修课"①。1999 年，教育部出台了《中小学校长培训规定》，要求"中小学校长培训要以提高校长组织实施素质教育的能力和水平为重点。其内容主要包括政治理论、思想品德修养、教育政策法规、现代教育理论和实践、学校管理理论和实践、现代教育技术、现代科技和人文社会科学知识等方面。培训具体内容要视不同对象的实际需求有所侧重"。"十五"期间的培训课程设置主要通过两个教学计划反映出来：《全国中小学校长任职资格培训指导性教学计划》和《全国中小学校长提高培训指导性教学计划》。前者提出了任职资格培训课程设置应当把"应知应会"作为重点内容，内容主要包括基本课程（邓小平理论与当代中国教育实践、现代教育理论与实践、教育法制基础、学校管理理论与实践、中小学教育科研、现代教育技术基础）、选修课程（当代人文社会科学、自然科学概要、区域发展与教育、中国传统文化与教育、中外教育简史、比较中小学教育等）、综合实践课程（在当地有关学校进行实地考察、研讨交流，分析案例等）。后者则强调提高培训以学习新知识、交流新经验、研究新问题为主要内容：基本专题（当代社会与教育专题、比较教育专题、教育法规与政策专题、素质教育专题、当代教育理论专题、中小学德育专题、课程与教学改革专题、学校课程开发、学校管理专题、学校成本效益分析、学校诊断咨询、学校心理专题、教育评价专题、现代教育技术专题以及教育科研专题）、选修专题（因地制宜，满足校长的多样化需求，由省级教育行政部门和培训院校自定专题）、综合管理实践（进行教育考察、设计学校改革方案、研讨交流、分析案例）。"十一五"期间，在原有课程体系的基础上，培训课程增加诸如教育科研、社会学、经济学、公共关系、人力资源开发、现代科技等课程，构建以教育及管理知识为主体，包括人文、社会科学及科技知识在内的，多种学科、多样技能、多元信息相综合的多维课程体系，强调各学科间的交叉渗透，注重理论联系实际。②重点内容为教育法律法规、学校管理、加强和改进未成年人思想道德建设、基础教育课程改革、评价与考试制度改革、校园文化建设、学校安全与卫生管理、学校经费管理与使用、中小学人事制度改革、信息技

①　张红. 中小学校长培训课程：历史回顾与相关思考. 北京教育学院学报，2010（5）：15-19.
②　袁先潋. 关于"十一五"中小学校长培训的思考. 新课程研究（教师教育），2006（1）：4-6.

术应用等。[①]"十二五"期间，从中国教育干部网络学院在"干训政策栏目"于 2015 2015 年 3 月 13 日发布的通知来看，"十一五"和"十二五"期间，校长培训课程设置没有新的变化，仍然沿用了教育部在 2001 年 5 月 14 日发布的《全国中小学校长任职资格培训指导性教学计划》和《全国中小学校长提高培训指导性教学计划》的课程设置。

经过了从"八五"到"十二五"五个阶段，中小学校长培训实现了从不规范向规范、从无章可循到有章可依的发展。课程设置及内容呈现不断变化的新态势：课程体系系统设置的意识观、课程内容本土性的前瞻观、课程范围国际化的多元观、课程编制理论与实践相结合的发展观、课程结构领域配置的专业观。

从国外校长培训的课程内容看，课程内容的设置各不相同（表 6-1）。

表 6-1　国外校长培训的课程内容

国家	中小学校长培训课程设置
美国	1.教学领导；2.学校法律；3.教育心理；4.课程发展；5.研究方法；6.教育的历史和哲学理论；7.教学论；8.发展心理学；9.校长领导力；10.特殊儿童需要；11.学校组织论；12.组织行为；13.社区（监护人）关系；14.管理改变；15.财政报告和控制；16.人力资源管理；17.支持教师教学发展；18.伦理；19.教育政治学；20.教育经济学；21.冲突解决；22.人际协调；23.创新和技术的战略管理
英国	1.发展领导者个人的价值、视野及领导能力；2.对学校的分析；3.教学管理；4.学校管理策略；5.学校政策；6.财务管理；7.和上级机关、社区、家长的关系；8.如何迎接挑战；9.当今学校和社会的研究；10.学校课程及其评价的检测；11.对于面临生源减少的学校收缩计划的实质性练习；12.时间管理技巧；13.教职工挑选、训练和评价；14.学校组织和决策；15.法律；16.人际关系；17.学校工作重点次序以及长期未来计划等
法国	凡尔赛大学区学校管理者在职研修部分项目：1.安全对策与防止学校暴力；2.校内学生意见表达；3.充当学生伙伴解决问题；4.管理者工作实践分析；5.Windows 入门；6.校外活动与研修旅行；7.研讨会；8.升学就业指导过程中的问题[②]
德国	巴伐利亚州：1.教育学；2.学校教育教学法律法规；3.学校的组织与管理；4.人事领导；5.宣传工作与家长工作；6.个别化促进；7.校内组织发展以及企业管理经验[③]
日本	兵库大学学校经营课程内容（在一年中的不同时间学习和给予学分）：1.改善学校的教育调查；2.教职员专业发展和研修项目开发；3.学校危机管理的理论和事例演习；4.教育行政和财政制度及其应用；5.课程开发与学校特色创建；6.学校组织管理与学校评价；7.教育政策制定与评价；8.设立开放学校的事例与实践演习；9.开发学校改善计划和教育行政改善计划
加拿大	加拿大多伦多大学校长培养项目：1.作为教师指导者的校长；2.作为问题解决者的校长；3.作为特殊教育者的校长；4.作为受雇方的校长；5.与法律问题相伴的校长责任；6.作为管理者的校长；7.作为系统领导的校长；8.作为变革主体的校长；9.作为项目领导的校长；10.作为责任说明主体的校长；11.作为沟通领导的校长

①　张红. 中小学校长培训课程：历史回顾与相关思考. 北京教育学院学报，2010（5）：15-19.
②　陈永明，李昱辉. 现代教育领导研修. 北京：北京大学出版社，2012：176-203.
③　赵海涛，崔月明. 中小学校长培训课程的回顾与分析. 沈阳教育学院学报，2001（6）：34-37.

国家	中小学校长培训课程设置
澳大利亚	西澳领导中心的学校领导指引项目：1.财政领导；2.人力资源管理；3.课程领导；4.学校计划；5.责任心
芬兰	1.学校发展；2.校际合作；3.市内各部门合作；4.各市间合作；5.区域合作；6.战略合作；7.教学领导；8.财务领导；9.员工领导
新西兰	学校领导指导与咨询公司：1.领导评价；2.个级别的领导指导；3.领导培训；4.其他调查与评价服务
韩国	首尔大学等培训项目：1.人文及社会学；2.现代综合知识；3.哲学理念；4.行政管理；5.学生升学指导；6.特殊教育；7.教学法；8.教育经营；9.教育课程；10.组织管理；11.财政；12.设施；13.社区关系；14.信息收集与分析；15.心理辅导；16.教师指导；17.学校愿景；18.现场探求；19.法律法规
荷兰	高等职业教育机构的一个小学领导研修项目：1.个体领导力；2.学校领导力；3.学校领导质量；4.团队领导；5.行动前领导；6.专业胜任

从本书的实证研究来看，在建立现代学校制度、教师专业发展、调节教育资源、处理公共危机等对内对外决策方面，在考虑教师的年龄因素、职称因素、学历因素等特征因子方面，在道德决策、组织决策、文化决策、课程决策和人性决策等决策价值方面，校长理论研修核心课程中应该强化校长决策理论研修，包括以下内容：组织学理论、教育行政学理论、管理学理论、教育管理学理论、学校管理学理论、领导学理论、校长学理论、决策学理论、教育决策学理论、现代企业管理理论、人力资源管理理论。当然，这些理论的学习也因人而异，应各有选择、各有侧重。

（二）设置模块课程

由于学校发展的地域环境、经济环境、文化环境的不同，学校教育的区域性特点不尽相同；在同一地区，不同学校的历史不尽相同，师资力量、教育质量、办学特色、办学水平有高有低；在同一学校，不同性格、不同经历、不同学术背景、不同办学思路的校长风格迥异。因此，要在落实校长决策理论研修的核心课程的基础上，落实校长决策课程模块的内容。

1. 案例式决策模块

因为案例可以产生强烈的冲击力，使学习收到良好的效果，所以收集学校校长决策的各种实践案例是必要的，既可以收集成功的优秀决策案例，也可以收集出现重大偏差、失误或者造成不良影响的负面决策案例，还可以收集进退维谷、模棱两可、议而难断的案例。以案说法，进行试误学习。

2. 会诊式决策模块

第一，通过对接受培训的校长进行调查，其中不乏希望自己的学校作为培训会诊校长决策案例的校长，可以通过这些有需求的学校提供校长决策案例，由学员集体参与对校长决策进行"自愿式会诊"，让各种校长决策思想产生碰撞，发出校长决策智慧的火花，帮助校长反思决策中存在的问题，进行自我诊断。第二，教育行政主管部门提供学校办学质量下滑的学校作为会诊校长决策的案例，由学员分组进行集中调研和访谈，对校长决策反映集中的问题进行梳理和"帮扶式会诊"，帮助校长诊断存在的问题，提供对策和建议，他山之石可以攻玉。第三，通过摸排，对群众反映学校存在问题比较强烈的学校校长决策进行"强制性会诊"。这些学校的校长一般自我意识强烈，因此，可以事先拟定调研提纲，让学校对提纲提出的问题进行梳理和汇报，然后，由参与调研的校长进行访谈和问卷调查，形成书面性反馈材料，便于校长反思和吸纳。

3. 实践式决策模块

俗话说"小塆子里读书，不如大塆子里听话"，就是说实践具有重要意义。让校长融入区域内的其他学校、不同区域的学校、不同行业或者部门，去观察、参与别人的决策，在别人的决策实践中提升校长决策实践的能力和水平、拓展校长的决策视野、开阔校长的决策思路。比如，在区域内进行异校培养，让校长在区域内不同学校文化、办学条件、办学水平的学校去体验和分享别的校长决策——培养差异性思维和变异性思维；跨区域（跨省或跨地区）进行异地培养，让校长在不同区域的学校去体验和分享别的校长决策——培养预测性思维和逆向性思维；在不同行业或者部门间进行异职培养，让校长在同一行业的不同部门、不同行业或部门去体验和分享其他领导的决策——培养多元性思维和创新性思维。

4. 考察式决策模块

耳闻为虚，眼见为实，"读万卷书，行万里路，取万家经"，实地考察可以快速地接触和了解教育前沿决策的方向和动态，也可以在短暂地了解和获取相关资料以后，进行深入研究和学习教育前沿决策的依据和要求。实地考察以学习先进经验为主，可以分层次进行考察：对国内有先进教育经验的地方和学校进行考察——目前国内一般主要考察北京地区（政策性的前哨）和上海地区（国际化的前哨）；有条件的地方应该考虑走出国门，学习国际先进教育经验。

（三）定制商业课程

　　校长决策培训课程要有因人而异的机制。因为不同的校长需求不同，所以校长决策培训应采取定制课程或者市场化的方式，让参加决策培训的校长有可选择的机会，实施个性化课程的培训，既可以采用定制课程的方式，也可以采用第三方商业化课程的方式。如果说由国家指定机构提供的校长决策研修课程有利于国家或地方加强控制，从而能够更多地反映国家或者行政意志，那么由开放的市场环境选择的商业研修课程则更能体现研修者的意愿。同时，因为很多校长在从事校长岗位之前，只有学科的专业背景，而没有校长学的专业知识背景，所以可以开设校长学课程。这样，既可以为在职校长提供校长决策的专业化全面知识，也可以为有志于从事校长职业的教育工作者提供专业性较强的商业服务。从芬兰的在职选修课程需求比例统计来看，学校领导最常学习的课程依次是"学校发展""员工领导""教学领导"，而对"财务领导"和"合作能力"方面的课程学习则相对较少。这与本书的实证研究结果高度吻合。

二、坚定先进教育信念

（一）理清校长教育信念的内涵

1. 校长的教育理念

　　睦依凡教授认为，教育理念是教育主体在教学实践及教育思维活动中形成的对"教育应然"的理性认识和主观要求[①]。我们现在所说的教育理念往往是指那些在教育实践工作中被检验了的、被大家所熟知的、经过提炼的正确的教育观念。教育理念是合乎实际又能引领现实的关于教育发展的智慧提升，它往往来源于教育理论研究者的实践活动或理性思维活动，其目的和作用在于引领、改革或完善教育实践活动，它在教育主体满怀教育信念的参与下，间接地对教育实践活动发生作用。教育理念具有如下特征：①教育理念来源于并指导着教育实践，教育实践又为教育理念的不断丰富提供基地和基础；②教育理念形成的主要途径是教育理论研究者或者教育实践工作者的理性思维活动，而不是对教育的感性体验结果，它是对教育进行是非判断、演绎推理、综合分析等理性思维活动的凝练及呈现；③教育理念是教育主体关于"教育应然"的选择性价值取向或倾向，它要表达的是对超越现实的、未来的、可能的教育愿景和教育理想，是对教育现实的反思，

---

①　睦依凡. 简论教育理念. 江西教育科研，2008（8）：6-9.

而不是教育现实的影像、直接反映或临摹。

2. 校长的教育信念

校长的教育信念指的是校长个人主观意见和自我肯定的真命题先验性假设，能起到引领思想和行为的作用，这就表明其从事的教育实践活动具有方向性、坚定性和原则性。教育信念是校长在长期的教育教学实践磨炼过程中形成的主观体验，并且这种主观体验随着时间的推移越来越根深蒂固。当然，这种强烈的主观体验有的是真理，有的是谬误，也就是说，教育信念也有正确与错误之分。教育信念有的是建立在校长自觉成功的教育教学实践之上，有的来自校长在既往的认知结构、信念体系、先前经验上的提升，其目的是保持自己所实施的教育行为或倡导新的教育行为，是教育行为的倾向性号角，保持和推动这种教育行为的持续、稳定与发展，对实践产生直接的推动作用。它具有如下一些特点：①校长的教育信念是校长个人主观经历的体现，是基于个体经验且在一段时间内稳定的、坚定的和非理性的欲望和意志；②校长教育信念的个体差异性非常显著；③校长的教育信念是校长教育行动的外在表现，同时对校长的教育行为起着导向作用，且互相修正；④校长的教育信念受到主观情感因素的影响，有正确和错误之分。①

3. 校长的教育信仰

在《现代汉语词典》中，"信仰"是指对某人或者某种主张、主义、宗教极度相信和尊敬，拿来作为自己行动的榜样或指南。校长的教育信仰是校长教育教学活动的行动指南和根本准则，是校长在教育活动和过程中极度信服和尊重的教育价值取向，是校长影响下的整个学校教育活动的出发点和归宿。当校长通过种种途径阐明了教育价值及其可能实现的方式以后，除了将信将疑或者怀疑的内容以外，一种坚定的、强烈的、深刻的深信不疑的内容，就构成了校长的教育信仰，校长把与之相关的教育科学观念提升为教育信念。校长只有具有一定的教育信仰，并且形成了建立在教育信仰基础上的坚定的教育信念，才有不断变革和改进学校的强大动力，才会在面对复杂的教育教学问题和矛盾困境时把自己的教育信念作为最终抉择的依据，让自己的教育生活丰富多彩和绚丽夺目。校长的教育信仰是其教育信念的基础和根源，它比教育信念的执着程度更深。②

4. 校长的教育信条

"信条"就是信守的准则。校长信守的准则往往是因人而异的，夸美纽斯在《大

---

① 杨文爽，吴露露．"教育理念"与"教育信念"概念辨析．教科文汇，2013（2）：36-37.
② 石中英．教育信仰与教育生活．清华大学教育研究，2000（2）：28-35.

教学论》中指出，①人是造物中最崇高、最完善、最美好的；②人的终极目标在今生之外；③今生只是永生的预备；④假如要形成一个人，就必须由教育去形成；⑤一切男女青年都应该进学校；⑥学校教育应该是普遍的①。这些都是夸美纽斯的教育信条。第斯多惠在《德国教师培养指南》中指出，①集中时间和精力学习一个专业；②站在学生的立场上进行课堂教学，不间断地、无间隙地和彻底地引导学生勇往直前；③遵循由近及远、由简到繁、由易到难、由已知到未知的教学原则；④在基础知识上多下功夫；⑤重视学生的个性；⑥为了你本人和你的学生而爱好运动②。教育信条和教育信念都是关于教育的看法和观点，在一定程度上有相似性和一致性，但是教育信条更为固定，而教育信念的发散性会更强。杜威于1897年发表了著名的《我的信条》。这是杜威早期教育理论纲领性的著作，他提出了五个信条：①关于什么是教育，他认为，一切教育都是通过个人参与人类的社会意识进行的；②关于什么是学校，他说，学校是一种社会组织，教育是社会生活的过程，而不是生活的预备；③关于教材，他认为儿童的社会生活是他的一切训练生长的集中或相互联系的基础，"学校科目联系的真正中心不是科学，不是文学，不是历史，不是地理，而是儿童本身的社会活动"；④关于教育方法，他把方法的问题归结为儿童的能力和兴趣的发展问题，认为"自动的方面先于被动的方面"；⑤教育是社会进步和社会改革的基本方法。③

（二）完善校长教育信念的结构

从校长职业的要求来看，他是引领一群有思想、有信念、有职业精神、有专业水平的教师，在教育的大潮中前行的人。他必须有自己的教育信念，并且把这种信念融入教师的信念和行为之中，然后引领师生按照学校的办学思想和办学理念，在行动中彰显学校的办学特色。这就要求校长的教育信念结构清晰有序、内容科学合理、个性特色鲜明。

1. 职业的角度：看精神

校长是职业人，职业人应该有良好的职业意识、职业态度和职业精神。校长良好的职业意识体现为校长想把学校办好的意愿，能够站在国家政策和经济社会发展的宏观层面、区域地方政府和教育行政主管部门要求的中观层面、学校和学

① 夸美纽斯. 大教学论. 傅任敢译. 北京：教育科学出版社，1999：5.
② 第斯多惠. 德国教师培养指南. 袁一安译. 北京：人民教育出版社，2001：5.
③ 约翰·杜威. 学校与社会·明日之学校. 赵祥麟，任钟印，吴志宏译. 北京：人民教育出版社，1994：2.

校成员发展的微观层面来思考教育问题。校长良好的职业态度体现在其作为校长的接人待物和为人处世方面，阐述的观点鲜明、语言的平和谦逊、友善地接待师生能反映校长的职业态度。通过反观校长的行为能探其职业精神和教育思想。校长既要能做好学校教育教学和管理工作，还要能宣传好学校的办学特色和质量，能做能说，通过全体学校成员的言行来彰显校长的这种良好职业意识、职业态度和职业精神。

2. 行业的角度：看眼界

校长的教育信念体现在以下三点上：一是有教育基本理论的功底，对教育史及理论、教育家及其思想要有充分的了解和学习模仿的倾向性；二是对教育目的、教育内容、教育模式、教育方式、教育评价等都应该有自己独特的见解，且有实践着的办学特色；三是熟知国内外教育行业的发展趋势和动态。

3. 专业的角度：看方法

从学校管理实践的角度，校长的教育信念体现为，一是学校的办学水平和办学实绩；二是校长在对内外协调方面的方法和效果；三是师生和教育行政主管部门的评价；四是教育教学质量和社会的认可；五是学校的办学实践成果，特别是学生和教师的发展。

4. 事业的角度：看创新

学校发展就如逆水行舟，学校的各项工作如果死守教条，就会落后于社会的进步和经济的发展。学校的团队建设、教师专业化发展、课堂教学模式改革、教学方式和学习方式的变革、课程设置的变革、学校办学特色彰显、学校文化的继承与发展等，都需要建立在校长对教育事业的热爱和敬业精神上，这种热爱和敬业精神是通过校长的教育实践创新来反映的。因此，校长必须放弃墨守成规、闭门造车和故步自封，聚集师生的力量和智慧，拟定学校各项工作的改革方案和措施，形成系列，逐步实施，让师生看到学校发展的愿景。

5. 个人心理角度：看发展

从个人心理内容的角度看，校长的教育信念体现为：一是学校管理的效能感，学校管理顺畅、管理得好，效能感就会增强；二是校长个人习惯的归因风格，这种归因表现为向内归因、向外归因还是发散型归因，各种不同的风格会有不同的归因结果；三是对学校的控制，善于调控的校长可以长袖起舞，窘于调控的校长则缩手缩脚；四是校长的工作压力，过大的工作压力会对校长的教育信念产生负面影响。当这种效能感、归因结果、控制效果以及压力达到一定阈值的时候，会动摇或者改变校长的教育信念。

（三）优化校长教育信念的形成过程

校长教育信念是一种复杂的心理状态，形成过程的影响因素是多方面的，从总体上来看，与校长的教育知识、教育经历、教育实践和个性心理关系密切。

1. 社会学分析

校长的教育信念是通过校长所处的社会历史文化背景和个人自我建构而形成的，它是经由校长生活的时代、社会、政治、经济、文化、历史背景下的社会教育和校长个人的家庭教育、学校教育等三位一体的教育背景，与校长自身直接经验相结合而形成的。由于每个人对生活的时代的理解、对社会的看法和认知、对所处政治环境的把握、对经济发展的感受、对文化的传承与熏陶都不相同，因此每个校长都有不同的个人建构过程。

2. 教育学分析

校长的教育信念与校长的个人教育经历有关。从校长作为受教育者的学生的感受，到作为教育工作者的教师体验，再到作为校长的管理者的现实，在这个过程中，校长的角色从受教育者转变到教育者，通过系统学习所获得的教育知识和经验去面对学生、教师和教育实践，会产生不断的冲突和矛盾，迫使校长不断修正自己的教育观念，重组自己的教育知识结构。在这个过程中，校长的教育信念就潜移默化地得以更新和自我调整。

3. 个性心理分析

从校长心理的角度分析，有研究者提出，校长教育信念的形成是以认知为条件、以情感为要素、以理想为前提、以实践为基础。同时，校长教育观念不是静态的或者一成不变的，更不是一对概念或观念的组合，而是一个不断自我更新和互动的动态过程体系，它总是处于一种不断建构与重组的更迭与形成过程之中。其形成要经过注意与习得、认同与实践、组织与内化、迁移与创造四个阶段。[①]

---

① 刘莉，杨艳芳. 教师教育信念研究综述. 内蒙古师范大学学报（教育科学版），2008（12）：45-51.

（四）校长教育信念与校长决策

校长总是怀着一定的教育信念在进行决策的。教育信念对校长决策的方向性有引领作用，对校长决策的正确性有指导作用，对校长决策的快慢有影响作用。正确的校长决策能促进校长的正确教育信念的形成，而错误的校长决策会影响或者动摇校长已经形成的教育信念。在当前的教育管理模式下，校长决策的自我性或者说自以为是的成分很高。有的校长决策很随性——完全根据自己的意思，想怎么做就怎么做，根本不考虑其他人的意见，毫无敬畏之心；有的校长决策很随便——不做多的考虑，怎么方便就怎么做，能完成目标任务就行，毫无责任心；有的校长决策很随意——任凭自己的意思或者其他人的意思办事，没有明确的指导意见，随心所欲；有的校长决策很随常——打着"无为而治"的幌子，不愿意承担责任、不做事、不作为。只有在校长的先进教育信念下进行决策，校长决策的方向性、正确性、果断性和坚毅性才会不断地增强，同时，只有做出不断正确的校长决策，才能有利于校长先进的教育信念的形成。

三、培养决策核心素养

人的素养主要体现在政治素养、思想素养、道德素养、业务素养、审美素养、劳技素养、身体素养和心理素养等方方面面，但是校长的素养则是跟教育问题相关的素养，如先进前沿的教育思想、炽热如火的教育情怀、澎湃不已的创业激情、持久如一的学习习惯、卓越非凡的管理能力、开放多元的办学视野、深度挖潜的研究能力和专业水准的写作能力。[①] 那么，作为校长，在对学校工作进行决策时，最关键的素养，或者说核心素养是什么呢？从学校工作的目的、内容、方法来看，校长的决策核心素养应该是综合决策的素养、目标决策的素养和现代决策的素养。这些素养是校长决策意识层面的问题，相对于其他决策技术素养层面的问题来说，核心素养处于更重要的地位。

（一）综合决策的素养

校长在进行决策时，首先要解决"教育是什么"的问题，按照我国的教育方针，考虑教育是什么的问题，那就是考虑"用什么培养人"的问题，这里面包括了"用什么内容"和"什么方式"来培养人的问题。按照党的十八大提出的要求："要坚持教育优先发展，全面贯彻党的教育方针，坚持教育为社会主义现代化建设

---

① 史振平. 名校长专业素养与能力探析. 现代教育，2014（16）：4-6.

服务、为人民服务，把立德树人作为教育的根本任务，培养德智体美全面发展的社会主义建设者和接班人。全面实施素质教育，深化教育领域综合改革，着力提高教育质量，培养学生社会责任感、创新精神、实践能力。"[①] 校长应综合考虑人才的培养方式和培养内容来进行决策，这就要涉及了教育的方方面面。

1. 对内决策的综合统筹

1）加强现代学校制度建设。一是切实建立和健全教职工代表大会制度，涉及师生切身利益和学校发展的重大事项，全部应该提交教职工代表大会讨论和审议，民主决策学校重大事项。二是在学校醒目的地方设置校务信息公开栏，公开校务信息，保证教职工、学生和相关社会公众对学校重大事项、重要制度的知情权。

2）在教育教学质量提升的决策中，一是要进一步强化德育形式的创新，二是要进一步研究学校教学质量分析的措施，提高教学工作的针对性和实效性。

3）继续坚持和巩固教师专业化发展中的校长决策的各种做法，在关心教师生活和健康以及经常组织活动方面需要加强。

4）在促进学生全面发展方面，学校要进一步严格执行不分重点班的规定，努力设置完全能满足学生个性化学习需要的课程，不歧视任何一个有困难的学生，坚持适当布置学生家务劳动方面的作业。

5）进一步坚持和优化学校校园文化建设中的校长决策的思路和做法。

6）在营造和谐育人氛围方面，校长一是要积极关心师生身体和心理健康，二是要进一步改进在安全教育、预防灾害教育和生活技能教育方面的措施和方法。

7）要进一步关心 50 岁以上教师的教育和生活状态。

8）积极关心和满足初级职称和高级职称教师的不同需求。

9）教育行政部门要积极关心发展中学校的校长决策状况。

2. 对外决策的综合协调

1）在执行教育政策的校长决策方面，一是要进一步建立和健全学校的管理制度、办事程序和议事规则，二是要强化安全卫生管理制度和工作机制，切实做到食品卫生、人身安全、设施安全和活动安全有保障。

2）在提升社会形象的校长决策方面，校长要进一步增强自信心，坚持原有的思路，大胆开展工作。

3）在调节教育资源的校长决策方面，教师非常相信校长，校长在这方面要更

---

① 《中国特色社会主义学习读本》编写组. 中国特色社会主义学习读本. 北京：国家行政学院出版社，2012：210.

加自信，还要听取高级教师和年龄较大教师的想法。

4）在处理公共危机中的校长决策方面，一是要建立和健全突发应急事件预案，预防和应对不法分子入侵、校园暴力、溺水、交通事故或公共卫生事件的措施要到位，二是要依法治校，聘请专业机构的专业人员作为法律顾问依法来解决涉及学校的各种复杂矛盾与纠纷。

5）应该更多地关注 50 岁以上教师的看法和意见。

（二）目标决策的素养

校长在进行决策时，不能仅仅停留在"教育是什么"的问题上，更重要的是要考虑"教育为什么"的问题，那就是要考虑学校的办学目的，如果这个问题在校长进行决策时被忽视或者漠视，那就像航船偏离航线，发动机的动力系统越强，偏离目标就会越远。埃德温·洛克认为，"给员工设立具体目标有助于提高绩效"[①]。目标"是一个组织管理诸因素的联接点和归结点，也是管理过程的出发点和落脚点"[②]。学校的办学目的就是培养什么样的人的问题，学校的办学目的是由一个一个的办学目标的实现来体现的，为了学校一个一个的办学目标的实现，校长在决策时要充分考虑以下要素。

1. 决策目的

学校的一切活动归根结底是为了培养学生，那么，"无视社会的要求对教育活动的制约显然是错误的。但是反过来，如果在制定教育目的时完全无视个人自身发展的规律和特点以及自身利益和需要的因素，最终也不可能将教育活动导向正确的方向"[③]。我们的教育目的是培养德智体美全面发展的社会主义建设者和接班人。因此，校长在进行决策时就要考虑六个方面的要素——学校德育、学校智育、学校体育、社会主义核心价值观、建设者、接班人，不能偏废，这是我国教育目的的组成部分。决策的结果能不能体现培养目的或者目标，在决策过程中就应该予以充分考虑，离开了培养目的的校长决策就会反映出校长决策素养的低下。

2. 决策质量

校长决策质量的高低靠什么来衡量呢？那就要看教育的质量和结果——学生发展的现状和可持续发展的能力。美国马萨诸塞州迪尔菲尔德尔中学是几十年来

① 转引自：斯蒂芬·P.罗宾斯，大卫·A.德森佐.教育学原理.5版.毛蕴诗主译.大连：东北财经大学出版社，2005：11.
② 韩延明.管理学新论.北京：新华出版社，1996：9.
③ 黄济，王策三.现代教育论.北京：人民教育出版社，1996：227.

毕业生一直在普林斯顿大学、哈佛大学、耶鲁大学、达特茅斯和斯坦福大学五所有代表性的大学的一年级新生中名列前茅的中学，在学校工作了 64 年的弗兰德·博伊丹校长曾经对一位教师说："我遗憾的是我不能活得更长，我多么希望看到迪尔菲德尔中学的孩子们怎样成长。"[①] 优秀学校的校长关注的都是学生的发展，体现的是以人为本、以生为本。校长决策是手段，为管理服务；管理是手段，为教育服务；教育是手段，为发展服务；发展是手段，为学生服务。

3. 决策现实

然而，我们的教育决策现实仍然面临很多的问题，以人为本被以分数为本所代替而异化了学生的发展，一味地追求高升学率导致学生忽视道德教育和体质锻炼的片面发展而不是全面发展，学生因课业负担过重被束缚在作业的练习和训练之中而得不到人性的解放，学校发展的不均衡导致的择校热潮推动和引发社会不公平向纵深迈进。这种片面的、扭曲的和不公平的教育导致学生的不可持续发展，从而使学生在社会变革、经济发展、文化繁荣方面的适应力和国际竞争力下降，严重地影响了学生的发展和社会的进步。

4. 决策要求

按照《义务教育学校管理标准（试行）》的基本内容，义务教育学校管理的基本内容包括三级指标：6 项管理职责，22 项管理任务，92 项管理要求。对校长的决策要求就包括在其中，校长决策时要考虑是否涵盖了管理职责、能否完成管理任务、管理要求是否能落到实处。重要的是，这些管理职责、管理任务、管理要求如何通过制定学校的相关制度来体现育人为本、全面发展、促进公平、提高质量、安全和谐、充满活力、依法办学、科学治理的办学基本理念。这就是校长决策的基本要求，通过这些要求的落实来实现学生的全面发展、差异发展、主动发展、个性化发展和可持续发展。

（三）现代决策的素养

谈了"教育是什么""教育为什么"之后，就应该谈谈教育的方式方法"怎么样"的问题了，也就是怎么样培养人的问题。从校长现代决策的素养来看，校长决策必须做到以下几点。

---

① 转引自：吴志宏. 教育管理学. 上海：华东师范大学出版社，2001：11.

1. 依法决策

在全面推进依法治国的新形势下，校长对学校各项工作的决策必须依法进行，说到底就是要反对"人治"。校长依法决策要做到学法、守法、用法。一是要学习有关教育的法律法规。作为中学校长，重要的是要学习《中华人民共和国教育法》《中华人民共和国义务教育法》《中华人民共和国教师法》《中华人民共和国未成年人保护法》这四部涉及工作实际的专业法律，树立教育的法制观念和法治思维。校长只有心中有法，对法律法规有所敬畏，才有可能做到守法、用法，学法是校长依法决策的基础和前提。二是要遵守法律法规。从现代的校长来看，守法的意识体现在时时事事处处，学校决策工作要按照议事规则行事，校长不能有"帝王思想"，不能搞"一言堂"，要制定学校章程、学校教育教学管理制度、学校总务后勤管理制度、学校人事管理制度等相关管理内容的制度，明确学校领导、教师、学生和家长等各主体的职责范围、权利义务和工作要求，杜绝管理中"脚踩西瓜皮，滑到哪里算哪里"的有法不依现象。三是要学会用法律的武器来武装自己。学校工作千头万绪、对内对外任务繁重，有来自上级的不断检查评比、来自师生和家长的诉求、来自各行各业的制约和限制，但是校长并没有这些方面的专业知识和相关现成经验，应该聘请专业法律顾问来提供法律服务和支撑。"法治化是科学化和民主化的基石，科学管理的经验和做法、民主管理的规则和程序，都必须通过法律化才能具有强制力，才能成为约束管理行为的强制性规范。"[1]校长通过法治思维、法制手段进行依法决策，来推进教育发展的现代化，是当今世界各国的普遍做法和共同经验。

2. 民主决策

民主决策与专制独裁是相对的两个概念，民主决策是校长决策的核心，提倡民主决策就是要反对与杜绝独裁和专制，这种独裁反映在两个方面：一是校长个人独裁，校长独裁又分为温和式独裁、暴躁式独裁和强制式独裁。有的校长是英雄式的校长，在学校发展中曾经做了巨大的贡献，形成了个人权威，当这种个人权威聚集到一定的程度时，校长在学校就成了无所不能的"神"——所做的所有决策都是正确的，当其温和式独裁导致的错误决策聚集到一定程度的时候，挑战者就会出现，学校管理就容易出问题；暴躁式独裁的校长和校长决策在学校也存在例子，表现为校长听不进意见和建议，一意孤行，对反对意见充耳不闻，或者对反对者加以训斥和打压；强制式独裁的校长和校长决策也有存在的空间，只是

---

① 褚宏启. 校长专业标准与校长核心素养. 中小学管理，2015（3）：36-38.

往往容易被人们所忽略，那就是唯领导是从，片面地理解上级的要求来强制下级执行不合理甚至不合法的要求。二是领导集体独裁，领导集体独裁的表现就是跟师生不沟通、不交流。有的神神秘秘，不经常跟师生见面，装神弄鬼；有的不下基层，高高在上；有的不宣传政策、不制定措施、依葫芦画瓢。这些都是领导集体决策失范、间接独裁的表现。

校长要充分认识到民主决策的意义，并具备实施民主管理的能力与技巧，重点要做好以下工作。第一，完善学校集体议事规则和决策制度。健全校内集体决策规则，完善决策程序，避免个人专断。凡是有关学校发展方向、基本建设、重大教育教学改革和师生切身利益的事项，都要充分听取利益相关者和专业机构的意见，要进行可行性评估，最后进行集体决策。第二，建立和完善党支部保证监督的工作机制，凡是涉及学校发展的上述重大事项，都应该有党委、行政和工会的主要领导参加，充分听取学校党组织和工会的意见。第三，完善决策民主机制和程序。确保决策工作有序进行，在重大事项决策做出之前，先要发动和听取分管校长、主任的意见，收集年级组长、教研组长、工会小组长和党小组长的意见，因为听取意见的过程不仅是吸纳合理意见和建议的过程，更是形成便于实施和执行的统一意见的民主过程。第四，健全师生参与学校治理的制度。健全教职工代表大会制度，充分发挥其民主监督和参与学校管理的作用。扩大教职工对学校领导和管理部门的评议权、考核权，积极探索师生代表参与学校决策机构的机制。第五，建立健全家长参与学校治理的制度。完善家长委员会制度，通过建立班级和学校两级家长委员会，使家长参与、监督学校管理，促进家校合作。①

3. 科学决策

科学决策是校长决策的关键，校长的科学决策就是要尊重教育的客观规律、借助科学思维、利用科学方法进行全面而正确的学校决策。

（1）科学组织决策内容

在制定学校各项规章制度时，校长要根据学校的实际情况，对建立现代学校制度、教育教学质量提升、教师专业化发展、促进学生全面发展、学校校园文化建设、执行教育政策、提升社会形象、调节教育资源、处理公共危机以及营造和谐育人氛围等方面进行充分调研，察民意、听民情、聚民心，按照客观规律办事，全方位权衡决策的利弊得失和机遇挑战，科学评估决策的成本与效益，提高决策

---

① 参见：褚宏启. 校长专业标准与校长核心素养. 中小学管理，2015（3）：36-38.

的预见性、科学性和有效性。[①]

（2）科学制定决策过程

一个有效的决策制定过程有如下六个特点：聚焦于重要事务；具有逻辑性和连贯性；承认主观和客观的想法，并把直觉和分析结合起来；具备解决特定困境所必需的大量信息；促进并指导相关信息和观点的搜集；简单明确、可靠、易于使用、灵活。[②]学校校长在进行重大事务的决策时，不能轻举妄动，一定要慎重行事，通常要经过如下几个步骤：组织酝酿、确定目标、拟订方案、讨论学习、反馈修改、宣传发动、组织实施、收集信息、反馈评价。

（3）科学使用决策方法

影响校长决策的因素具有不确定性、多样性和复杂性，校长做出的决策实际上永远不可能是最优、最理想的方案，而是一种有限的理性方案，要用最大满意度来代替最优以实现决策效益的最大化，就需要优化决策方法。决策方法从定性和定量的角度分为两类：一是定性的决策方法，包括头脑风暴法、名义小组技术法、专家意见法、德尔菲法、竞赛式决策制定法、模拟决策法、方案提前分析法和鱼缸法；二是定量的决策方法，包括期望值法、决策树法、边际分析法、现值分析法、运筹学方法和软件分析法等。[③]结合我国学校管理的实际，校长决策的方法主要可以考虑法治的方法、预测规划的方法、组织调度的方法、经济的方法、激励的方法、行政的方法、思想教育的方法和目标的方法等。[④]

四、丰富决策实践经验

校长的决策实践经验对校长决策非常重要，理论知识再丰富、教育情怀再浓厚、决策素养再高，如果没有经过教育决策实践，一个人突然走上校长岗位，直接开展教育决策实践活动，至少往往是令人担忧的。每个人都可以对教育工作做出感性的评价，很多人仅凭自己的感性想法对教育工作进行批评、指责甚至谩骂，但是，他们没有理性思考如何重建教育的责任。这就像一个人非常热爱游泳事业，有丰富的游泳专业知识和深厚的游泳专业情怀，看过无数的游泳比赛实况，甚至是在泳池边观摩了很久，把他扔到水里，结果是显而易见的。因此，我们强调作为校

---

① 艾勇. 依法决策、科学决策与民主决策关系刍议. 重庆科技学院学报（社会科学版），2011（22）：44-45，54.

② 转引自：斯蒂芬·P. 罗宾斯等. 管理学. 9 版. 孙健敏等译. 北京：中国人民大学出版社，2008：170.

③ 周三多等. 管理学——原理与方法. 5 版. 上海：复旦大学出版社，2009：218；刘建军. 领导学原理——科学与艺术. 3 版. 上海：复旦大学出版社，2007：252.

④ 孙绵涛. 教育管理学. 北京：人民教育出版社，2006：178.

长工作重要组成部分的校长决策,作为实践者的校长的自身改造,必须要有丰富的决策实践经验,这种经验来自校长成长的三个连续且有重要标志性的不同阶段。

(一)决策感知阶段

这是懂校长决策的阶段。这个阶段往往是以教师的身份通过学校教职工代表大会、两长会(年级组长会和教研组长会)、质量分析会、听课评课等活动感知校长决策,校长一定要有教育教学一线的任职经历,在具体的教育教学工作中感受校长决策的执行问题,通过执行的过程和结果反馈对校长决策在自我心中进行的感受性评价,从而预知和预判校长决策的进一步走向和趋势,在这个过程中逐步熟悉并了解校长决策。作为潜在校长的教师在工作中要有悟性,这种悟性体现在要能悟出校长决策的目的,理解并找到执行校长决策的路径,在教育教学工作中创新工作思路和方法,积极工作,并且创造出丰富的实践成果。例如,某区制订了教育教学工作的"五优评比"方案,主要内容就是评选优秀教学方法(符合新课标要求、轻负高效)、优秀教学模式、优秀教学论文、优秀教学评价方法(优秀试卷)、优秀质量分析。当时,作为潜在校长的 M 老师迅速行动,结合自己日常的教学工作,请教学校的教研组长和备课组长,撰写了这五个方面的内容,并且征求了教研员的修改意见和建议,评选结果为,他获得了三个一等奖,两个二等奖,其质量分析被作为样板在全区教师中推广学习。

(二)决策参与阶段

这是会校长决策的阶段。这个阶段往往是以学校中层干部的身份参与到校长决策活动之中,作为中层干部,要能准确地把握基层一线教师的基本情况和诉求,将教师的思想和动态及时地反馈给校长,为校长决策提供有价值和可供参考的信息和资料,在这个阶段的参与过程中,潜在校长往往需要多听多看、多做少说,创造性地完成校长交办的各项工作任务,带领教师一起明确工作任务、细化工作方案、完善工作流程、实现工作目标。这样在参与之前研究、在参与之中建议、在参与之后执行,潜在校长在作为教师和中层干部的双重身份中,既要完成好自己作为教师的本职工作,又要完成好作为中层干部的管理工作。出色完成任务的潜在校长就有可能发展成副校长,进入校长决策的核心圈,参与到校长决策的具体工作中。如果没有这一阶段的经历,那么要从事校长决策工作就只能摸着石头过河,在决策过程中有时甚至会出现因为不懂业务而毫无决策底气的状况。

（三）决策引领阶段

这是热爱教育的校长可能经历的阶段。这个阶段可以说是上升到了校长自己可以享有一定的校内决策自主权的阶段，可以说，学校内部的重大决策都要由校长提议并且研究，然后再进入民主决策阶段，如果校长决策做得比较好，能带领学校进入良性发展，且学校发展和进步比较大，在一定区域内产生了较大的积极影响，就到了区域示范的水平。这个时候，校长就有了区域内决策的话语权，甚至可以在行业内起到引领作用，行业内的教育教学改革以及学校的办学理念、办学特色及办学经验都会成为榜样和旗帜。于是，学校就成了校长成长的基地和孵化器，校长也自然成为决策智囊的首席专家，在学校发展遇到重大决策议而不决时，校长往往能点石为金，化腐朽为神奇。

第二节　学校内部管理的改进

学校的内部管理改进是指学校作为校长决策的法人组织，其内部有着诸多需要调整的方面，结合校长工作的日常事务实际，结合学校工作的管理内容，需要改进的第一是制度的要素，第二是人的要素，第三是教育教学质量要素，第四是保障条件要素，第五是内部环境要素。制度是核心，人是关键，质量是生命，条件是基础，环境是保障。正如城市的交通管理，交通规则是核心，驾驶员怎么驾驶是关键，整个城市的交通状况（交通质量）是生命，交通标识、车况和路况等是条件，行人的道路交通安全意识和素养等是保障。仅仅依靠一个交管队长的自身素质提高，来改善整个区域的交通状况是很难的，因此，加强整个交管大队的内部改进就显得非常必要了。

一、制度的要素：建立现代学校制度的决策

（一）增强依法科学管理能力

学校要制定五年普法学习制度，每年要定期组织学习《中华人民共和国教育法》《中华人民共和国义务教育法》《中华人民共和国教师法》《中华人民共和国未成年人保护法》等法律，增强法治观念和依法治校能力；采取民主、科学的程序依法制定学校章程，规范学校治理行为，提升学校治理水平；制定学校发展五年

规划，确定年度实施方案，客观评估办学绩效；健全管理制度，建立便捷规范的办事程序，完善内部机构组织规则、议事规则等；指定专人负责学校法制事务，或聘请专业机构、人员作为法律顾问协助学校处理法制事务。

（二）建立健全民主管理制度

学校要定期召开校务会议，民主决策学校重大事项，同时，充分发挥学校党组织的战斗堡垒作用和党员教师的先锋模范作用。学校要健全教职工代表大会制度，涉及教职工切身利益及学校发展的重要事项，提交教职工代表大会讨论通过。学校要设置信息公告栏，公开校务信息，保证教职工、学生、相关社会公众对学校重大事项、重要制度的知情权。此外，学校还应该落实学校领导接待日制度，设立校长信箱，搭建信息沟通平台，听取学生、教职工和家长的意见和建议。学校要发挥共青团、学生会、学生社团的作用，引导学生自我管理或参与学校治理，建立师生申诉调解机制，畅通师生权利的救助渠道。

（三）构建和谐的家庭、学校、社区合作关系

学校要完善家长委员会制度，设立学校开放日，邀请家长参与学校治理，形成育人合力。学校要引入社会和利益相关者的监督，密切学校与社区的联系，促进社区代表参与学校治理，主动争取社会资源和社会力量支持学校改革发展，服务于学生，因为家长、同伴都生活在社区，而"同伴、父母和老师影响着学生设立的学习标准，以及对学习的价值的看法。孩子们通常倾向于选择那些与他们志同道合的人作为朋友，换句话说，伙伴影响着孩子的成就动机"[①]。学校向社区有序开放学校体育文化设施，有利于服务社区居民。

二、人的要素：团队建设决策

（一）干部队伍建设

学校中层管理干部的团队建设对一所学校的管理水平和决策执行起着至关重要的作用。学校的日常管理层次，分为决策层、执行层、操作层三个层面，校级领导处于学校工作决策的核心地位，中层管理干部处于决策的执行层面，师生处于决策的操作层面。因此，中层管理干部实际上是学校工作承上启下的桥梁，学

---

① Woolfolk A. 教育心理学. 10 版. 何先友，等译. 北京：中国轻工业出版社，2005：459.

校应该通过民主推荐、自我推荐、民主测评、组织考核任命的方式，加强学校中层管理干部选拔的组织建设，一般说来，中层管理干部一定要有教育教学的经历，没有班主任工作经历或者不能胜任班主任工作的教师，是不应该选拔到学校中层管理干部的岗位上来的。同时，学校要加强对学校中层管理干部的培训，培养他们树立公仆意识，全心全意为师生服务，在自己分管的工作中能做到"手到不了的地方，眼要能到；眼到不了的地方，心要能到"，使他们在任期内接受党组织与群众的监督，使他们具备以下品质：爱教育，重事业；懂业务，会管理；办实事，创业绩；勤实践，善创造；诚待人，不谋私。

（二）党员队伍建设

1. 抵制不良因素影响，提升党性修养

按照党的基层组织的基本任务，学校党组织要对党员教师进行教育、管理、监督和服务，要持之以恒地坚持提高党员教师的党性修养，按照党章中党员权利和义务的要求，认真开展批评和自我批评，保证每个党员都能维护和执行党的纪律、履行党员义务；积极发现、教育和培养入党的积极分子，把发展党员的重点放在教学第一线青年教师中；密切联系广大师生，收集教师对学校党员、党组织的批评、意见和建议，维护群众的正当权益，发挥党组织的战斗堡垒作用，解决群众困难，化解基层矛盾；调动教师的工作积极性、主动性和创造性，发现、培养和推荐他们中间的优秀教师；监督教师严格遵守党纪国法，严格遵守国家的财务纪律；教育教师自觉抵制不良因素的影响，自觉抵制发生在教育领域的不正之风。

2. 参照党员义务标准，勇当模范先锋

参照党员义务标准，结合学校工作实际，党员在学校最主要的就是要在思想上、组织上、作风上和专业上起到全面的模范、带头和表率的作用。具体表现在：认真学习和贯彻落实党的教育路线、方针、政策，在思想上与党中央保持一致，加强科学、文化、法律、业务和党的基本知识的学习，努力提高为人民服务和建功立业的本领；带头参加教育教学改革和学校发展与建设，带动教师为学生发展和提高教育教学质量而发奋努力，在教育教学和校园生活中起先锋模范作用；坚持个人利益服从学校和学生的利益，克己奉公，多做贡献；自觉遵守党的纪律，模范遵守国家的法律法规，服从学校分配，积极完成教育教学工作任务；为人老实，言行一致，团结同事，乐于助人；学校师生关系、干群关系和谐，及时向党组织反映群众的意见和建议，按照民主集中制的基本原则，维护群众的正当合法

利益。

（三）教师专业化发展

1. 制定教师专业化发展规划

学校应根据总体发展规划，做好教师的专业化发展规划。教师专业化发展规划评价指标体系基于激发教师发展，实现教师和学校双向发展需要，从学校和教师的角度来指导教师个人目标和需求，帮助教师分层定位，分段实施，并指导教师到一个更高的平台，有选择性地不断提高他们的业务素质，使教师更有效地做他们的工作，提高学校的教学质量。

2. 强化班主任队伍建设

在中学，学生进入青春期，当身体发育、心理发育、生理发育与认知发展水平不同步时，就容易诱发产生这样或者那样的问题，教学问题首先表现为教育问题。班主任日常工作繁杂，要做到以下几点：第一，要了解和研究学生，除了了解学生个人的性格、兴趣爱好、学习和生活习惯，还应该了解学生的成长背景和成长历程等。第二，组织和培养班集体，班主任自己要有先进的带班理念、带班思想和带班目标，还应该注重自身修养和个人魅力的提升，以此吸引和激励学生。同时，班主任要发现、选拔和培养学生的各种兴趣爱好，组建班干部队伍和形成班集体，还要带领全班同学一起学习《中学生守则》和《中学生日常行为规范》，制定班纪班规，组织学生开展丰富多彩的班级活动，在活动中锻炼和培养学生良好的学习习惯、行为习惯和公民意识，形成良好的班风和人际氛围。第三，班主任还要努力协调各种关系——师生关系、生生关系以及家校关系，处理班级学生的各种突发事件。中小学在教师的人事安排中优先考虑和安排的首先就是班主任人选，班级的稳定和发展在一定意义上讲，关键是看班主任的带班水平。"乱班"会极大地影响年级和学校的稳定，班主任队伍建设是教师队伍建设中极为重要的组成部分。

3. 大力打造校级名师队伍

名师之名永远都是相对的，学校要克服困难，努力打造一批校级名师。学校是传播社会文明的场所，教师对自我实现的精神追求比较高。因此，无论什么样的学校，都要打造一批相对优秀的教师，让他们在这个群体中得到精神认可和学校政策认可，把对名师的奖励列入绩效奖励的分配之中。一是培养一批爱岗敬业、关爱学生、遵纪守法、品德高尚，为师生公认且在区域内有一定影响力、在学校能起示范带头作用的校级"班主任名师"；二是逐步培养校级学科首席教师，评选、形成一批数量充足、质量优良、政治合格、纪律严明、作风顽强、教艺精湛、示范性强，并能带领各个学科教师积极向上的骨干教师队伍——学科"教学名师"；三是在校级名师的基础上推选区级学科带头人和区级优秀青年教师，力争形成市级学科带头人和市级优秀青年教师的后备梯队，发挥名师优势，以工作和业绩论英雄。

4. 积极开展青年教师队伍建设

学校要采取特殊政策支持优秀青年人才脱颖而出，坚持把品德、知识、能力和业绩作为衡量人才的重要标准，不唯身份、不唯资历、不唯学历、不唯职称，不拘一格选人才。学校要对青年教师提出"三年成为优秀教师、六年成为骨干教师、九年成为学科带头人"的培养目标，积极鼓励青年教师承担区级、市级教学公开课，促进教学水平的提高；要做好结对子帮扶工作，构建年龄结构合理的教师梯队，深入开展高级、中级教师与新教师一帮一的"传、帮、带"活动，促进青年教师的迅速成长；要定期开展"优秀青年教师"评选活动，组织开展"青年教师基本功竞赛"和"优秀师徒"评选，为青年教师脱颖而出创造条件，积极培养青年教师，加速青年教师的成长。

大力实施"安心工程"。学校要制定并逐步完善骨干教师群体的选拔制度、评估制度、培养制度、奖励制度，要深入到教师当中，在关心教师疾苦方面下功夫，了解教师生活中的实际困难，做教师的知心人，尽心尽力解决教师的实际困难和后顾之忧，增强学校的凝聚力。学校对骨干教师在工作、学习、生活上的困难要优先照顾，优先解决他们的特殊困难，做到"待遇留人、情感留人、事业留人"，确保学校骨干教师群体的工作、生活和学习环境的优化，确保他们工作的积极性和带头、示范作用，力争做到培养一个，带动一批。学校要注重以德治校，通过尊重、关心教师，充分发挥教师的主观能动性，把教育人、武装人、塑造人同尊重人、理解人、信任人有机结合起来。校领导在工作上要以身作则，事事做教师的楷模，处处做教师的表率，当广大教师的带头人，积极采纳教师的合理建议，力求使每个教师的合理需求得到满足，努力为教师创造一个宽松、和谐、互助、竞争的良好氛围，使教师能安心于学校的教学工作，为提高教学质量贡献出自己的力量。

三、财的要素：经费收支决策

随着财务管理和预算管理规范性要求的深入，按照财政部会同教育部 2012 年联合修订的《中小学校财务制度》的规定，中小学校财务管理的主要任务是：合理编制学校预算，严格预算执行，完整、准确编制学校决算，真实反映学校财务状况；依法筹集教育经费，努力节约支出；建立健全财务制度，加强经济核算，实施绩效评价，提高资金使用效益；加强资产管理，合理配置和有效利用资产，防止资产流失；加强对学校经济活动的财务控制和监督，防范财务风险。从某种意义上讲，校长在学校经费的收支问题上的自由裁量权越来越小，只有执行的义务，很少有决策的权力。

（一）预算管理制度

国家将义务教育经费全面纳入财政预算，主要由地方各级人民政府依法予以保障，由中央和省级财政予以补贴，中小学校预算由收入预算和支出预算两部分组成。中小学校预算以校为基本编制单位，编制应当坚持量入为出、收支平衡、统筹兼顾、保证重点的原则，不得编制赤字预算，严格执行批准的预算。支出预算按照政府支出分类科目分项测算编制。从全国来看，东部地区、中部地区、西部地区 2005 年普通初中段生均经费支出的平均值分别为 4514.21 元、1832.5 元、2272.45 元，2011 年分别为 12 559 元、5855.17 元、7058.55 元。[①]很显然，中部投入最低，加之经费拨付标准统一、支出科目统一和管理集中统一，校长对财务工作的管理和决策，一般来说，只是在履行签批手续的执行层面上，没有分配处置权的自由度。从湖北省普通初中段生均经费支出的平均值来看，2012—2014 年分别为 7328.46 元、8543.48 元、11 347.73 元。显然，生均经费逐年增加，且增幅比较大。这有利于基础教育发展的预算管理制度，但仍需要进一步完善各地区基础教育投入的均衡机制，同时，赋予校长更多的分配决策权，而不是按照统一的标准进行拨付和支出。

（二）收入支出制度

现在，学校的收入全部来自财政的补助收入，并且全部纳入学校预算之内，实行以收定支，统一核算，统一管理，集中支付，杜绝了收费项目，为师生服务

---

① 刘礼明，高蓓. 我国区域生均义务教育经费差异对较研究：基于 2005 年与 2011 年数据分析. 教育财会研究，2014（4）：14-18.

类的收费都严格按照自愿的原则，并且实行第三方收费，按照国家规定的收费范围、收费项目和收费标准执行，要求出具合法的票据。预算支出也严格按照上级各项规定，按科目支出，即按照人员工资经费、办公经费（含教育教学及科研工作经费）和采购项目经费支出。保障学校日常工作的正常运转、完成教育教学和改革创新的其他工作支出，对学校的保障经费支出和项目经费支出不得混合使用。除了工会的少量职工福利支出外，行政经费中杜绝了把公用经费用于发放教职工福利的现象。

（三）项目管理制度

项目支出应当按照专款专用的原则，全部用于项目建设，不得挤占或挪作他用，未能使用的项目经费全部收回经费来源单位，确保专款专用。在这个方面，学校的自由裁量权会限制在项目的确认上，但是必须通过教职工代表大会和公示，且要经过上级教育行政主管部门的批准，项目才能按照政府采购的相当复杂的程序——项目确认和匡算、设计和估算、造价评审和预算、立项批复和概算、招投标、施工、验收、审计、付款等展开。此外，学校还应当严格执行国库集中支付制度和政府采购制度等有关规定。

（四）绩效分配制度

学校应当加强支出的绩效管理，提高资金使用的有效性。尽管学校的分配应该避免收入分配拉得过大，防止引发矛盾，但是在一个单位，如果由教职工代表大会通过的绩效方案在实施过程中有一定差距，而因此有教师扯皮、告状甚至上访，政府的各级职能部门就一味地视而不见，只是责成校长化解危机，将矛盾下移，这势必导致学校多劳多得、优质优酬的分配制度难以实施，因无法拉开收入差距而形成平均主义的分配原则，那就必然会影响想做事、愿意做事、能做成事的教师的积极性。现在，很多教师不愿意做班主任工作、只愿意少上课，与现在绩效分配方案的收入平均主义价值取向密切相关，这给教育教学质量的提高带来了负面影响，长此以往，会引发更多更深层次的制度问题，这种状况必须得到改善。

四、文化的要素：学校历史扬弃的决策

就学校文化建设而言，理念文化是校园文化的核心内涵，环境文化是理念文化的物质表现形式，管理文化、教师文化、学生文化是校园文化的重要内容。校

长在涉及这五个方面问题的决策时，既要考虑到学校文化历史的继承，也要结合时代的新要求，与时俱进，在传承的基础上创新，在创新中传承。

（一）理念文化建设工程

在理念文化建设方面，校长要做到，一是要组织师生，进一步提炼学校的办学理念，让学校的办学理念深入人心，并不断地内化到大家的价值观和行动之中。二是要确定学校的章程、办学目标，根据学校的发展历史和现状，确定积极向上的办学目标和内容，让目标形成大家共同的愿景。三是要确定学校的培养目标，即要把学生培养成什么样的人的要求，对学生的品质要求提出明确的目标，并成为大家的共识。四是要提炼学校的办学特色，必须立足于并且挖掘学校的传统、历史和优势，要抓住核心要素来确定学校的办学特色，而不能是空中楼阁、空穴来风。五是要把学校的校训、校风、教风、学风进行梳理，既立足于现实的挖掘，又要有教育理想化的引领，立足于现实的起点，又走在现实前面。同时，做好校旗、校徽等标识的设计和规范工作。开展校徽、校旗、校歌、校树、校花的征集评选活动，使理念文化成为全校每个人共同的行为标准和价值追求。

（二）环境文化建设工程

校园环境文化是一所学校的办学理念、个性、精神的外显，对师生的成长与发展起着潜移默化的作用，高品位的校园环境文化具有强大的渗透力、影响力、塑造力，可帮助师生正确地选择新的目标，从而更好地实现自我超越，因为"教育艺术在于，不仅要使人的关系、成人的榜样和语言以及集体里精心保持的种种传统能教育人，而且也要使器物——物质和精神财富——能起到教育作用"[①]。

1. 科学规划校园整体布局

科学地规划布局，合理配置功能空间，从形式到内容力求体现校园整体美。主要工作包括在巩固环境区卫生，对学校草坪、花坛、树木进行修剪养护的基础上，依据学校财力，结合校园实情，遵照实用、经济、美观、健康、和谐的原则，对学校环境进行更为完美的设计和改善，制作学校平面布局示意图。

2. 形成学校独特标识文化

形成学校独特标识文化方面的主要工作为：要以视觉识别系统为基础，确定学

---

① 苏霍姆林斯基. 帕夫雷什中学. 赵玮，王义高，蔡兴文，等译. 北京：教育科学出版社，1983：105.

校校徽、标准字、标准色、象征图案等，从而形成独特的学校形象、风格和特点。

3. 发挥墙壁有效外显功能

发挥墙壁有效外显功能方面的主要工作包括安装体现学校特色的壁挂、壁画、浮雕和师生的作品，加设各种警示和提示牌，着眼"新"和"美"，营造对学生教育的新天地，让举手投足间，处处皆教育，让每一块墙壁都会说话。

4. 提升学生用室文化品位

提升学生用室文化品位方面的主要工作包括加强美术室、音乐室、舞蹈室、多媒体教室、微机室和阅览室建设，坚持学生用室内部功能建设的标准化、规范化，因室制宜，精心设计，注意风格和形式的多样化、个性化和人性化。

5. 营造和谐办公文化氛围

营造和谐办公文化氛围方面的主要工作包括努力营造"尊重、和谐、个性、温馨"的办公室文化氛围，收集学习教师教育理念座右铭，创设温馨怡人的办公环境，以其独有的风格和内涵感召教师；加强教师办公的硬件和软件设施的配备，摆设盆景和花草，美化教师的工作和生活环境。

6. 打造绿色生态文化品牌

打造绿色生态文化品牌方面的主要工作包括绿化美化校园，将学校绿地文化与园林意境有机结合，努力加强学校绿色环保项目的建设，因地制宜，体现特色，营造空间，延伸理念，使校园充满生机与活力，进一步加强已有景观的造型和绿色植被的换代工作。

（三）管理文化建设工程

管理就是服务，要规范管理，在制度建设的基础上，把工作重点转移到制度的执行和落实上，努力靠制度管理学校，融入人文关怀，形成有效的运行机制，努力建构现代学校管理理念。

1. 充分巩固制度建设成果，养成依法管理、依规管理的习惯

这方面的主要工作包括加强学校教职工代表大会的工作，做好校务公开，适时修改完善学校现有规章制度，明确学校内设机构职能，理顺学校管理思路，建立科学、法治的学校规范管理体系。

2. 提倡教育服务，以尊重、关爱、理解为前提，形成和谐的学校人文管理氛围

这方面的主要工作包括积极开展"进百师门、问百家事、暖百人心"的教师、学生家访工作；畅通渠道，建立机制，加强沟通；及时解决前进中的问题，从不同的视角，关注每一位教师的发展，关注每一个学生的成长。

3. 建立以促进教师发展为目的的管理机制

这方面的主要工作包括制订学校青年教师培养方案、班主任培养方案、校园名师培育计划和促进教师专业发展的培训计划，逐步形成科学合理的相关评价标准与评价体系。

4. 为学生创造"自由时空"，使其身心得到充分、和谐、自由的发展

这方面的主要工作包括积极组建学生社团，支持、指导学生开展社团活动，继续开展校园体育节、艺术节、读书节和其他特色文体活动；加强学校心理健康指导，落实学生在校一日常规管理工作，加强校本特色课程的建设和管理。

（四）教师文化建设工程

1. 倡导以"爱""责任""奉献"为核心的教师职业道德文化

这方面的主要工作包括加强教师良好师德的培育，开展一些具体有实效的主题教育活动，引导、促进教师师德境界的提升；建立和谐的师生关系，突出开展"对学生要有爱心，对工作要有责任心，对同事要有诚心"三心活动、"我最喜欢的教师评选活动"等类似活动，使师生关系和谐；将每一位教师的教育座右铭提炼成文，由学校统一制作成标牌。

2. 营造学校为教师发展创造条件、教师为提高质量努力工作的良好氛围

这方面的主要工作包括进一步落实学校校本培训工作，开展"教师教育沙龙"活动，建立教研员工作站，有条件的学校还可以聘请特级教师指导组，指导、促进教师的专业发展；装备先进的图书室，为教师提供自主学习、独立思考的空间，调动教师工作学习的积极性、主动性和创造性。

3. 形成"勤于探究、敢于创新、善于协作"的研究风气

这方面的主要工作包括着重加强教研组和备课组建设，发现"减负增效"的典型，继续学习、借鉴、运用先进的教育理念和教学方法，可以结合学校实际，

参考《人民教育》《上海教育》介绍的典型，进行学习和推广，形成学校自己的教学模式，积极组织和开展有效的教学比赛，充分利用各类教学比赛的契机，互相学习。

4. 培养"亲和友善，健康向上，文明高雅"的教师生活情趣

这方面的主要工作包括加强学校工会工作，建设示范的教师之家，成立教职工的业余活动社团，用先进的活动文化引导教职工，培养健康高雅的生活情趣，用丰富多彩的文化活动，提升教师生活品质。

（五）学生文化建设工程

教育的终极目的是学生的发展，发展归根结底是学生的自主行为。因此，要有意识地构建学生对知识的兴趣，逐渐建立学生学习的自觉性、积极性和主动性。①培养学生对知识的兴趣，并有意引导他们构建自我兴趣的倾向。提倡学生大胆想象，形成一种善于提出问题、分析问题、解决问题的学生创新文化，培植终身学习理念。要特别重视学生学习兴趣的培养和学习方法的指导，开展"我的学习我做主"系列学习方法讲座交流、优秀学生标兵风采展示等活动。②创建、完善特色班级文化建设。开展班级文化建设设计比赛和班级文化建设先进集体评比活动，进行班级特色活动评比展示；加强学生社团建设，营造"崇尚竞争、注重和谐、持续发展"的学生团队文化氛围。③挖掘学校积淀的文化亮点，开发有校本特色的校本课程，努力探索国家课程在学校的校本化实施，构建具有"完善人格、丰富心灵、启迪智慧"的课程文化。培养学生学会求知、学会做事、学会共处和学会做人。④积极推进课堂教学改革，彰显主渠道育人特点，形成"自强不息、敢为人先、探索创新、终身学习"的学习文化。开展干部、教师"课堂零距离"等活动，深入课堂主阵地，开展发现我的课堂、研究我的课堂、改进我的课堂、享受我的课堂的课堂研究，开展有效教学研究，提高课堂教学效益，建设有效课堂。⑤增强思想道德教育的实效性、系统性和层次性。培养学生关爱他人、关爱社会、关爱自然、学会感恩的思想品德，增强环保、节约意识。

五、课程的要素：课程实施的决策

校长在课程实施决策方面要做到以下几点：一是必须树立课程意识，明确什么是课程。因为每所学校的文化不同，校长要能结合学校办学的历史和现实，确立办学的课程观，并且把这种课程观浸润到学校具体课程的开设和实施上来，形

成学校全体师生的课程文化，那就是学校要"致力于使学生认识到事物和他自己的本质和内部生活，教他了解和使他意识到各项事物彼此之间的内部关系、对人和对学生的关系，以及对一切事物之活的本源和不言自明的统一体的关系"①的人的教育。二是校长必须严格执行国家课程计划，开齐开足国家课程，结合学校资源和地方社会经济发展需要，有选择地开设地方课程或者区域课程，结合学生兴趣爱好和师资条件，创造性地开发有鲜明特色的校本课程。三是努力保持课堂教学的最优化。在当前的教育教学实践过程中，校长要动员教师加强对课程标准的学习和课堂标高的学习，加强研究教材、研究教法、研究学法、研究学生，努力使教学落在学生认知的最近发展区，同时，积极动员广大学生加强预习和提前完成作业，尽可能在课堂上把理论研究的学习抓实，确保学习效率的提高。因此，"只有同时做到提高教学效果又合理使用师生的时间，才能达到教学最优化"。②

校长的课程决策从不同层次的不同要求来看，在国家课程的实施上，校长没有决策权而只有执行力，否则就会被视为违纪违规。而在地方课程的开设方面，如果地方教育行政部门有强制性要求，校长就没有多大选择权；如果地方教育行政部门没有强制性要求，校长就可以依据地方教育行政部门提供的课程清单，进行自由选择，但是这种选择是一种限定性选择。校长的课程决策权在校本课程的开设上体现得比较充分，但是往往因为国家课程和地方课程在课程总计划中所占课时量较大，基本上没有开设校本课程的课时数，同时，由于社会竞争带来的考试压力，家长、教师和校长不得不面对严酷的竞争现实，放弃或者敷衍校本课程的开设，有的则是因为师资、惰性等不开设或者假开设校本课程。

从上海市建平中学的经验，我们可以窥见其在实施三级课程、促进学生全面发展上的课程价值取向，其内容和做法仍然是值得我们学习和借鉴的。建平中学坚持课程改革，坚持活动德育、自主管理、分层走班、学分制、套餐式集中授课制等特色。必修课实行模块教学与分层教学，并配套丰富的拓展性选修课程大餐，如"南京行""长江行""西部行""国庆通宵活动""4S 课程""智能机器人"等，"形成隐性课程、选修课程、活动课程、微型课程、必修课程相结合的'扬长教育'课程模式，取代因循守旧、代代世袭的'补短教育'"③，这是建平中学的课程特色。学生可以在家或在校上网学习的"4S 课程"（社会实践、社团活动、项目设计、科技人文讲座）自主学习平台，最大限度地给予学生自主学习体验的时间、空间。

---

① 福禄培尔. 人的教育. 孙祖复译. 北京：人民教育出版社，2001：92.
② 巴班斯基. 教学教育过程最优化. 吴文侃译. 北京：教育科学出版社，2001：42.
③ 朱永新. 中国著名校长办学思想录. 南京：江苏教育出版社，2004：206.

学生在建平中学可以有更多的选择自由，可以选分层、选课程、选考试科目、选社团、选导师，以便最大限度地满足学生个性特长的发展需要，最大限度地发挥学生的潜能。50 个学生社团活跃在校园，青春形象大赛、双周学生艺术专场、社团节、科技节、英语周、荣誉周一、五月歌会、国庆通宵晚会等让每个建平中学学子都能尽显风采。建平中学倡导个性发展与社会需要完美结合，"合格＋特长""规范＋选择"全面提高教育教学质量。学校女篮连年获得上海市锦标赛冠军，连续 6 年获全国比赛冠军。信息科技大赛（如智能机器人、业余电台大赛、金钥匙科技创新大赛、计算机奥林匹克竞赛）等每年获全市全国冠军。近几年，建平中学的重点大学升学率一直稳定在 90%左右。据复旦大学招生办统计，建平中学考取复旦大学的人数一直名列前茅。建平中学的学生在各类大学里一直保持着强劲的发展优势，建平中学毕业生一直以全面良好的综合素养、自主创新的发展潜质和勤奋出色的工作实绩，赢得社会的普遍赞誉。

第三节　学校外部环境的改善

党的十八届三中全会做出的《中共中央关于全面深化改革若干重大问题的决定》指出，要"深入推进管办评分离，扩大省级政府教育统筹权和学校办学自主权，完善学校内部治理结构。强化国家教育督导，委托社会组织开展教育评估监测"。《国家中长期教育改革和发展规划纲要（2010—2020 年）》明确提出，"推进政校分开、管办分离。适应中国国情和时代要求，建设依法办学、自主管理、民主监督、社会参与的现代学校制度，构建政府、学校、社会之间新型关系"。这就明确指出了今后继续推进学校治理制度改革的方向：目的是建立现代学校制度，目标是实现"管办评分离"，内容是"扩大校办学自主权、完善学校内部治理结构、强化国家教育督导、委托第三方有资质的社会组织评估机构开展教育评估与监测"，方法是"依法办学、自主管理、民主监督、社会参与"，其中"管办评分离"是重点，也是难点，要建立政府管教育、学校办教育、社会评教育"管办评分离"的现代学校制度。《国家中长期教育改革和发展规划纲要（2010—2020 年）》同时还明确提出"把提高质量作为教育改革发展的核心任务"，"树立以提高质量为核心的教育发展观"，"建立以提高教育质量为导向的管理制度和工作机制"。当我们明确了当前教育发展的核心是提高质量之后，就应追问"谁应该并能够对教育质量具体负责？"，答案必然是学校，也只能是学校。或许大家并不认可当前的学校是有效的学校，也就是说，校长的办学并没有得到社会的广泛认可，那么，基于校长办学的校长决策该如何做呢？从外部环境的角度看，美国的校长决策、中国的校长决策、津巴布韦的校长决策之所以差别很大，不仅仅是因为经济环境的不同，还因为管理的类型不同。这些外部的制度环境应该包括国家对学校的管理制度，学校内部的管理体制和运行机制，社会对学校的保障和评估机制。这种制度的重构对校长决策的外部环境改善起着至关重要的作用。

一、传统学校管理制度的弊端

相对于现代学校管理而言，传统学校管理存在的弊端包括一些地方政府部门揽权不放、学校管理左右为难、评价主体自说自话、对民办教育举步维艰和社会治理氛围缺失，弊端不除，贻害无穷。

（一）地方政府部门揽权不放

1. 责任驱使，本位利益

因为教育经费全部是靠地方政府的财政投入来支撑的，所以政府有责任对学校的发展进行宏观调控。政府害怕放手可能出现管理的失控，把对教育的指导当成了自己的责任和义务。同时，设立所谓的重点学校、区管学校、正处级学校、副处级学校等，便于在招生、入学、师资、经费等问题上通过直接控制校长的任命，来控制优质教育资源的调配，体现政府关注所属各部门的本位利益，甚至还有可能是个人利益，使学校办学自主权得不到落实。

2. 跨界作业，"三位"不分

政府和教育行政部门作为公共服务和行业主管部门，既办学校，又管学校，既当运动员和教练员，又当裁判员，这样就使其丧失了监督职能而变成了具体的管理职能，让局长变成了总校长，学校校长变成了分校校长，表现为越位。学校的人事管理、财务管理、总务后勤管理和教学管理都只能按照人事部门、财政部门、国有资产管理部门和教育行政部门的要求和指示执行，校服、饮水、保险、春游、军训、旅游、基建维修、设备采购等，事事要汇报、项项要审批，因为有些制度只有教育部和省级人民政府有权制定，而这些制度在现实中缺乏可操作性。地方政府又不能准确定位和出台实施细则，让学校自己遵照执行，表现为缺位。

相关部门对学校教育教学的专业工作，也挥舞大棒进行指挥，"三防"进课堂、预防艾滋病进课堂、法制教育进课堂、消防教育进课堂、食品卫生安全进课堂等，什么都要进课堂，表现为错位。

3. 地方教育行政部门管理不力

一些地方教育行政部门管理不力表现在：一是在执行相关制度和纪律上无所作为，对制度不加理解地上传下达。二是疲于奔命，陷入应对日常事务的井底，对做好后勤服务社会化的制度和组织建构没有准备。三是自管自办直管学校，管直属学校多、管其他学校少，管公办学校多、管民办学校少，对直管学校处罚轻、对其他学校处罚重。四是建章立制不够，应该加强立法、促进公平、实施监督和培育市场，重视社会参与与评价监测，避免闭门造车，千校一面。五是把一些在实际工作中不可能做到的行为作为规定制定出台，对学校和教师实行强制政策，让学校和教师感到习得性无助而抵触，难以调动教职工的工作积极性，造成"强权失灵"。

（二）学校管理左右为难

1. 学校组织的趋利避害

由于部分区管学校在级别上与教育行政部门一样，校长的任命由区一级的组织部门负责，级别上的光荣感、任命上的优越感以及利益上的相关性，导致有些学校在管理上无视教育行政部门的相关规定，对自己有利的就执行，对自己不利的就不执行，我行我素，诱发了这些学校和教育行政部门之间的矛盾。

2. 人事管理死水一团

尽管在2000年左右国家不再实施计划分配大学生，实行了自主就业，人才的流入机制有了较大的改变，但是人事制度改革总体上仍然相对滞后，人才的流出机制尚未建立。学校班子成员能上能下、教师能进能出的机制空白，学校想要的教师进不来、不想要的教师出不去，死水一团。上级对由于教师评聘和使用引发的用人矛盾，只是一味地责成学校自行解决，到底怎么解决？学校既无据可循，又无计可施。上级只要求学校以"不扯皮、不告状、不上访"为标准，否则，就用问责校长的办法来息事宁人。同时，教师编制的数量、年龄结构、学科结构的不合理问题较严重，尽管实行了教师交流，但是这些教师仍然在学校，进得来、出不去。另外，心理健康课的开设检查，必须要有专兼职教师，但是没有编制配备,在特色学校创建过程中,为了学校特色创建而急需的师资也只能望洋兴叹。

3. 调动积极性越来越难

在实施绩效工资以后,奖励性绩效工资在教师工作量和工作质量的考核上所占的比例越来越小,做多做少、做好做坏在奖励性绩效中体现得不充分。由于职称评聘制度改革带来的教师职业倦怠,评聘上中学高级教师越来越难,评聘上了就进了保险箱,工资待遇就有了保障,有的教师在经历了九死一生的拼搏和努力评聘上了高级教师以后,已经精疲力竭,有的主动要求调离到压力较小的岗位,但是高级教师的身份会一直保留,没有评聘上的教师就只有等待别人退休或者调走以后才有机会。在以经济发展为主导的社会大环境下,以往靠事业留人、感情留人的制度逐渐被废止或者不能执行,现在靠待遇留人更是难上加难,校长在调动教职工积极性方面束手无策。

4. 学校应对不堪重负

学校应该执行党的教育方针,立德树人,育人为本,以教学为主,但是,公立学校每年都要承担大量的非教学任务,而以教学为主在私立学校体现得比较充分。一是教育行政部门安排了无穷无尽的检查评比,如教学技能比武、信息技术整合课比赛、科技活动比赛、教学工作检查、德育工作检查、安全工作检查等,很多活动都需要学校领导汇报、查阅资料、问卷调查、座谈、反馈,苦不堪言。二是其他政府部门给学校分派了很多工作:文明过马路(学校必须派人带头做志愿者)、社会治安综合治理检查、文明单位评比(要实现完成为社区服务的具体工作)、派出所和街道摊派的报纸和杂志等。所有权力部门都可以到学校随机检查,想检查什么内容也随即通知,有的校长被弄得内外交困。

(三)评价主体自说自话

对学校的评价从综合类来看,主要是基于教育督导评估部门对学校的评价以及一些党群部门的质性综合评价,诸如办学水平省级、市级、区级示范校,标准化学校建设校,素质教育特色学校,文明单位,社会治安综合治理先进单位,先进工会,党建达标单位等;还有一类就是教育行业业务部门对学校教育教学和管理质量的评价,诸如辍学率、优秀率、合格率、人均分、教学管理质量评分、德育管理质量评分等;另外一类就是学校的自我评价和宣传。督导部门的主要领导都是由教育部门的主要领导兼任,管办不分,因此,这些都是教育部门自己办学、自己管理和自己评价,自说自话,能把自己说得不合格吗?凡创建必达标,凡评

比必优秀，没有或者说很少有来自民间的第三方评估组织机构的独立评估、来自家长和社区组织参与的由第三方社会中介进行的统计和评估。这种抱着吉他自弹自唱、自我陶醉、自我欣赏的演奏，就像照着镜子看自己，越看越着迷。

（四）民办教育举步维艰

民办教育从总体上来看发展困难，表现在：一是教育行政部门负责监管，但是在谁出资、谁负责的管理责任前提下，教育行政部门只是审核其办学资质，负责业务指导，对其他工作很少给予支持和帮助，民办学校自得其乐，自主办学；二是民办学校的投资者和办学者往往各自怀着不同的理想和办学理念，投资者希望快速收回成本，实现盈利，而办学者则希望借助民办学校的自主办学权，通过烧钱的教育实践实现自己的教育梦想，二者以分道扬镳而结束办学的居多；三是民办学校的师资队伍不稳，老弱病残和经验不足者居多，流动性大，给学校教育教学带来极大的负面影响；四是学校的办学质量良莠不齐，有的学校因为投入高、师资强、待遇好、办学理念先进、支持系统强大而有着较高的办学质量，声名鹊起，有的学校则因为投入不足、师资不稳、待遇差、支持系统弱化等因素而迅速衰败和退出。

（五）社会治理氛围应进一步完善

要建立现代学校制度，必须先建立现代政府。当前，政府是公共事务行使管理权的最主要的行为主体，政府也正是通过行使公共权力，对社会各部分进行管理。

现代学校制度和现代企业制度既有相似之处又各有特殊性，因此，现代学校制度无法复制现代企业制度。像一些关系到国民经济和民生的企业仍然属于国家企业，学校不是一个孤立的个体，它对政府总是存在着依赖关系，在相对宽松的环境下应给予校长一些权力。在这种背景下，现代学校制度的"自治"，不是为了摧毁，而是为了重建，构建一个适合现代教育发展新的政校关系是十分必要的。在这种关系下，政府和学校权责明晰，各司其职。政府退出教育活动的微观领域和学校管理的微观层面，更有利于激发学校办学活力。

二、建立现代学校治理体系

现代学校制度是指在信息化时代背景下，以现代教育理念为导向，能适应经济、政治和科技体制的内在要求，以学校法人制度和新型政校关系为基础，以有效调节政府、学校和社会三者关系为核心，以促进学生全面发展、校长和教师的专业发展以及社区和社会的可持续发展为目标的一套完整的学校制度体系。[①]现代学校制度是相对于传统学校制度而言的，传统学校管理的政府统治与现代学校的"政校分开、管办分离、教评分开、评教分离"是两种根本不同的管理方式，只有充分厘清了传统学校管理的弊端，才能对现代学校制度的建构，尤其是"管"的目标、内容、方法和手段进行建构。

（一）现代政府与现代学校

党的十八届三中全会通过的《中共中央关于全面深化改革若干重大问题的决定》指出，要紧紧围绕更好保障和改善民生，促进社会公平正义，深化社会体制改革，改革收入分配制度，促进共同富裕，推进社会领域制度创新，推进基本公共服务均等化，加快形成科学有效的社会治理体制，确保社会既充满活力又和谐有序。这就明确了政府要由"社会管理"向"社会治理"的新方向发展，一字之差，却蕴含着重大的理论创新，因此，我们必须首先明确"管理"与"治理"的区别，从教育领域来看，要形成真正意义上的教育治理结构，深化教育领域综合改革，深入推进管办评分离。

联合国全球治理委员会认为，"治理是各种公共的或私人的个人和机构管理其共同事务的诸多方式的总和，是使相互冲突或不同的利益得以调和，并采取联合行动的持续的过程"。治理是"一种由共同的目标支持的活动，这些管理活动的主体未必是政府，也无需依靠国家的强制力量来实现"。"管理是从上至下、一元单向的。而治理是指在市场经济体制下，在市场对资源配置起着调节和决定作用的前提下，各个利益主体纷纷围绕共同的目标进行协调与互动的过程，可以说，随着市场经济中行为和利益主体的多元化，政府与社会、企业、学校和个人的关系也应是平等的、双向的、互动的。"因此，治理意味着政府、教育主管部门、学校、教师、家长、学生以及社会成员等主体之间的平等协商、对话沟通、利益博弈关系，是基于教育共同发展而言的。[②]

社会治理的主要内容及要求体现在，一是推进社会事业改革创新，保障和改善民生，促进社会公平正义。加快转变政府职能，强化政府在基本公共服务供给中的主体责任，推广政府购买服务，凡属事务性管理服务，原则上都要引入竞争机制，通过合同、委托等方式向社会购买，发挥法治的作用，为社会事业建设保

---

① 佚名. 解读《教育规划纲要》之建设现代学校制度. 中小学管理，2011（4）：47.
② 转引自满建宇. 管、办、评分离：现代学校制度建设的关系重构. 现代教育管理，2014（9）：25-30.

驾护航。二是创新社会治理体制，增强社会发展活力，促进社会和谐稳定，主要从以下方面着手：①健全社会公共安全体系，防范社会风险，要建章立制，确保食品药品安全、生产安全、网络和信息安全、社会治安以及国家安全；②改进社会治理方式，实现政府治理和社会自我调节、居民自治良性互动，坚持系统治理、依法治理、综合治理和源头治理；③鼓励、支持和帮助社会组织参与社会治理，由政府购买有偿服务，让各种组织和机构集中精力做好本职工作，激发社会活力；④通过完善重大决策的社会稳定风险评估机制，建立畅通有序的诉求表达、心理干预、矛盾调处和权益保障机制，有效预防和化解社会矛盾。社会治理体制创新的内容对社会治理创新提出了新的要求，那就是要推行合作治理，实现多元主体的合作共治，强调依法治理，善用法治思维和法治方式进行治理。[①]

社会治理的实际和现代学校制度建设的推进，要求学校管理必须实行管办评分离，这是当前教育改革的大势所趋，教育管理、学校治理以及教育评价三者之间的关系必然需要重构。在"办"的方面，以往是国有企业办学，被统一取消后回归政府办学，现在提倡的政府不再是办学的唯一主体，不是针对国有企业而言，而是指要提倡社会力量参与或者独立办学，实行办学主体多元化；在"管"的方面，政府不是唯一主体，而要切实简政放权，中央要给地方放权，政府要给学校办学自主权，同时，学校要加快现代学校制度建设，加强自我管理和自我约束。实行管办评分离，这种分离的关键是政府坚决按照"政事分开"的原则来管理学校，把技术性、专业性、服务性的工作交给第三方社会服务机构。但要真正实行管办评的分离，除了评估机构要保持中介性、专业性和公正性外，还需要政府、学校和第三方社会服务机构之间实行明确的、科学的、具体的职责分工，并建立长效运行机制，不仅解决从上到下管理能力不足的问题，而且解决多元、平等、协调的治理能力不足的问题。

管办评分离是构建"政府管理教育、学校举办教育、社会评价教育"的教育发展新格局和现代学校制度建设的必然要求，其根本目的是"为促进学校办学质量的提高服务，满足人们对优质教育的需求"[②]。

（二）现代学校治理制度体系解构

建立管办评分离的教育管理新模式，首先应该从体制上加以改进，用制度管住政府无形的手，把政府由事无巨细的微观管理中解脱出来，实行宏观层面的

---

① 江必新，李沫. 论社会治理创新. 新疆师范大学学报（哲学社会科学版），2014（4）：25-34.
② 满建宇. 管、办、评分离：现代学校制度建设的关系重构. 现代教育管理，2014（9）：25-30.

"管"。这就需要进行权力的重新分配，把权力关进制度的笼子，简政放权，政校分开、管办分离，依法治校，真正为构建现代学校制度做好奠基性和前提性的工作。

政府的职能应该是什么？传统政府对学校方方面面的大包大揽、事无巨细，已经饱受诟病。行政指挥应该退回到哪条线以后？政府主要应保证学校举办权，保证学校能够自主、健康、持续发展，至于其他诸如学科、教学、人事、课程等，就下放到学校自主管理。那种防止"一放就乱"的思想，仍然是一种封建家长制的思想，政府只需要建好"游泳池"，制定好"游泳"的规则，教给学校"游泳"的方法，不需要代替学校去"游泳"。具体而言，政府要在规划、法制、政策方面予以引导：一是提供财政保障，依法给予区域内学校足额的财政保障经费，避免办学主体以营利为目的的收费；二是对区域内的学校数量、种类、结构做出科学合理的布局，并对准入秩序作宏观统筹；三是对区域内学校的教育质量、教育目标提出总要求，在规定教育发展宏观目标的同时，也给予不同学段、不同阶段的学校自主发展的空间；四是制定应急保障机制，为学校办学做好排险服务工作，保障学校运行在正常的轨道上。[①]

1. 把校长的选聘权交给学校

我国要在一定的整体区域内试行校长由学校选聘的制度，放弃由上级任命校长的行政命令模式。校长的选聘可以由教育行政领导、教师代表、家长代表、社区代表和学生代表组成考评小组，代表分别由各自不同的群体选举产生，再由参加竞聘校长的潜在人选到教育行政部门报名、接受教育行政部门对参选者进行德能勤绩的考核、参加统一的笔试考试，笔试通过者再在考评小组内进行演讲，由考评小组评议和打分，最后，综合得分最高者出任校长，报上级教育行政部门备案即可。副校长和其他人员也可以按照演讲竞聘的方式，由校长组织和聘任，书记可以由上级教育行政部门进行委派。要制定校长被弹劾、罢免、监督的相关规定，既确保校长对学生、家长、教师、社区负责，遵守国家和教育行政部门的相关规定，依法行政，又可以减少政府部门的干扰和掣肘，同时真正接受群众的监督。

2. 把教师的招聘权还给学校

在这个问题上，政府要做的事情就是制定教师进出的机制，创造强大而良好的舆论氛围，可以考虑实行"按年龄段划分，老人老办法、新人新办法"的教师评聘机制，编制和岗位都可以不变，唯一要变的就是机制。要确保教师能进能出，

---

① 冯洪荣. 行政与学校之间：管办渐分离，民主入人心. 未来教育家，2013（Z1）：13.

制订教师聘用方案和实施细则，为低职高聘、高职低聘、优者能进、劣者能出提供可能。当然，要考虑目前的现实国情，要制定相关政策支撑和法律保障，确保教师的退出机制能顺利实施，依法治校，对违反师德规范、扰乱教学秩序和违纪违法者实施严厉的制裁，确保制度的严肃性和可操作性。同时，对接教师交流制度，考虑教师整体年龄结构、学历结构、职称结构、学科结构的不平衡，划定一定比例，实施教师流动和交流。

3. 把学生的招生权还给学校

为什么要把招生权还给学校呢？因为很多热点校、名校没有招生自主权，各种"关系生""条子生""共建生"背后都蕴藏着权力和利益交易，政府权力部门可以强势介入教育行政部门和学校。政府和教育行政部门应建立明确的义务教育入学管理规定，在以区为单位的区域内，划定社区对口入学学区和学校，实行网上报名和核实资料存档备查，界定军属、烈属、残疾和按照国家规定可以享受择校的群体，允许一定比例的择校生，并在申请人数超过择校人数的情况下实行摇号选择，向社会进行公示和公开，确保政策的公开透明，并严格执行相关规定，对不严格执行规定的校长进行问责、对校长绩效奖励进行扣减、对校长职级评估进行扣分，确保招生工作在阳光下运行，让钱权在招生工作中无用武之地，让违规者曝光，让做假者付出惨痛代价。

4. 把课程设置和选择权交给学校

在课程设置上，学校在国家课程的实施中，应该说，执行得是比较好的，因为国家课程的开设带有强制性规定。但是，在地方课程的选择上，各种带有政府和部门工作要求色彩的"进课堂"，让学校不能、不敢拒绝。把课程设置和选择权交给学校以后，学校就可以按照国家要求在地方课程和校本课程的选择上，把选择权交给学生和教师。教师可以根据自己的特长有选择性地开设校本课程，学生可以有选择性地根据自己的兴趣爱好选择适合自己发展的课程来学习。学校聘请社会专业机构的人员作为校本课程的开发者和参与者，为学生提供更多可供选择的机会，为学生全面发展、自主发展、特长发展、个性发展提供丰富而全面的课程。

5. 要以信息化带动学校管理现代化

离开了信息化，教育管理的现代化就容易成为一句空话。从学校内部看，信息化管理已经成为教育生活的重要组成部分。资产管理、财务管理、教学管理、学籍管理、德育管理、行政管理、党务管理、档案管理、图书管理等，以及人事管理、教师管理、学生管理、年级管理、班级管理等已经全部实施了信息化管理，学校内部已经实现了"班班通"。从纵向沟通看，学校与各级教育行政部门、业务部门、家长、学生的信息沟通已经实现了"人人通"，视频监控系统、视频会议系统一应俱全。从横向联系看，校际已经实现了"校校通"，各级教学资源平台实现了互通和共享，教育教学研究和教育科研工作可以实现实时可视互通互动，校际课堂教学可以实现师生实时互动、资源共享。信息化建设为建设现代学校提供有力的技术支撑和资源保障。

6. 加大对民办学校的扶持力度

依法办学、自主管理、民主监督、社会参与的现代学校制度的建立，离不开民办学校的参与。从严格意义上说，民办学校的办学在这几个方面体现得更充分。政府要加大对民办学校的政策扶持，鼓励社会资本参与民办学校的发展和壮大，为广大群众提供更多更好的、可供选择的入学机会，满足不同群体的不同需求。

三、完善学校办学自主权体制

学者雷诺兹（Reynolds）的研究表明，在许多国家，学校效能的提高和改进均与自我管理有密切关系，因为"拥有"自己的学校，所以教职工都为自己学校的管理和发展负有重责。

（一）依法办学，依法治校

进一步优化学校内部管理，就是要坚持依法办学，依法治校，探索建立自主管理、民主监督、社会参与的现代学校制度，充分发挥学校的主体作用，提升自主办学能力，强调学校的核心作用，使学校的自主权得到保障，进一步加强制度建设，重点加强学校章程建设，进一步完善学校科学民主决策机制和校务公开等制度，推进学校民主管理制度化，依法保障教职工参与学校管理和监督的民主权利。同时，要引导学生、家长、社会以及有关专业人士参与学校管理，使学校内部管理走上科学化、规范化道路。

推行各级各类学校权力清单制度，依法公开权力运行流程，接受群众监督，防止暗箱操作，保证权力正确行使。对于学校校长等领导利用职务之便侵吞科研经费，插手考试招生、教材教辅选用、基建工程招标和设备采购等领域的腐败问题，要顺藤摸瓜、抓住不放、一查到底。

在中小学试点校长选聘制度、职级制度和薪酬制度改革，废除校长行政级别的设立和管理考评办法，建立中小学校务委员会制度，完善学校议事规则，建立家长委员会制度，打通学校、家庭和社会相互沟通交流的壁垒。通过教职工代表大会进一步修订或制定学校章程，健全现代学校内部管理制度，确保学校管理权在阳光下运行，建立和完善学校法人治理结构。

（二）实施自主管理，倡导教育家办学

教育家办学虽然与积极推进教育体制改革、落实和扩大学校的办学自主权、改变教育的行政化倾向等话题密切相关，但教育家办学的根本是遵循人的成长规律、认知规律和心理发展规律，按照教育规律办学，在教育实践中正确地回答为谁培养人、培养什么人和怎样培养人的问题。

第一，倡导教育家办学可以严守教育的独立地位和立场，可以有效地防止教育行政化或者被异化的倾向，让教育回归本真，把人还原为人而不是机器或物件，也就是说，教育要把生活中的人作为出发点和最终归宿，用人的眼光去看待人的生存和发展才是人之自我生成的逻辑，也才能理解和说明教育的基本逻辑。第二，倡导教育家办学可以坚守教育的"育人"宗旨和"人本"思想，就是要坚持"育人为本""德育为首""德育为基"，把社会主义核心价值观融于教育全过程。"育人为本"就是要以实现人的全面发展和潜能发展为目标，一切工作都要以人的发展为出发点和归宿，既为了人、唤醒人、培养人、帮助人、发展人，也依靠人、尊重人、理解人；就是要尊重知识、尊重人才、尊重创造，增强教育和社会发展的动力、合力和可持续力，有效地防止和杜绝伪教育思想和反教育行为。第三，倡导教育家办学可以确保学生发展的主体地位和调动他们发展的主观能动性，实施有效教学，可以保证教师教的目标和学生学习目标的思想相对自由，可以提高教师学术和思想的自由度。教育家办学呼唤校长应该是一个有思想、懂教育、敢创新、善实践的人，一个有进取心、有目标、有责任感、有奉献精神和有事业心的人，一个具有民族精神、时代感、国际化、前瞻性和战略思维的人，一个关注社会和谐、心系教师发展和致力学生成长的人，一个有爱心、公正、坦诚、守信和有民主精神的人。

教育家办学是教育发展和社会选择的必然趋势，核心是尊重学生发展的规律性、教育自身发展的规律性和教育管理的专业性，要改变和完善学校领导的管理模式，不能照搬、照套行政干部任用及管理办法，推行校长职级制，改变原来由上级组织部门负责学校干部任用的做法，而是由教育专家和学校教师代表等共同组成的校长选聘委员会选聘校长，也可以试行"校长组阁制"，即教育行政部门只

选任校长，学校管理团队由校长组建，目的是从制度上保障学校管理层理念一致、行动合拍。

（三）强化开放式治理，实施混合决策

学校是个开放的公共机构，属于利益相关者组织。学校作为一个学习共同体组织，一方面，由政府投入，需要按照政府的相关规定和法规，依法办学；另一方面，教育行政部门人员、学生、教师、家长、社区代表共同参与组织的学习过程，因此，要充分听取来自各方代表的意见和建议，哪些属于教育行政部门和政府其他部门审批的内容、哪些属于校务委员会商议的内容、哪些属于校长执行的工作、哪些属于家长委员会决定的内容、哪些是社区参与的内容，都要融入学校治理的范围之中，谁代表学校，学校要不要受外部力量左右，外部力量以何种方式影响学校内部决策，学校哪些事务可以让外部人士决策，这些问题都需要探索。杜威指出："民主的社会既然否定外部权威的原则，就必须用自愿的倾向和兴趣来替代它；而自愿的倾向和兴趣只有通过教育才能形成。"[①]这为学校开放式管理提供了实践的现实机会，在社会参与、监督办学方面，实践中出现了多种形式，如校友参事会、校务咨询委员会、理事会等，背后是"多元共治"的指导思想，即引入家长、校友、社会贤达、社区代表等社会力量，协同管理学校，监督学校办学行为，研究和协调解决学校发展中的问题。与纯粹由校内人员主导的内部治理结构相比，这些制度所提供的是一种多元、混合的决策机制，协调各方价值判断，吸纳多方面意见，提供外部资源支持。这些探索有利于避免学校视野狭窄、思维僵化等问题，客观上也能深化社会对学校的理解和认同。

四、建立购买第三方服务的机制

我国要完善管办评分离的学校教育评价新方法，改变政府大包大揽式的自己办学、自己监管、自己评价的传统教育管理和教育评价机制。通过政府购买第三方提供社会服务的方式，把教育评价权交给社会组织举办的教育质量专业评价和监测机构，这种评价不仅是针对学校办学的督学，更有针对政府尽责和履职的督政，由第三方社会组织机构进行评价，可以确保评价结果的公开性、客观性和合法性，使得教育评价工作制度化、规范化、法制化。

---

① 约翰·杜威. 民主主义与教育. 王承绪译. 北京：人民教育出版社，2001：97.

（一）政府教育督导部门研制评价标准体系

评价是教育督导部门独立开展办学评价的专门工作，教育督导工作有两项任务，一是督政，二是督学，要广泛征集意见，制定专门的督政、督学评价系统，完善评价体系。督政主要是评价政府执行教育法律法规的行为，是否继续伸出那只"管不住的手"，这是根本性和主要的评价内容之一。在此基础上，要依据国家教育方针，制定细化到涉及《义务教育学校管理标准（试行）》的平等对待每位学生、促进学生全面发展、引领教师专业发展、提升教育教学质量、营造和谐安全环境、建设现代学校制度六个具体问题，来评判学校是否执行了育人为本、全面发展，促进公平、提高质量，安全和谐、充满活力，依法办学、科学治理的基本管理理念，同时，对校长的考核应该涉及基于《义务教育学校校长专业标准（试行）》的规划学校发展、营造育人文化、领导课程教学、引领教师成长、优化内部管理、调适外部环境的基本内容，来评判校长是否具备以德为先、育人为本、引领发展、能力为重、终生学习的基本理念，更要针对政府在服务学校、依法投入、简政放权、制定标准等方面的教育监管工作制定评价标准和体系，加大督政的力度。只有依法制定了督政、督学的标准评价体系，才能使建立现代学校制度的教育评价有据可依、有章可循，并且将这种评价体系规范化、法制化、公开化，才能有效地动员全社会参与监督，才能有效地使管办评分开，为开展第三方评价创设基础和前提。

（二）委托民间第三方教育评价专业机构进行评估

只有把政府监管教育、学校自主办学和社会评价教育的职权责利关系相互明确和理顺，把政府的教育监管和学校的自主办学评价职能分别从政府和学校手中分离出来，同时，积极宣传和培育民间第三方教育评价和监测专业机构，才有可能实现"评"的分离。政府应积极引导社会力量创办基础教育质量评价机构，在资金、政策、人才上给予帮助，同时建立完善的基础教育质量评价机构准入和评级制度，让基础教育质量评价机构之间在市场规律作用下进行良性竞争，确保社会教育评价机构的严肃性和权威性。在一定范围内建立区域性的教育专家、校长和教师等评估专家库，可以异地选择委托、购买评估服务，形成跨界评价的制度，防止利益勾连，长期分期分批地对政府、学校和校长进行专业的评估，还可以有效地杜绝经常性的检查、评比。要使用有效的评估软件对教育行政部门官员、学生、家长、社区代表的意见进行统计和分析，把过程性评价、终结性评价和发展性评价结合起来。同时，要有效地结合学校的实际情况，看发展、看变化，从第三方、主观和客观的角度，以问卷、访谈等不同形式，积极考察学校教职工代表大会、家长委员会、校务委员会对学校发展的评价。一是让学生家长参与学校办学评价。通过建立覆盖一定地域的学生家长的满意度调查制度，每学期两次组织电话随访，主动让利益相关者"揭短亮丑""评头论足"，把对学校的评价权主动交给家长和社会。满意度调查内容包括学校整体办学、班主任管理、任课教师教学、学校后勤服务以及学生身心发展等方面。所有调查都委托专业的第三方社情民意调查机构进行。调查结果作为学校业绩评价、校长职级认定的重要内容。电话随访都采用随机抽取的方法，所有学生家长的电话都有可能被抽到。这就促使教师在日常教学中公平对待每一位学生，促进每一位学生的健康成长。二是引入同行专家评价学校。通过引入第三方专家团队，实现同行评价、专家评价，把对学校和校长的评价过程变成诊断、指导、提升的过程。教育部门角色转换为"规则的制定者、程序的监督者、过程的服务者、结果的使用者"[①]。三是要建立绩效评估与问责机制。委托社会中介机构等作为第三方实施基础教育质量及绩效评估，能够最大限度地保证评估的独立性、专业性、客观性和公正性，提升评价结果的科学性与准确性，促进学校错位竞争、特色发展和和谐发展。四是要建立购买后勤服务的相关制度和经费保障制度。学校的保洁、保安、保险、食堂、维修、评估、审计等非教育专业的服务性内容，可以由政府按照一定的规范进行统一的集中采购，学校作为第三方接受服务，并将服务质量的评价结果反馈给政府相关部门，以便提高服务质量、服务水平和服务能力。

（三）评价结果的使用

政府要定期反馈和公布第三方评价结果，不能单一地公布评价的最终结果，而要公布评价的阶段性结果，以多元化的方式予以呈现，不仅要公布学校教学质量的评价结果，还要公布学校的管理水平、办学条件、办学行为、师资水平、学生发展的评价结果等，促进不同的学生实现自主发展的需要。要建立基于校长办学业绩的职级评定制度，通过设置贴近校长成长规律的职级序列引导校长专业发展。教育行政部门要委托第三方，根据校长办学能力、办学绩效、任职年限、办学满意度等评定相应职级，结合本地区经济和社会发展实际，对应执行校长薪酬制度。

---

① 张国华. 山东潍坊："管办评"分离的改革路径. 人民教育，2014（3）：36-37.

结　语

行文至此，关于中学校长决策的探讨和研究，在笔者的研究能力和研究水平基础上，就要告一段落了。反观研究全过程，不免自觉研究的起点低、落点也不高，原本想把自己多年来从事校长工作岗位的实践行动做一些理论上的提升，但与一些专家学者的研究比起来，还相差甚远。现实中的校长看起来主要是一个执行者，但"一个好校长就是一所好学校"，因此，校长决策既是一个理论问题，也是一个实践问题。作为有着一定实践经验的理论工作者，同时，也作为有着一定理论基础的实践工作者，笔者将现实中校长的行动与智慧，以案例的形式提供给理论界，作为奉献给理论工作者研究的基础，也站在实践者的角度，将校长决策进行实证研究和分析，为实践着的校长提供可资借鉴的对策与建议，并以此作为自己行动和思考的总结。

从本书的结果来看，检测的结果与现实感性认识比较一致：一是在校长对内、对外决策十个维度中，现代学校制度建设中的校长决策水平较低，且与教师看法有显著性差异，教师的看法比校长自己的看法更差，而其他九个方面相对较好。二是在调节教育资源和处理公共危机中的校长决策与教师的看法有显著性差异，调节教育资源中的校长决策得到了教师更多的认可，而处理公共危机中的校长决策得到的认可度更低。三是教师的性别和担任班主任工作的年限对校长决策的看法没有影响，而教师的年龄、职称和学历的不同对校长决策的看法影响非常大，年长的、高学历的和高职称的教师的想法和看法应该得到更多关注。从校长的决策价值来看，本书研究了校长实践工作的五个方面，从道德决策反映校长的决策觉悟，从组织决策反映校长的决策能力，从文化决策反映校长的决策境界，从课程决策反映校长的决策水平，从人性决策反映校长的决策态度。本书量化与质性研究兼顾，较好地定位了校长决策的价值取向。从分析过程和结果看，本书分析了困扰着现实中校长决策的原因：升学压力的重负、责权利的不对称、评价标准的单一、创新能力的不足、来自学生和家长的压力以及资金预决算与使用的外控等六个方面。从影响校长决策的因素看，本书概括了教育理论研究者、教育行政管理者、教育管理实践者视界中三个方面的内部因素，也梳理了教育的社会外在以及学校自身的外在两个方面的外部因素。本书对校长决策的改进提出了三条建议：一是校长作为决策者要从四个方面进行个体自身改造——强化决策理论研修、坚定先进教育信念、培养决策核心素养、丰富决策实践经验；二是校长作为以学校为主体的决策群体负责人，要从五个方面进行以学校为主体的内部管理改进——建立现代学校制度、加强学校团队建设、细化办学经费预决算、学校历史与文化的扬弃、学校课程与教学管理；三是从传统学校管理制度的弊端入手，从三个方面进行学校外部环境的改善——建立现代学校治理体系、完善学校办学自主权体制、建立购买第三方服务的机制。本书以教育部印发的《义务教育学校管理标准（试行）》为依据，制定了经检测验证了的校长决策调查问卷和测评方法，形成测评量表，较为客观地反映校长决策的实然状态，为诊断和改进校长决策提供了研究基础。

同时，作为实践工作者的研究，尽管有实践的基础，但是笔者仍感自己理论基础肤浅、研究深度不够和理论水平不足，使得本书从实证研究过渡到理论分析的水平还很稚嫩，还没有有效地挖掘和透析出实践和理论之间的内在联系和节点所在，尽管研究采取了问卷、访谈和个案研究的方式进行了分析，但是由于抽样的样本数量较少，范围较窄，仅限于依据自己工作的地域范围内的调查数据来开展分析，使得本书与理想的研究设计还有一定距离。由于长期在中学教育教学和管理一线工作，加之研究背景的局限，笔者深感自己在英文资料的查阅和使用方面还有较大困难，本书的外文资料搜集和使用也较少，这致使本书的国际视野和研究深度不够。笔者作为实践工作者，当然也是研究着的实践者和实践着的研究者身份，更多的是深感校长决策受制于制度、体制和机制方面的困惑比较多，尽管自己提出了校长决策要在制度、体制和机制方面进行改善，但是，笔者深感冰冻三尺，非一日之寒，要在这些方面进行改善，也非一朝一夕之事，所以笔者更多地想从自身改造和学校改进方面来做一些可以有所为的工作。尽管笔者冥思苦想地依据《义务教育学校管理标准（试行）》制定了研究校长决策的问卷和测量依据，但是，它离标准的要求还有较大距离，问卷还需要进一步在细化和深化上进行拓展以及完善。在校长决策价值论中，本书梳理了体现校长决策价值的五个方面，但是没有能很好地展开理论和实践的对话，理论与实践有些脱节，有陷入了就事论事的泥团的感觉，不能自然地上升到理论的高度。

学无止境，选择了校长职业，就要满腔热情地拥抱教师、拥抱学生的内心，努力践行校长工作的职业要求、专业要求和事业要求，把学校作为自己的研究室，继续深入探索校长决策的相关理论和实践，相信任何实践都是在一定理论指导下的实践，任何理论也是有着一定实践基础的理论，做到理论与实践相结合，探索本土校长决策的实践经验，并且上升到理论高度，形成具有本土特色的、扎根于校长工作实践的校长决策理论，这应该是自己今后努力的方向。

参考文献

阿妮塔·伍德沃克. 2005. 教育心理学. 8 版. 陈红兵, 张春莉译. 南京：江苏教育出版社.

伯蒂·埃弗拉德, 吉弗里·莫里斯, 伊思·威尔逊. 2007. 有效学校管理. 杨天平译. 重庆：重庆
  大学出版社.

陈向明. 2013. 教育研究方法. 北京：教育科学出版社.

陈永明, 李昱辉. 2012. 现代教育领导研修. 北京：北京大学出版社.

戴尔·H. 申克. 2003. 学习理论. 3 版. 韦小满, 等译. 南京：江苏教育出版社.

邓小平. 1993. 邓小平文选. 3 卷. 北京：人民出版社.

第斯多惠. 2001. 德国教师培养指南. 袁一安译. 北京：人民教育出版社.

费孝通. 2009. 费孝通全集. 11 卷. 呼和浩特：内蒙古人民出版社.

福禄培尔. 2001. 人的教育. 孙祖复译. 北京：人民教育出版社.

赫伯特·西蒙. 1988. 管理行为. 杨砾, 韩春立, 徐立译. 北京：北京经济学院出版社.

胡守棻. 1989. 德育原理. 北京：北京师范大学出版社.

黄济, 王策三. 1996. 现代教育论. 北京：人民教育出版社.

黄志成, 程晋宽. 2001. 教育管理论. 上海：上海教育出版社.

金洲, 程亮. 2013. 中国教育研究新进展 2011. 上海：华东师范大学出版社.

柯尔伯格. 2000. 道德教育的哲学. 魏贤超, 柯森, 等译. 杭州：浙江教育出版社.

夸美纽斯. 1999. 大教学论. 傅任敢译. 北京：科学教育出版社.

刘建军. 2007. 领导学原理——科学与艺术. 3 版. 上海：复旦大学出版社.

卢梭. 2001. 爱弥儿. 上卷. 李平沤译. 北京：人民教育出版社.

伦恩·伯格, 奥斯坦. 2003. 教育管理学. 孙志军, 金平, 等译. 北京：中国轻工业出版社.

马克思, 恩格斯. 1979. 马克思恩格斯选集. 4 卷. 中共中央马克思恩格斯列宁斯大林著作编译局
  译. 北京：人民出版社.

迈克尔·富兰. 2005. 学校领导的道德使命. 中央教育科学研究所, 加拿大多伦多国际学院组织

译. 北京：科学教育出版社.

钱焕琦. 2009. 教育伦理学. 南京：南京师范大学出版社.

邱渊. 1989. 教育经济学导论. 北京：人民教育出版社.

瞿葆奎. 2001. 中国教育研究新进展·2001. 上海：华东师范大学出版社.

瞿葆奎，郑金洲. 2005. 中国教育研究新进展·2003. 上海：华东师范大学出版社.

让·皮亚杰. 1981. 人的教育. 傅统先译. 北京：文化教育出版社.

任钟印. 2001. 昆体良教育论著选. 北京：人民教育出版社.

斯蒂芬·P. 罗宾斯等. 2005. 管理学原理. 5 版. 毛蕴诗主译. 大连：东北财经大学出版社.

斯蒂芬·P. 罗宾斯，玛丽·库尔特. 2008. 管理学. 9 版. 孙健敏，黄卫伟，王风彬，等译. 北京：
    中国人民大学出版社.

孙绵涛. 2006. 教育管理学. 北京：人民教育出版社.

孙绵涛. 2007. 教育行政学. 3 版. 武汉：华中师范大学出版社.

谭力文，李燕萍. 2004. 管理学. 2 版. 武汉：武汉大学出版社.

王道俊，郭文安. 2009. 教育学. 北京：人民教育出版社.

王晓辉. 2010. 教育决策与治理. 北京：教育科学出版社.

吴志宏. 2001. 教育管理学. 上海：华东师范大学出版社.

萧宗六. 2001. 学校管理学. 3 版. 北京：人民教育出版社.

雅斯贝尔斯. 1991. 什么是教育. 邹进译. 北京：生活·读书·新知三联书店.

杨小微. 2002. 教育研究的原理与方法. 上海：华东师范大学出版社.

于琛，宋凤宁，宋书文. 2009. 教育组织行为学. 北京：北京师范大学出版社.

约翰·杜威. 1994. 学校与社会·明日之学校. 赵祥麟，等译. 北京：人民教育出版社.

约翰·杜威. 2001. 民主主义与教育. 王承绪译. 北京：人民教育出版社.

约翰·怀特. 1997. 再论教育目的. 李永宏，等译. 北京：教育科学出版社.

周三多，陈传明，贾良定. 2009. 管理学——原理与方法. 5 版. 上海：复旦大学出版社.

Aronson E，Wilson T D，Akert R M. 2005. 社会心理学. 5 版（中文第 2 版）. 侯玉波，等译. 北
    京：中国轻工业出版社.

B. A. 苏霍姆林斯基. 1983. 帕夫雷什中学. 赵玮，等译. 北京：教育科学出版社.

Burger J M. 2010. 人格心理学. 7 版. 陈会昌，等译. 北京：中国轻工业出版社.

E. 马克·汉森. 2005. 教育管理与组织行为. 5 版. 冯大鸣译. 上海：上海教育出版社.

Robert J. Sternberg. 2006. 人格心理学. 3 版. 杨炳钧，等译. 北京：中国轻工业出版社.

Woolfolk A. 2005. 教育心理学. 10 版. 何先友，等译. 北京：中国轻工业出版社.

Ю. К. 巴班斯基. 2001. 教学教育过程最优化. 吴文侃译. 北京：教育科学出版社.

附　录

附录一　《中学校长决策研究问卷》（校长卷）

问卷编号_____　调查编号_____　调查地点_____　录入员编号_____

您好！我们是华中师范大学教育学院中心调研团队，为了真实全面了解中学校长决策的发展情况，特设计此问卷，诚恳征求您的意见。您的宝贵意见将是我们研究的重要参考依据，请您如实、详细填写相关信息。本次调查以不记名的方式进行，调查结果仅供研究之用，我们将替您严格保密，请放心填答。

衷心感谢您的参与和积极配合！

祝您工作顺利！身体健康！

华中师范大学教育学院

2014 年 9 月

问卷填写说明：

（1）本问卷共有 68 个选择题，为保证问卷的质量，请您回答完所有题目。

（2）本问卷第 64～68 题为开放式问题，请您自由填写。

（3）此问卷内容只针对学校正职校长，由学校正职校长填写。

一、背景信息（请在符合实际情况的序号上划"√"）

1. 您的性别：A. 男　B. 女

2. 您的年龄：A. 30 岁及以下　B. 31～40 岁　C. 41～50 岁　D. 51 岁及以上

3. 您的学历：A. 硕士研究生及以上　B. 本科　C. 大专及以下

4. 您的职称：A. 初级　B. 中级　C. 高级

5. 您的教龄：A. 5 年以下　B. 5～9 年　C. 10～19 年　D. 20 年及以上

6. 您担任班主任：A. 5 年以下　B. 5～9 年　C. 10～19 年　D. 20 年及以上

7. 您担任校长：A. 5 年及以下　B. 6～15 年　C. 16～30 年　D. 30 年以上

8. 您在本校担任校长有：A. 5 年及以下　B. 6～15 年　C. 16～30 年　D. 30 年以上

9. 贵校地处：A. 乡镇或农村　B. 县级城市　C. 地市级城市　D. 省会城市

10. 贵校属于：A. 公办学校　B. 民办学校

11. 贵校属于：A. 初中　B. 高中　C. 完全中学

12. 贵校学生：A. 1000 人以下　B. 1000～1999 人　C. 2000 人及以上

13. 贵校校史：A. 20 年以下　B. 20～39 年　C. 40～59 年　D. 60 年及以上

二、正式问卷（以下各项均是对学校正职校长工作的描述，请您在合适的选项上打"√"）

题目	完全不符	不太符合	有点符合	比较符合	完全符合
14. 严格执行就近入学作为学生升学依据。	1	2	3	4	5
15. 严格执行不分重点班的规定。	1	2	3	4	5
16. 每天统计、每周汇总学生每天到校、上课的信息。	1	2	3	4	5
17. 严格执行"防流控辍"的举措。	1	2	3	4	5
18. 教学及课程设置完全能满足学生个性化学习的需要。	1	2	3	4	5
19. 完全能做到不歧视任何一个有困难的学生。	1	2	3	4	5
20. 能发挥各学科独特的育人功能并全员育人。	1	2	3	4	5
21. 德育形式新颖，能培养学生良好的社会责任感。	1	2	3	4	5
22. 能遵循学生的认知规律，培养学生良好的学习方法、习惯。	1	2	3	4	5
23. 完全能做到因材施教，培养学生终生学习的能力。	1	2	3	4	5
24. 开足开齐体育课，确保学生每天锻炼 1 小时。	1	2	3	4	5
25. 合理安排作息时间，保证初中生每天睡眠 9 小时。	1	2	3	4	5
26. 能按照国家要求开齐开足音乐课、美术课。	1	2	3	4	5
27. 学生艺术社团或兴趣小组活动丰富，效果好。	1	2	3	4	5
28. 学校能坚持适当布置学生家务劳动方面的作业。	1	2	3	4	5
29. 能配备专兼职心理健康教育教师并积极开展心理辅导活动。	1	2	3	4	5

题目	完全不符	不太符合	有点符合	比较符合	完全符合
30. 教师能尊重学生人格，不讽刺、挖苦、歧视学生，不体罚或变相体罚学生，不收受学生或家长礼品，不从事有偿补课。	1	2	3	4	5
31. 严格健全教师管理制度，保障教师合法权益，完善教师考核评价制，激发教师的积极性和创造性。	1	2	3	4	5
32. 学校能积极关心教师生活状况和身心健康，经常组织形式多样的活动，定期安排教师体检。	1	2	3	4	5
33. 经常开展师德教育和法制教育，教师立德树人的荣誉感和责任感强。	1	2	3	4	5
34. 学校能积极组织教师学习课程标准，熟练掌握学科教学的基本要求。	1	2	3	4	5
35. 学校能坚持定期开展校本研修活动来提高教师队伍的专业水平和教学能力。	1	2	3	4	5
36. 学校能认真制订班主任培训计划、定期组织班主任学习、培训和交流，班主任组织管理和育人能力强。	1	2	3	4	5
37. 学校有完善的教师培训制度、教师培训规划，建立有教师专业发展档案。	1	2	3	4	5
38. 积极创建基于网络学习平台的学习共同体，并开展教研活动。	1	2	3	4	5
39. 完全能根据学生发展需要积极组织实施校本课程。	1	2	3	4	5
40. 学校教学质量分析的措施有力，能提高教学的有效性。	1	2	3	4	5
41. 教师的教学方式灵活，学生参与的积极性和主动性高。	1	2	3	4	5
42. 完全能合理控制作业量。	1	2	3	4	5
43. 学生综合素质档案完全能真实反映学生发展状况。	1	2	3	4	5
44. 考试成绩不公开排名、不以分数作为评价学生的唯一标准。	1	2	3	4	5
45. 学校图书室、实验室、功能室面向学生开放，使用效益高。	1	2	3	4	5
46. 有完善的安全卫生管理制度和工作机制，食品卫生、人身安全、设施安全和活动安全有保障。	1	2	3	4	5
47. 有健全的突发应急事件预案，预防和应对溺水、交通事故、不法分子入侵、校园暴力或公共卫生事件的措施到位。	1	2	3	4	5
48. 师生对学校食堂的伙食质量和服务水平满意。	1	2	3	4	5
49. 有计划地开展生命教育、防灾减灾教育、禁毒和预防艾滋病教育等以生活技能为基础的安全教育。	1	2	3	4	5
50. 师师、师生、生生之间能互相尊重、互相包容、和睦相处。	1	2	3	4	5
51. 学校组织的各种活动丰富多彩。	1	2	3	4	5
52. 学校法制观念强，能做到依法治校。	1	2	3	4	5
53. 学校依法制定了学校章程、发展规划且按计划实施。	1	2	3	4	5
54. 学校有健全的管理制度、办事程序和议事规则。	1	2	3	4	5

题目	完全不符	不太符合	有点符合	比较符合	完全符合
55. 定期召开校务会，民主决策学校重大事项。	1	2	3	4	5
56. 学校党组织的战斗堡垒作用和党员教师的先锋模范作用发挥得好。	1	2	3	4	5
57. 健全教职工代表大会制度，涉及师生切身利益和学校发展的重大事项，全部提交教职工代表大会通过。	1	2	3	4	5
58. 学校教职工代表大会的职能发挥得很好。	1	2	3	4	5
59. 设置校务信息公开栏，公开校务信息，保证教职工、学生和相关社会公众对学校重大事项、重要制度的知情权。	1	2	3	4	5
60. 能落实学校领导接待日制度，设立校长信箱，搭建信息沟通平台，很好地听取学生、教职工和家长的意见和建议。	1	2	3	4	5
61. 完善家长委员会制度，邀请家长参与治校，形成育人合力。	1	2	3	4	5
62. 主动争取并获得社会力量对学校改革与发展的支持。	1	2	3	4	5
63. 学校是否聘请专业机构的专业人员作为法律顾问。	是			否	

64. 您认为学校管理的哪些内容需要您进行决策？

65. 您在学校决策中，优先考虑的目标是什么？

66. 在学校决策中，您认为最难决策的问题是什么？

67. 您对学校部门的政策执行情况的总体评价如何？

68. 在学校决策中，您认为哪些因素对您的决策起决定性作用？哪些因素起非决定性作用？

问卷到此结束，再次感谢您对我们工作的支持！

附录二　《中学校长决策研究问卷》（教师卷）

问卷编号_____　调查编号_____　调查地点_____　录入员编号_____

您好！我们是华中师范大学教育学院中心调研团队，为了真实全面了解中学校长决策的发展情况，特设计此问卷，诚恳征求您的意见。您的宝贵意见将是我们研究的重要参考依据，请您如实、详细填写相关信息。本次调查以不记名的方式进行，调查结果仅供研究之用，我们将替您严格保密，请放心填答。

衷心感谢您的参与和积极配合！

祝您工作顺利！身体健康！

华中师范大学教育学院

2014 年 9 月

问卷填写说明：

（1）本问卷共有 68 个选择题，为保证问卷的质量，请您回答完所有题目。

（2）本问卷第 64～68 题为开放式问题，请您自由填写。

（3）此问卷内容针对学校除校长外的全体教职工，由学校教职工填写。

一、背景信息（请在符合实际情况的序号上划"√"）

1. 您的性别：A. 男　B. 女

2. 您的年龄：A. 30 岁及以下　B. 31～40 岁　C. 41～50 岁　D. 51 岁及以上

3. 您的学历：A. 硕士研究生及以上　B. 本科　C. 大专及以下

4. 您的职称：A. 初级　B. 中级　C. 高级

5. 您的教龄：A. 5 年及以下　B. 6～15 年　C. 16～30 年　D. 31 年及以上

6. 您在本校担任教师有：A. 5 年以下　B. 5～9 年　C. 10～19 年　D. 20 年及以上

7. 您担任班主任：A. 5 年以下　B. 5～9 年　C. 10～19 年　D. 20 年及以上

8. 贵校地处：A. 乡镇或农村　B. 县级城市　C. 地市级城市　D. 省会城市

9. 贵校属于：A. 公办学校　B. 民办学校

10. 贵校属于：A. 初中　B. 高中　C. 完全中学

11. 贵校教师：A. 50 人以下　B. 50～100 人　C. 101～150 人　D. 151～200

人　E. 200 人以上

12. 贵校学生：A. 1000 人以下　B. 1000～1999 人　C. 2000 人及以上

13. 贵校校史：A. 20 年以下　B. 20～39 年　C. 40～59 年　D. 60 年及以上

二、正式问卷（以下各项均是对学校正职校长工作的描述，请您在合适的选项上打"√"）

题目	完全不符	不太符合	有点符合	比较符合	完全符合
14. 严格执行就近入学作为学生升学依据。	1	2	3	4	5
15. 严格执行不分重点班的规定。	1	2	3	4	5
16. 每天统计、每周汇总学生每天到校、上课的信息。	1	2	3	4	5
17. 严格执行"防流控辍"的举措。	1	2	3	4	5
18. 教学及课程设置完全能满足学生个性化学习的需要。	1	2	3	4	5
19. 完全能做到不歧视任何一个有困难的学生。	1	2	3	4	5
20. 能发挥各学科独特的育人功能并全员育人。	1	2	3	4	5
21. 德育形式新颖，能培养学生良好的社会责任感。	1	2	3	4	5
22. 能遵循学生的认知规律，培养学生良好的学习方法、习惯。	1	2	3	4	5
23. 完全能做到因材施教，培养学生终生学习的能力。	1	2	3	4	5
24. 开足开齐体育课，确保学生每天锻炼 1 小时。	1	2	3	4	5
25. 合理安排作息时间，保证初中生每天睡眠 9 小时。	1	2	3	4	5
26. 能按照国家要求开齐开足音乐、美术课。	1	2	3	4	5
27. 学生艺术社团或兴趣小组活动丰富，效果好。	1	2	3	4	5
28. 学校能坚持适当布置学生家务劳动方面的作业。	1	2	3	4	5
29. 能配备专兼职心理健康教育教师并积极开展心理辅导活动。	1	2	3	4	5
30. 教师能尊重学生人格，不讽刺、挖苦、歧视学生，不体罚或变相体罚学生，不收受学生或家长礼品，不从事有偿补课。	1	2	3	4	5
31. 严格健全教师管理制度，保障教师合法权益，完善教师考核评价制，激发教师的积极性和创造性。	1	2	3	4	5
32. 学校能积极关心教师生活状况和身心健康，经常组织形式多样的活动，定期安排教师体检。	1	2	3	4	5
33. 经常开展师德教育和法制教育，教师立德树人的荣誉感和责任感强。	1	2	3	4	5
34. 学校能积极组织教师学习课程标准，熟练掌握学科教学的基本要求。	1	2	3	4	5

题目	完全不符	不太符合	有点符合	比较符合	完全符合
35. 学校能坚持定期开展校本研修活动来提高教师队伍的专业水平和教学能力。	1	2	3	4	5
36. 学校能认真制订班主任培训计划、定期组织班主任学习、培训和交流，班主任组织管理和育人能力强。	1	2	3	4	5
37. 学校有完善的教师培训制度、教师培训规划，建立有教师专业发展档案。	1	2	3	4	5
38. 积极创建基于网络学习平台的学习共同体，并开展教研活动。	1	2	3	4	5
39. 完全能根据学生发展需要积极组织实施校本课程。	1	2	3	4	5
40. 学校教学质量分析的措施有力，能提高教学的有效性。	1	2	3	4	5
41. 教师的教学方式灵活，学生参与的积极性和主动性高。	1	2	3	4	5
42. 完全能合理控制作业量。	1	2	3	4	5
43. 学生综合素质档案完全能真实反映学生发展状况。	1	2	3	4	5
44. 考试成绩不公开排名、不以分数作为评价学生的唯一标准。	1	2	3	4	5
45. 学校图书室、实验室、功能室面向学生开放，使用效益高。	1	2	3	4	5
46. 有完善的安全卫生管理制度和工作机制，食品卫生、人身安全、设施安全和活动安全有保障。	1	2	3	4	5
47. 有健全的突发应急事件预案，预防和应对溺水、交通事故、不法分子入侵、校园暴力或公共卫生事件的措施到位。	1	2	3	4	5
48. 师生对学校食堂的伙食质量和服务水平满意。	1	2	3	4	5
49. 有计划地开展生命教育、防灾减灾教育、禁毒和预防艾滋病教育等以生活技能为基础的安全教育。	1	2	3	4	5
50. 师师、师生、生生之间能互相尊重、互相包容、和睦相处。	1	2	3	4	5
51. 学校组织的各种活动丰富多彩。	1	2	3	4	5
52. 学校法制观念强，能做到依法治校。	1	2	3	4	5
53. 学校依法制定了学校章程、发展规划且按计划实施。	1	2	3	4	5
54. 学校有健全的管理制度、办事程序和议事规则。	1	2	3	4	5
55. 定期召开校务会，民主决策学校重大事项。	1	2	3	4	5
56. 学校党组织的战斗堡垒作用和党员教师的先锋模范作用发挥得好。	1	2	3	4	5
57. 健全教职工代表大会制度，涉及师生切身利益和学校发展的重大事项，全部提交教职工代表大会通过。	1	2	3	4	5
58. 学校教职工代表大会的职能发挥得很好。	1	2	3	4	5

续表

题目	完全不符	不太符合	有点符合	比较符合	完全符合
59. 设置校务信息公开栏，公开校务信息，保证教职工、学生和相关社会公众对学校重大事项、重要制度的知情权。	1	2	3	4	5
60. 能落实学校领导接待日制度，设立校长信箱，搭建信息沟通平台，很好地听取学生、教职工和家长的意见和建议。	1	2	3	4	5
61. 完善家长委员会制度，邀请家长参与治校，形成育人合力。	1	2	3	4	5
62. 主动争取并获得社会力量对学校改革与发展的支持。	1	2	3	4	5
63. 学校是否聘请专业机构的专业人员作为法律顾问。	是		否		

64. 您认为学校管理的哪些内容需要校长进行决策？

65. 校长在学校决策中，优先考虑的目标是什么？

66. 在学校决策中，您认为最难决策的问题是什么？

67. 您对学校部门的政策执行情况的总体评价如何？

68. 在学校决策中，您认为哪些因素对校长的决策起决定性作用？哪些因素起非决定性作用？

问卷到此结束，再次感谢您对我们工作的支持！

附录三　中学校长决策访谈提纲

1. 请谈谈您的教学情况。

2. 请谈谈您的行政经历情况。

3. 请谈谈您现在所在学校的发展情况。

4. 作为学校领导者，您的决策在学校决策中应当扮演和实际承担什么样的角色？

5. 在您的学校决策之中，哪些是成功经验，哪些又是失败的教训？

6. 在您的学校决策之中，您有哪些困惑、困境、压力？您又是如何进行有效处理的？

7. 在您的学校决策之中，教师参与的情况怎样？在学校大政方针以及学校规划制定过程中是否请教过专家的指导或者同行的支持？请举例说明。

8. 请您谈谈学校决策执行的程度。如何构建好校长决策的监督、评估机制？

9. 谈谈您的学习、培训、工作经历对于您进行学校决策的影响？

 后　记

　　本书是在我的博士学位论文基础上修改而成的。撰写后记之际，思绪再次回到为了去丹桂飘香的桂子山而"三更灯火五更鸡，正是男儿读书时"的日子。"读书患不多，思义患不明"，在这个终身学习的时代，我以每十年为一个阶段——1995年本科毕业、2005年硕士毕业、2015年博士毕业。特别是读博期间的点点滴滴浮现于眼前，一年的脱产理论学习、半年的开题准备、两年的读书积累、半年的调查分析、一年的潜心写作。无数的话想说，我却不知从何说起，只觉得心里酸酸的。

　　在读博的五年间，我的工作单位变动了三次。新的岗位有着新的压力和挑战，从教育教学管理岗位到学校建设管理岗位，陌生的领域到处是自己不懂的专业规则和要求，我相信"隔行如隔山、隔山不隔理"，只能立足岗位锤炼心智，在白天上班时的忙碌中抓紧时间和机会学习与学校建设管理相关的招投标法、建筑法、政府采购法，审理建筑设计合同、代建合同、监理合同，战战兢兢地唯恐在程序和纪律上掉入陷阱。白天的工作让我精疲力竭，但是，晚上回到家里，坐在电脑前，静下心来读书，又为白天潜下心来做人奠定了基础，也正好可以远离嘈杂的应酬和自己并不擅长的推杯换盏。"一年之计在于春，一日之计在于晨"，我习惯每天早上7点之前到达单位，以前做校长时就要在7点之前到学校门口去迎接师生的到来，跟大家一起迎接每个新的一天，现在也是每天早上最早到达单位，一来可以防止路上堵车耽误时间，二来可以利用早上的时光在办公室里学习一个多小时。此外，我每天晚上坚持在家里学习到12点左右，坐着的时间很长，甚至某次颈椎病发作时还晕倒被人送去抢救，这在很大程度上是因兼顾工作和学习而承载了很大的压力。

　　一路颠簸一路行。说实话，读博期间，我多次因为工作的忙碌、生病，萌生

过放弃答辩的念头。因为喜欢读书是一回事，要想把博士学位论文做好，完成答辩又是另外一回事；况且，读书于我乃是内修外炼，首先救度自己的内心和灵魂，一纸毕业证书并没有那么重要。但是，凡是于己都要有一个交代，不能半途而废。因为有精神的力量和身边的老师、领导、同事、同学、朋友以及家人的关心、鼓励、支持、期待和帮助，我才能坚定地一路走下来。

读博期间，我的导师涂艳国教授给了我极大的帮助。涂老师告诉我，无论是在做人还是做学问上，都要严谨和自律，我的博士论文选题是导师根据我的学习和工作情况，在指导我放弃了原来的选题，又进一步充分沟通后才确定下来的，这为后面的写作铺平了道路，真是"山重水复疑无路，柳暗花明又一村"。在工作变动期间，涂老师多次叮嘱我要兼顾好学习和工作，不可偏废。工作的变动对我的选题研究造成了很大的阻碍，原本打算立足校本的实证研究不得不重新思考，涂老师给了我中肯的意见和建议，才使得论文得以改变思路并一路继续，导师治学的大家风范、独特的人格魅力、严谨的学术风格、开阔的知识视野、丰富的人生阅历，无时不感染着我独立前行。回想起来，在15年前读教育硕士时，我听过导师的课，由于自己的英文水平较差，没有奢望有一天能挤进博士队伍的行列里，是导师的不弃、帮助与谆谆教导，让我有机会一路前行。本书得以出版，更离不开导师的鼓励与支持，他组织领导了本丛书的编撰工作，每当我临阵退缩试图放弃本书之际，涂老师总是谆谆告诫我不管现在处于什么工作岗位，学术之事仍不能放弃，一辈子难得出一本书，给自己一个好交代和纪念，这是我能够坚持下来的动力所在。

前前后后，我在桂子山学习了13年。从专科到本科，主要是出于丰富学科知识和提高学历的需要。偶然的机会考研和更偶然的机会启动考博并成功，无疑都是源于我心中有一个教育梦。每一次学习对我来说，真的就是一次心灵的洗礼和潜移默化的提高，我时常觉得很感动，因为老师们的严谨治学态度、钻研精神和学术水准，无不令我沐浴春风：郭文安老师、孙绵涛老师、李晓燕老师、范先佐老师、王坤庆老师、郭元祥老师、雷万鹏老师、陈佑清老师、蒲蕊老师、余子侠老师、程红艳老师等，他们浸润在教育教学过程中，又超越纯粹教学本身的治学精神和人格魅力，是我在不惑之年的又一份精神食粮。

报考之前与考取之后，区教育局领导给予了我很大的鼓励与支持，在办理报考手续时没有遇到一点障碍，考取以后，无论是在学习时间的调整、困难问题的解决还是工作岗位的安排上，汪新局长都给了我极大的关怀，目的是让我能潜心读书；读博期间，汪局长还多次找我谈话，关心我的学习情况，了解我的想法，并通过组织讨论，把我调整到了更重要的工作岗位上，这是信任、是关心，更是给予我的组织关怀，感谢汪局长和组织的培养。教育局里的周春江书记、潘峰副局长、杨德红副局长，已经调到区委党校的陈俊校长、范正武副校长，以及涂晓莺、唐胜杰、朱大贵科长的关心、鼓励与支持，都让我铭记在心。我将始终坚守高考时的志愿，坚守在教育园地里，用智慧和汗水辛勤耕耘，回报各位领导的关心与厚爱。

无论是在工作过的武汉市二七中学、武汉市解放中学还是房管站，我都得到了身边同事的鼓励、肯定、支持与帮助。胡国跃书记、付培晗、彭云红、熊智、胡新红、程胜、罗俊文、余锋等的勤勉和工作分担，让我有充裕的时间和精力来学习、思考和完成写作。吴又存主任在收集资料阶段给予的大力支持，钱坤老师在问卷调查、数据统计、图表绘制和论文整理校稿上给予的大力帮助，殷静校长、杨延昭校长、张明辉校长等校长在问卷调查期间给予的大力支持和配合，使得实地调查得以顺利进行，感激之情铭记在心。

学习生活是短暂的，但是同学的友情是永恒的。作为华中师范大学第一届十位教育博士的班长，我不能不一一牵挂我的同窗：远在深圳的杨江峰总给我打电话，告诉我他的家庭、女儿和自己的进步；袁尚会在忙他的教学工作；陈纳由做园长改为做老师；赵海燕还在继续她的教育梦；同寝室的李佑成总是急匆匆地挂断我的电话；沈红斌在儿子和女儿的教育上颇费心思，偶尔联系谈谈论文和工作的进展情况；艺术家院长陈刚非常忙碌，刚刚举办了个人演奏会；程永洲还在特立独行；金绅调动工作几年了，最近家人生病，一直在忙碌着，涂老师总在牵挂着他。学术博士就恕我不能一一道出大家的姓名，给予我帮助和鼓励的刘大伟去了南京晓庄学院，肖军飞到了重庆，台湾的刘慧丽到了内蒙古（最近去了山东），同门的赵苗苗成家了也没有通知我，年轻的学术型博士纷纷就业了……我不知道大家是否能再聚在一起，只愿同学们一切安好！

杜时忠教授给予我亲切的关怀和肯定；周宗奎教授激励我考博，他的学生连帅磊博士教我做 SPSS 数据统计及分析，花费了大量的时间和精力；20 多年前我在华中师范大学读书时的同学李国强，给予我查阅资料上的无私帮助。我更记得2015 年 12 月 12 日那个让我终生难忘的日子，我的家人、同学和同事——黄耀龙、罗付松、胡新红、彭云红、徐喜金、沈洪斌、罗俊文、程胜、余锋、钱坤、王银等陪我一起参加了我的博士论文答辩，在我虽经历多次旁听博士论文答辩而自己亲自站在答辩席上面对程斯辉、杜时忠、王俊、凌云、杨海松五位答辩委员时，师长们严谨的提问和亲和的态度让我沐浴着冰火两重天，在经历了老师们学术拷问后的点评、肯定和毕业论文获得"优秀"的掌声中，我终于有了涅槃重生一般的感觉，这些都令我没齿难忘！

我要特别感谢的是刘来兵博士在本书的文字整理和修改上给予的大力帮助，他虽当时身在澳大利亚，仍抽出宝贵的时间帮我梳理文字和修改书稿，朋友之情，真心难忘。

还要感谢科学出版社教育与心理分社付艳分社长，以及崔文燕编辑为丛书的出版工作提供的极大支持。

最后，不得不说说我的家人。年迈的母亲近80岁了，她只愿一人独自在农村生活，她说挺自在的，只是很牵挂儿女，老人家心脏病偶尔发作，我们兄弟几个时常回家陪她说说话。每当想起孤独、刚毅、坚强的母亲在30年前的夏天，走路和乘车30多公里去我就读的高中看望我，竟然舍不得花两角钱买一瓶汽水喝，而将她辛辛苦苦挣得的27元的零钱塞给我时，我总忍不住流泪，这让我更深切地感受到"可怜天下父母心"。夫人是在我一贫如洗的时候嫁给我的，她是一个无论贫穷与富贵都不计较的逍遥自得者，也不曾过问我的学习和工作，只是用独自承担家务的方式来默默地支持我，只要我愿意做的事情，她都支持。女儿经常说，生在我们这个家庭里，她觉得很幸福。没有家人的支持，我不可能走到今天。

今年，保送读研的女儿就要毕业参加工作了。我真心地为她高兴，希望她自强不息，自食其力，快乐生活。

我想要成为家中的精神领袖，呵护两个"女儿"，让她们开心、快乐！

我想要努力成为一个让身边的人因为我的存在而感到幸福的人。虽说不一定能做得到，但是有努力去这样做的愿望和信心，这也就回到了我自己的座右铭上，努力成为一个"健康、善良、自信、乐观"的人。

曾建发

2018年3月28日于江岸科技大厦